跨国经营管理人才培训教材系列丛书

中外企业国际化战略与管理比较

商务部跨国经营管理人才培训教材编写组　编

本书执笔　康荣平　柯银斌

中国商务出版社
CHINA COMMERCE AND TRADE PRESS

图书在版编目（CIP）数据

中外企业国际化战略与管理比较／商务部跨国经营管理人才培训教材编写组编. —北京：中国商务出版社，2018.8

（跨国经营管理人才培训教材系列丛书）

ISBN 978-7-5103-2563-2

Ⅰ.①中…　Ⅱ.①商…　Ⅲ.①对外投资—经济合作—经济政策—对比研究—世界　Ⅳ.F831.6

中国版本图书馆 CIP 数据核字（2018）第 184169 号

跨国经营管理人才培训教材系列丛书

中外企业国际化战略与管理比较

ZHONGWAI QIYE GUOJIHUA ZHANLUE YU GUANLI BIJIAO

商务部跨国经营管理人才培训教材编写组　编
本书执笔　康荣平　柯银斌

出　　版：中国商务出版社
地　　址：北京市东城区安定门外大街东后巷 28 号　　邮　　编：100710
责任部门：国际经济与贸易事业部（010-64269744　bjys@ cctpress.com）
责任编辑：闫红广

总 发 行：中国商务出版社发行部（010-64208388　64515150）
网购零售：中国商务出版社淘宝店（010-64286917）
直销客服：010-64269744
网　　址：http://www.cctpress.com
网　　店：http://shop162373850.taobao.com
邮　　箱：cctp@ cctpress.com

印　　刷：北京密兴印刷有限公司
开　　本：787 毫米×1092 毫米　1/16
印　　张：17　　　　　　　　字　　数：301 千字
版　　次：2018 年 12 月第 1 版　　印　　次：2018 年 12 月第 1 次印刷
书　　号：ISBN 978-7-5103-2563-2
定　　价：68.00 元

丛书编委会

名誉主任　钟　山

主任委员　钱克明

委　　员　王胜文　李景龙　邢厚媛　郑　超

　　　　　张幸福　刘民强　韩　勇

执行主编　邢厚媛

序

党的十九大报告提出，以"一带一路"建设为重点，坚持引进来和走出去并重；创新对外投资方式，促进国际产能合作，形成面向全球的贸易、投融资、生产、服务网络，加快培育国际经济合作和竞争新优势。我们以习近平新时代中国特色社会主义思想为指导，围绕"一带一路"建设，坚持新发展理念，促发展与防风险并重，引导对外投资合作健康有序发展，取得显著成就。截至2017年底，中国在189个国家和地区设立企业近4万家，对外投资存量达1.8万亿美元，居世界第二位，已成为拉动全球对外直接投资增长的重要引擎。

习近平总书记指出，人才是实现民族振兴、赢得国际竞争主动的战略资源。新时期，做好对外投资合作工作，既需要大量熟悉国际市场、法律规则和投资合作业务的企业家和管理人才，又需要"政治强、业务精、作风实"的商务工作者。为贯彻习近平总书记重要指示精神，努力培养跨国经营企业人才，推动对外投资合作高质量发展，商务部委托中国服务外包研究中心对2009年出版的《跨国经营管理人才培训教材系列丛书》进行了增补修订。

本次增补修订后的《跨国经营管理人才培训教材系列丛书》共10本，涵盖领域广，内容丰富，注重政策性、理论性、知识性、实用性相结合，具有很强的可读性和操作性。希望商务主管部门、从事对外投资合作业务的企业家及管理人员利用好此套教材，熟悉跨国经营通行做法，提升合规经营、防范风险的意识，不断提高跨国经营能力和水平，为新时期中国进一步扩大对外开放、推动"一带一路"建设、构建人类命运共同体做出更大贡献。

商务部副部长

2018 年 11 月 23 日

目 录

图 目 录

表目录

第一章 跨国公司的
发展与类型

　　无论是国际化、走出去，还是海外直接投资、跨国经营，这些实际的企业战略行为都与跨国公司这个特定的企业组织密切相关。在全球化环境中，中国企业的成长必然地把"跨国公司"作为目标。因此，对什么是跨国公司？跨国公司是如何产生和发展的？跨国公司的现状如何？跨国公司主要有哪些类型？中国跨国公司属于哪种类型等问题的回答，有助于我们认识和了解跨国公司，为中国企业成长为跨国公司提供理论共识和基础。

　　本章的第一节首先从概念上界定了什么是跨国公司，然后从历史视角描述跨国公司的产生与发展，其目的是获得关于跨国公司总体性的一般认识；第二节主要通过跨国公司的对外直接投资来了解其现状和特点；第三节专门探讨"后发展型跨国公司"，这是与中国企业密切相关的一种跨国公司类型。在一般性认识的基础上，通过类型划分更深入地认识和理解跨国公司是什么。

第一节　跨国公司的发展历程

　　虽然发达国家的跨国公司自 19 世纪中叶产生，并在 20 世纪 50 年代获得较大的发展，但是，对跨国公司进行专门讨论和研究则是 20 世纪 60 年代以后的事情。今天，我们认识和了解跨国公司至少要在两个层面上进行：一是理论概念层面，人们对跨国公司是如何界定的，即满足什么样条件的企业才能称为"跨国公司"；二是历史实践层面，跨国公司是如何产生和发展的，经历了哪几个阶段，每个阶段的特点又是什么。

一、跨国公司的定义

由于跨国公司的历史较短，其行为活动超越了不同的政治、经济、法律和文化的界限，基本属性和特征十分复杂，再加上该词使用者本身的不同角度、标准和目的，导致人们对跨国公司概念的理解，存在较大的差别。但归纳起来，主要有以下几个观点。

（一）行为标准论

行为标准主要有两点：一是企业在经营和决策时的思维方法和战略取向。如金德尔伯格认为，跨国公司的主要特征是，它的决策行为、高级主管的任用、资金流向、市场选择都不偏向某一个国家，最高主管只是关注全球动向的变化，从公司总体利益出发去处理各个国家和地区的经济活动，实现全球利润的最大化。二是跨国公司具有企业经营活动超越母国的行为特征。如利伦萨（David E. Lilenthal）认为，跨国公司是以一国为基地，同时也在其他国家的法律和习惯上进行生产活动的公司。美国跨国公司专家约翰·丹尼尔斯（John Daniels）和李·贝德鲍（Lee Badebaugh）认为，跨国公司是在两个或两个以上国家之间从事经营活动的企业。

（二）资产标准论

强调企业在他国拥有或控制资产，可分为两种角度：一是质的角度，如英国学者邓宁认为，跨国公司就是在一个以上国家拥有或控制生产经营设施（如工厂、矿山、分销机构、办事处等）的企业。二是量的角度，如罗尔夫（S. E. Rolfe）认为，跨国公司是拥有25%或者更多的国外业务份额的企业，其国外业务份额是指国外销售、投资、生产或雇用人数的比例。加拿大政府1972年的定义是，"跨国公司是海外直接投资的实体，它跨越几个国家（至少是4或5国）的经济而存在，它将具有世界规模的活动分散给几个不同的国家，以此来实现企业的综合目标。"

（三）所有权标准论

这又有两层含义：一是公司属哪个国家的公民所有，即企业的国籍所属，如有的学者认为跨国公司经理人员的国籍必须是一国以上，即所有权分布在不同国籍的人士手中；二是资产的所有权形式，只有那些股份所有权被多国所有，即一个企业必须拥有国外企业的股权，才能称为跨国公司。

（四）联合国下属机构的定义

1972年7月，联合国经济社会理事会知名人士研究小组，在提交的题为《世界发展中的跨国公司》报告中，对跨国公司做了广泛的定义：跨国公司就是在它的基地所在国之外拥有或控制着生产和服务设施的企业。

1974 年，联合国跨国公司中心成立后，确定把 "Transnational Corporations"（TNCs）作为跨国公司的标准用词。

1983 年，联合国跨国公司中心发表的第三次《世界发展中的跨国公司》报告中，将跨国公司定义为：（1）设在两个或两个以上的国家的实体，不管这些实体的法律形式和领域如何；（2）在一个决策体系中进行经营，通过一个或几个决策中心采取一致对策和共同战略；（3）各实体通过股权或其他方式形成的联系，使其中一个或几个实体有可能对其他实体施加重大影响，特别是同其他实体分享知识资源和分担责任。

1986 年，联合国制定的《跨国公司行为守则》对跨国公司做了全面规范的界定：

"跨国公司是指在两个或多个国家的实体所组成的公营、私营或混合所有制形式的企业，不论这些实体的法律形式和经营活动领域如何；该企业在一个决策体系中运营，通过一个或一个以上的决策中心实施其相吻合的政策和共同的战略；该企业的各个实体通过所有权或其他形式相联结，从而一个或更多的实体可以对其他实体的活动施加有效的影响，特别是与其他实体分享知识、资源和责任。"

从上述定义中可以看出，一个跨国公司的基本条件是：

（1）它是由两个或两个以上国家的实体所组成；

（2）在一个统一的决策体系下，拥有共同的战略与策略；

（3）它的各个实体通过所有权或其他形式相联结，从而一个或更多的实体可以对其他实体的活动施加有效的影响，特别是与其他实体分享知识、资源、责任和风险。

二、跨国公司的产生与发展

跨国公司的萌芽可以追溯到 16 世纪末英国的特许公司，其中最著名的就是英国东印度公司（East India Company）。近代意义上的跨国公司诞生于 19 世纪末，至今为止的发展经历过三个阶段，每个阶段的主要状况与特点如下。

（一）第一阶段：1865—1913 年

大部分文献都把 1865 年德国拜尔化学公司在美国纽约州开设苯胺工厂、1866 年瑞典诺贝尔公司在德国开办炸药工厂和 1867 年美国胜家公司在苏格兰开办制造厂，视为世界上第一批跨国公司的诞生。20 世纪初，跨国公司得以较快发展，对外直接投资最多的几个国家是：英国、法国、德国和美国。在行业分布上，以铁路建筑业和瓜分落后国家矿产资源为目标的跨国公司最多，制造业的对外直接投资则集中在经济发达的国家。1914年，美国对外直接投资排前三位的行业是：矿业石油40.4%，制造业18.2%，农业13.5%。

20世纪初，制造业的跨国公司主要通过垄断协议来瓜分国际市场，例如，1902年美国烟草公司与英国帝国烟草公司达成协议，前者把其在英国和爱尔兰的市场让给帝国烟草公司，后者则允诺不向美国、美国的附属国或古巴出售其产品；又比如，1907年美国通用电气公司和德国电气总公司签署瓜分世界市场的协定，由通用电气垄断美国和加拿大市场，电气总公司垄断德国、奥匈帝国、俄国、荷兰、丹麦、瑞士、土耳其以及巴尔干国家市场。不过，这时跨国公司的组织形式和经营管理，同现代的大跨国公司仍有很大距离，但它们已经具备了跨国公司的一切必要条件。

（二）第二阶段：1914—1945年

第一次世界大战的爆发使许多公司的海外发展处于停滞状态，大公司因战争几乎停止了海外直接投资。第一次世界大战后至第二次世界大战爆发的期间，全球对外直接投资速度下降，1913—1938年间，平均年增长率仅为0.6%。两次世界大战期间的几次世界性经济危机，使西方世界在这一时期的平均工业增长率仅为2%，影响了对外直接投资。1929—1933年的经济大萧条，使西方各国实施贸易保护政策，对外国直接投资采取差别对待的态度。国际投资环境不理想，各国普遍货币贬值，各种货币及汇兑管制法层出不穷，使对外直接投资的风险增大。另外，发达国家政府对于对外投资进行限制，有的为了稳定国内经济，或为准备新的战争，部分国家限制企业的对外直接投资。

在这一期间，跨国公司还是有所发展的，特别是美国的跨国公司获得了长足发展。原因主要是第一次世界大战使许多参战国遭受巨大损失，正常生产被破坏，而且还要承担巨大的债务和重建费用。而美国却因为战火没有直接燃烧至其本土，生产设施没有遭到破坏，而其经济还因为战争的巨大需求而增长迅速。美国的国际投资从1913年的26.5亿美元增加到1938年的73亿美元，占世界的比重也由18.5%增至27.7%。

（三）第三阶段：1945—1989年

第二次世界大战后，随着经济生活国际化的发展，跨国公司广泛发展。

1945年世界对外直接投资额200亿美元，1978年增至3693亿美元，1983年更增至6000亿美元以上，所占对外投资总额比重从一次大战前的10%，二次大战期间的

25%，增至 1978 年的 60.55%，即对外直接投资超过了对外投资总额的一半以上。主
要发达国家对外直接投资总额，1980 年比 1960 年增加 7 倍，平均增长 11%，超过了
国民生产总值、工业生产及对外贸易的增长速度。进入 80 年代增长率有些降低，呈
不稳定趋势。

　　跨国公司的家数剧增，据调查，1968—1969 年主要发达国家的跨国公司共 7276
家，其国外子公司达 27300 家，1978 年子公司达 82266 家。据联合国跨国中心 1987
年公布的数字：全世界约有两万家跨国公司，海外直接投资总额 4500 亿美元，在全
世界拥有 10 万个以上的分支机构。

　　日本跨国公司在 20 世纪 70 年代开始登陆美国市场，到了 80 年代早期，它们在美
国和欧洲的汽车和电子消费品领域建立了雄厚的基础，还成为泛太平洋地区经济发展
的主导力量。1960 年日本对外直接投资 5 亿美元，只占全球总额的 0.7%，1985 年日
本对外直接投资 836 亿美元，已居全球第三位。在 20 世纪 70 年代，全球前 50 大企业
中有 49 家是欧洲和美国公司，丰田公司在 1969 年才进入全球 50 大；但是到了 1975
年，丰田公司、三菱公司和松下公司都进入了全球 50 大，而 16 家美国企业退出了该
名单。到了 1980 年，只有 24 家美国企业入选，到了 1989 年只剩下 17 家。20 世纪 80
年代，12 家日本企业入选全球 50 大，其中有 4 家排在前十位。从此，全球跨国公司
进入美欧日"大三角"时代。

　　1990 年之后的外国跨国公司发展可通过下一节"跨国公司的现状"加以了解。
从 19 世纪末开始到 20 世纪 90 年代之前，中国本土并没有产生真正意义的跨国公司。
但在这个阶段，移居海外的华人华侨，却从当地国经营出发，发展出跨国公司来。是
中国人跨国公司的"史前史"。

第二节　跨国公司的现状

　　从理论概念和历史实践中获得的认识是必需的，但也是不够的。我们的工作和生
活都只在当今，因此，了解目前跨国公司的现状与特点，更具有现实的意义。在这方
面，联合国贸易和发展会议每年出版的《世界投资报告》为我们提供了丰富的信息和
数量。

一、概况

跨国公司的发展总是与外国直接投资活动密切相关的，我们先来看一下近几年全球外国直接投资的状况。

（一）全球外国直接投资量迅速增长

2016 年全球外国直接投资流入量达到 17464 亿美元，是 1991 年流入量的 11.2 倍（如表 1-1 所示）。

表 1-1　全球外国直接投资流入量

（单位：亿美元）

年份	1991	1995	2000	2005	2010	2011	2012	2013	2014	2015	2016
总额	1550	3430	14110	9480	13281	15911	15925	14432	13238	17749	17464
流入发达国家	1150	2220	11480	5900	6731	8273	8242	6842	5633	9841	10323

资料来源：联合国贸易和发展会议《2017 年世界投资报告》。

（二）发达国家仍是外国直接投资最主要的来源

发达国家的跨国公司仍是外国直接投资最主要的来源，2016 年它们占了全球外资流出量的 71.8%。2016 年全球对外直接投资流出量最多的国家是：美国 2990 亿美元，中国 1831 亿美元，荷兰 1736 亿美元，日本 1452 亿美元，法国 573 亿美元。中国占第二位，作为一个发展中国家，这是二战后第一次出现的状况。

（三）发展中国家吸收外国直接投资的比重稳步上升

在全球外国直接投资流入量中，发展中国家所占比重长期居少数，1980—1985 年平均，发达国家占 74.6%，发展中国家只占 25.4%。进入 21 世纪，这种状况逐渐改变（见图 1-1）。2011 年后，发展中国家所占比重已经达到或超过 50%。

（四）全球外国直接投资流入量产业比例的变化

用三个产业划分的角度来看全球外国直接投资流入量，二战后直到 20 世纪 80 年代末，制造业一直是主角。进入 90 年代，服务业超过制造业成为新的主角。

服务业占全球外国直接投资流入量的比例，20 世纪 70 年代不足 1/4，1990 年该比例上升为 48%，2001 年上升为 58%，2012 年达到 63%。2015 年，服务业占到了 65%，制造业和初级产业分别占 26% 和 6%，如图 1-1 所示。

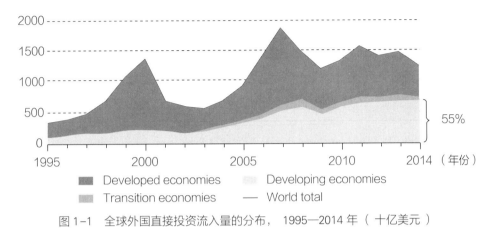

图 1-1　全球外国直接投资流入量的分布，1995—2014 年（十亿美元）

资料来源：UNCTAD，FDI/MNE database（www.unctad.org/fdistatistics）.

二、新特点

从跨国公司战略的角度看，以下几个因素值得高度重视。

（一）全球范围跨国公司数量增加导致的新格局

根据我们查到的数据，1969 年主要发达国家的跨国公司共 7276 家，其国外分子公司达 2.7 万家，当时跨国公司总数中的绝大部分都是发达国家的（1970 年发展中国家海外直接投资只占全球总额 0.7%），发达国家拥有的跨国公司数量可以约等于全部的数量。到 1995 年，这两个数据增长为 3.9 万家与 27 万家，也就是其国外分支机构的数量增长了 10 倍。2007 年的数据则分别为 7.9 万家与 79 万家（见表 1-2）。这也就是说，与 1969 年相比，跨国公司母公司的数量增长了 10 倍，而其国外分支机构的数量增长了将近 30 倍。打一个不太准确的比喻：当你 1969 年在海外建立一家企业时会面对一个同类的竞争对手，而 2007 年在海外建立一家企业时会面对 30 个同类的竞争对手。

这一因素直接影响跨国公司战略，例如，某些传统战略的效应降低、新战略的兴起——当地化是最明显的例证。

表 1-2　全世界跨国公司的数量发展

年份	母公司 （万家）	海外分子公司 （万家）	FDI 流量 （亿美元）
1969	0.73	2.7	120

年份	母公司 （万家）	海外分子公司 （万家）	FDI 流量 （亿美元）
1995	3.9	27	3500
2007	7.9	79	18330

资料来源：UNCTD, World Investment Report, N. Y., UN Pub., every year.

（二）跨国并购成为海外直接投资的主要方式

根据《世界投资报告》上的数据推算，在全球向外国直接投资总量中跨国并购的比例，20 世纪 50 年代大约是 30%，60 年代大约是 40%，70—80 年代在 50% 上下，90 年代发生重要变化（见表 1-3）。由于对外直接投资与跨国并购的统计口径并不一致，所以表中的比例数只是近似数。从表中可以看出，全球对外直接投资总量中跨国并购的比例在 90 年代中期以后已经达到 80% 上下，2007 年高达 89.3%，跨国并购已经成为海外直接投资的主要方式。

表 1-3　全球跨国并购总额

年份	金额	占比
1990	1506 亿美元	62.7%
1995	2290 亿美元	65.4%
2000	12660 亿美元	89.7%
2005	7160 亿美元	75.5%
2007	16370 亿美元	89.3%

资料来源：UNCTD, World Investment Report，every year.

（三）研究开发的国际化

20 世纪 90 年代之前，主要是生产国际化发展的时代；从 90 年代中期起，进入研究开发国际化的时代。据 UNCTAD 截至 2005 年初的一项调查，跨国公司研发国际化的水平，欧洲平均达到 41%，北美平均为 24%，日本平均为 15%。这一变化也在蚕食着传统跨国公司理论的根基。

（四）跨国公司正在成为企业一般形式

在 20 世纪，企业的一般形式是国内企业，至今为止的企业战略理论都是建立在这种基础上的，而跨国企业是企业的一种特殊形式。经济全球化打破了国家市场的界限，使世界成为"平"的。这种发展的一个必然结果是，在 21 世纪跨国公司正在成为企业的一般形式。这将对人们的观念、看待企业成长的眼界、企业战略和跨国公司战略的演变产生重大影响。

（五）获取优势成为海外发展的战略重点

这是前面几个因素导致的一个结果。我们在 2001 年专门论述了"赢得优势论"替代"优势前提论"观点，[①] 强调在经济全球化的新时代里，企业要解决的已经不是能否跨国化的问题，而是在全球化的市场竞争中如何赢得优势的问题。跨国公司的战略重点在 20 世纪是通过海外发展发挥已有优势，而在 21 世纪则把通过海外发展获取优势放在更优先的位置。这对于包括中国企业在内的所有后来者尤其重要！

联合国贸易和发展会议（UNCTAD）的《世界投资报告》（World Investment Report），自 1992 年起每年发布一项"全球 100 强跨国公司"（The world's top 100TNCs）。这项全球 100 强跨国公司排名榜的数据自 1990 年起，至今（2017 年中）发布的最新数据是 2016 年的数据。对历年的数据进行多角度的分析，可以获得一个关于跨国公司现状的具体认识。我们将在第二章专门对全球 100 强跨国公司的历史和现状进行介绍和分析。

第三节　后发展型跨国公司

在第一节，我们从理论概念与历史实践获得了关于跨国公司的总体性一般认识，在第二节，我们又根据联合国贸易与发展会议的《世界投资报告》，进一步认识了跨国公司对外直接投资的现状和特点。在本节中，我们将更深入一步，先介绍一下跨国公司的类型，然后选择与中国企业密切相关的后发展型跨国公司加以具体探讨。

类别划分在跨国公司战略与管理的学习实践中亦有非常重要的价值。同一类别的跨国公司具有某些共同的性质和特点，不同类别的跨国公司之间存在某些差异。对特定的企业而言，首先要判断本企业是属于哪些类别（或要成为哪些类别），然后在这些类别中找出优秀者，并对其加以分析和研究，作为本企业的学习对象。同一类别的企业之间的学习效率和效果，均要高于不同类别企业之间的学习，有时不同类别企业

[①]　康荣平，柯银斌. 华人跨国公司成长论. 北京：国防大学出版社，2001.

之间的学习会产生某些负面效应。例如，服务业企业向制造业企业学习，后发展企业向先行者学习，专业化企业向多元化企业学习等。

从全球视野来看，中国企业作为一个群体属于后发展型。因此，我们主要分析和探讨后发展型跨国公司。

一、企业国际化/跨国成长类型：先发展与后发展

纵观世界各国企业国际化或跨国公司成长的众多历程，可以从企业开始国际化及其国际化所处的大环境的不同，把企业的国际化或跨国公司成长划分为两大类型：

1. 先发展型

一般说来，在世界早期的那一批跨国公司，或者中近期中某行业中的先行国际化经营者，都可被视为先发展型的跨国公司。这类企业的国际化主要具有两大特点：一是当该企业从事跨国经营的初期，国际上该行业里还没有或很少有跨国公司，即先行者特征；二是该企业的核心技术基本上是自己发明研制的，即技术自主者特征。显然，先发展型跨国公司的典型代表是早期的那些欧洲和美国的跨国公司。

2. 后发展型

与先发展型相对，后发展型跨国公司的主要特点有：一是该类企业开始国际化时，其行业的国际市场中已充满了跨国公司，即后来者特征；二是该类企业的核心技术主要是从外国引进的，即技术依赖者特征。日本以及发展中国家的跨国公司应归于后发型，最具特征的后发展型跨国公司当数日本的综合商社。

对上述分类，我们再补充说明几点：

（1）企业从开始国际化经营，到成为真正意义上的跨国公司，是一个过程。

上述分类强调该企业开始国际化时，该企业所在行业的国际化经营程度，也就是说，有多少跨国公司已经在这个行业进行经营活动。这是划分先发展/后发展两种类型的重要指标。但是，该行业中已有的跨国公司具体数量则难以确定，这是因为行业的不同特性以及跨国公司经营活动的深度和广度的不同程度所决定的。因此，必须具体结合企业情况、世界市场中的行业情况、同行业的跨国公司情况等因素来确定。

（2）行业是确定某企业是先发展型，还是后发展型的又一个界定条件。

但是，行业本身又有大、中、小之分。往往会出现这种情况：某企业从大行业角度看来，它属于后发展型，而从中、小行业角度来看，却是先发展型。这就要求，在对具体企业进行分类时，应该首先界定其行业分类的层次。

（3）上述分类中提到的核心技术，主要是指该企业从事跨国经营项目的核心技术。

其技术的自主性或依赖性，由于技术的转让及国际化融合，只能从其程度不同来加以划分。因为目前世界上的某项技术不可能完全是自己发明研制的，也不可能完全是引进的。

3. 先发展/后发展型跨国公司的图标

企业国际化/跨国公司成长的类型，可用图1-2来表示其特征。在该图中，横轴表示世界市场范围该企业从事的行业的国际化程度，从左至右表明其国际化程度由低到高，其国际化程度高是指从国际市场范围来看，该企业从事的行业中，已有较多的跨国公司存在，且其经营活动的广度和深度也较高；国际化程度低，则相反。竖轴表示该企业跨国经营所采用的核心技术的自主性程度，从下到上表明其技术自主性程度由低到高。所谓高主要是指该企业在这项技术上拥有较多的自己发明研制的技术成果，低则相反。

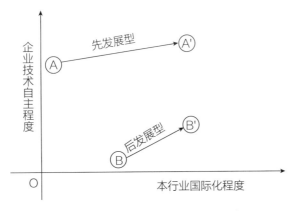

图1-2 企业国际化/跨国公司成长的类型

二、后发展：常规型、开放型和转折型

为了进一步地揭示先发展与后发展型跨国公司的差异，我们有必要对先发展型和

后发展型跨国公司进行更深入的分类研究。

对先发展型跨国公司而言，可以大致分为技术主导型和自然资源获取型等。但鉴于本书的目的，我们在此不做详细讨论。

在后发展型跨国公司中，大致上可以分为三种类型：常规型、开放型和转折型。对此，我们将深入阐述。

（1）类型划分的标准

我们认为，依企业产生及其国际化路线和所处的若干环境因素，而导致的行为差异对后发展型跨国公司进一步细致划分。这些因素是：①体制因素，主要是指经济开放度；②企业所在行业的国内资源和市场状况；③后发展特定因素。

（2）不同类型的特征

依据上述因素和标准，后发展型跨国公司划分的三种类型：常规型、开放型和转折型。其具体特征如下：

①常规型。主要是指经济开放度较高，行业所需的生产资源和市场需求的国内条件较好的情况下，企业建立后，虽然有外国产品的竞争，但还是一步步地发展壮大，并随着企业的成长和市场的变化，"自然而然"地开始国际化，其跨国经营进展也是循序渐进的。例如，日本的丰田汽车公司、松下电器公司，澳大利亚的布罗肯希尔产业公司，印度的塔塔集团，墨西哥的 Cemex 公司，中国香港的德昌电机，中国台湾的大同公司、台塑公司，中国大陆的海尔集团等。

②开放型。主要是指在经济开放度较高，行业所需生产资源国内缺乏、产品的国内市场有限的条件下，企业从初建时起就在某些生产要素和产品市场上有较高的国际化程度，并一直保持着较高的国际化水平，在有些方面还逐渐增加。例如，韩国的浦项钢铁公司，新加坡的 IPC 企业，中国台湾的灿坤实业公司，中国大陆的联想集团等。

③转折型。主要是指企业在经济不开放的条件下建立并发展壮大到相当规模和实力，当国家经济转为开放后，企业才开始其跨国经营。这类企业有以下特征：（a）企业是在经济不开放的条件下建立并发展壮大的；（b）企业所在的国家是从经济不开放走向经济开放的；（c）当企业开始跨国经营时，其规模和实力较一般企业要大得多。中国的大中型国有企业均属这一类型，如首钢总公司、中国化工进出口公司等。其他原来经济不开放，而后来实行经济开放政策的国家中的大中型企业，都有可能成为这

一类型的公司。

（3）类型划分的图标

为了更清楚地说明上述类型的划分及不同特征，我们绘制图 1-3 来进一步阐述。

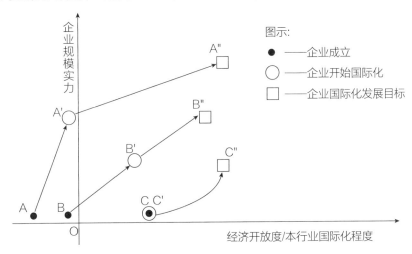

图 1-3　后发展型跨国公司成长路线

图 1-3 中，横轴表示企业所在行业的开放程度，竖轴表示企业的规模和实力。B→B′→B″表明是常规型，C（C′）→C″表明是开放型，而 A→A′→A″则表明是转折型。其相互不同的特征已形象地表示出来：①企业建立时的环境不同，常规型和开放型企业建立是在经济开放条件下，而转折型企业建立是在经济不开放条件下；②国际化经营的起点不同，常规型企业是企业发展到一定的程度，"自然而然"地开始国际化经营，开放型企业是在企业建立不久，甚至是企业建立的同时，"提前"开始国际化经营，而转折型企业是在企业发展到相当规模和实力后，"才"开始国际化经营；③国际化经营的路线不同，常规型是随着企业规模和实力的增加，不断提高其国际化经营能力和水平，开放型是随着企业国际化经营能力和水平的提高，来发展和壮大企业的规模和实力，而转折型的企业规模和实力与企业国际化经营能力和水平相互促进发展。

至此，我们可以给出一个包括先发展型和后发展型在内的关于跨国公司成长的类型划分简图（见图 1-4）。

值得说明的是，发达国家跨国公司主要属于先发展型，但也有后发展型的，例如，美国的沃尔玛公司和戴尔电脑公司；发展中国家的跨国公司主要属于后发展型，

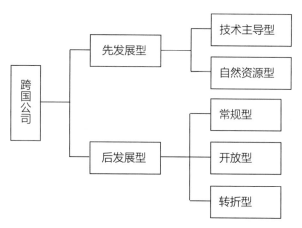

图1-4　跨国公司成长的类型划分

但也有先发展型的（尽管数量极少），例如，中国蓝星集团总公司在化学清洗业务上属于先发展，并且在日本、乌克兰和美国开展过经营活动。

第二章 中国跨国公司
发展的新目标

历史经验表明，在任何国家和世界的经济发展中，跨国公司都是至关重要的行为主体。具体到某个国家而言，由于跨国公司的数量和水平与该经济发展状况和实力之间存在密切的正相关关系，该国不仅需要引进来自先进国家的跨国公司并加以适当管理，而且需要培育和发展源自本国的跨国公司并加以适度支持。

对发展中国家而言，其跨国公司绝大多数属于后发展型跨国公司。后发展型跨国公司首先需要以先发展型跨国公司为学习标杆；在学习对标过程中，与先发展型跨国公司合作和竞争；在其实力不断提升的过程中，抓住新技术带来的新市场，或者在商业模式方面大胆创新，逐步成长为世界级的跨国公司。

对进入新时代的中国而言，外国跨国公司在中国的发展和中国跨国公司的成长都拥有一定的基础。但是，中国跨国公司的实力与水平不仅与先进国家跨国公司之间存在较大的差距，而且与中国国家新战略的要求不相适应。这就需要中国跨国公司在新时代中，在新国家战略指导下，设立新的战略目标，并朝着新目标不断努力。

这个新目标就是"进入全球100强跨国公司"！"全球100强跨国公司（非金融业）"（The world's top 100 non-financial TNCs）排行榜，由联合国贸易和发展会议（UNCTAD）在每年的《世界投资报告》（World Investment Report）中发布。该排行榜以公司的海外资产为排序指标，以跨国指数［TNI，是按照公司的（海外营业收入÷营业收入总额+海外资产÷资产总额+海外员工÷员工总数)÷3×100%计算得出］为衡量指标。

为实现这个新目标，我们需要坚持中国需要世界级跨国公司的指导原则；需要了解中国跨国公司与发达国家跨国公司之间存在的差距，以及全球100强跨国公司的发展趋势；需要学习借鉴后发展国家中跨国公司进入全球100强跨国公司的成功经验；

需要明确中国跨国公司发展的努力方向。

第一节　中国需要世界级跨国公司

中国需要世界级跨国公司，这是由跨国公司在母国和世界经济发展中的重要地位和作用所决定的，更是中国和平发展国家战略所要求的。因此，在国内经营基础上开展国际化，在国际化过程中实施跨国经营，通过跨国经营成长为跨国公司，跨国公司要发展到世界级，是处于不同发展阶段的中国企业的战略必选！

一、跨国公司的地位与作用

根据联合国贸发会议发表的《2000 年世界投资报告》，到 20 世纪末，全球跨国公司已达 63459 家（其中发达国家 47850 家，占 75.4%，发展中国家和转轨国家 15609 家，占 24.6%），海外子公司约 70 万家。它们的经营活动已经扩展到世界所有国家中的几乎所有经济领域，是世界经济中一支强大的力量。全球跨国公司的销售收入已占世界总产值的 1/3 以上，其内部和相互间贸易已占世界贸易的 60% 以上，其对外直接投资已占全球跨国直接投资的 90% 左右。还有资料显示，2006 年，全球跨国公司投入的研发费用占全球民用研究与开发费的 75%~80%，控制着 80% 以上的专利权，60% 以上的国际技术贸易和 80% 以上的国际技术转让。由此可见，跨国公司在世界经济发展中拥有非常重要的地位。

这个地位是由跨国公司不断发挥其作用所形成的。关于跨国公司的一般作用，学术界已有不少观点和成果。从逻辑上看，跨国公司的作用可从两个维度进行分析：一是作用发生的地域范围，可分为母国、东道国和世界；二是作用的价值判断，可分为正面、中性和负面。由此，我们把相关学者的研究结论归纳在表 2-1 中。

所以，与其他国家一样，中国不仅需要引进来自先进国家的跨国公司并加以适当管理，而且需要培育和发展源自本国的跨国公司并加以适度支持。

表 2-1　跨国公司的一般作用

	正面	中性	负面
母国	（卢进勇等）： 造就了制造业强国、经济强国。 成就了享誉全球的知名品牌。 推动技术进步和新兴行业的发展。 构建和掌控全球生产网络。 （刘斌）： 提升母国国家竞争力（帮助母国产业结构优化，提升母国技术创新能力）。 跨国公司是母国全球控制力的重要部分。 带动母国国民财富水平的提升。		（刘斌）： 影响和左右母国经济决策。 造成母国产业空洞化。 削弱母国经济管辖权。 （约翰·H.邓宁）： 可能从事对东道国安全有害的活动，使得东道国与该公司以及母国政府产生冲突。
东道国	（卢进勇等）： 满足当地市场需求，推动东道国经济社会发展。 参与基础设施建设，工业化奠定基础。 海外生产活动还带来技术和管理外溢等效应。 （刘斌）： 弥补了东道国资本、外汇的需求缺口，促进了经济发展。 引进技术、管理经验，促进了产业结构升级。 引进国际竞争，激发企业活力。 推动对外贸易发展。 为东道国提供就业机会，培训技术工人。		（卢进勇等）： 对资源的掠夺和垄断阻碍了东道国的正常发展。 海外活动损害发展中东道国和地区的利益。 （约翰·H.邓宁）： 可能从事对东道国安全有害的活动，使得东道国与该公司以及母国政府产生冲突。 可能会削弱东道国的军事势力。 （刘斌）： 削弱东道国经济独立自由权。 削弱东道国对投资和经济活动的监督管理权。 削弱东道国对境内自然资源永久开发使用的主权。 削弱东道国独立参与国际经济事务的平等权。

续 表

	正面	中性	负面
世界	（王志乐）： 带动全球产业的发展。 促进全球生产力大发展。 （卢进勇等）： 造就了世界统一的大市场。 （约翰·H. 邓宁）： 可以加强国家间的贸易与投资联系，它们扮演了重要的和平大使的角色。	（刘斌）： 影响所有国家的产业结构和经济发展模式。 重塑全球经济秩序。 （约翰·H. 邓宁）： 可能并且能够影响国家间财富创造能力的分配。 能够并确切影响一个经济体绝对与相对经济福利的程度，主要取决于东道国政府所施加的刺激与压力，以及政府从跨国公司那里吸取最大收益的讨价还价的能力。	（王志乐）： 价值链重新布局导致利益冲突。 违规经营带来负面影响。 对各国安全带来隐患。 （卢进勇等）： 对资源的掠夺和垄断阻碍了世界经济的正常发展。 为了自身利益阻碍技术的应用和传播以及社会的发展。

资料来源：（1）卢进勇等. 中外跨国公司发展史（上卷）. 北京：对外经济贸易大学出版社，2016.

（2）王志乐. 全球公司. 上海：上海人民出版社，2015.

（3）约翰·H. 邓宁等著，马述忠等译. 跨国公司与全球经济（第二版）. 北京：中国人民大学出版社，2016.

（4）刘斌. 21 世纪跨国公司新论. 北京：知识产权出版社，2016.

二、中国国家战略对中国企业的要求

与西方发达资本主义国家不一样的是，中国需要世界级跨国公司还是中国国家战略对中国企业（尤其是国有企业）的要求。这个要求可分为三个阶段：一是 1978 年改革开放启动到 1999 年的政策阶段；二是 2000 年提出"走出去"战略到 2015 年的战略阶段；三是 2015 年提出"一带一路"倡议至今的国际合作共同发展阶段。

（一）第一阶段：对外投资与跨国经营

1978 年 12 月，十一届三中全会明确指出："在自力更生基础上，积极发展同世界各国平等互利的经济合作。"

1979 年 8 月 13 日，国务院提出了"出国开办企业"的经济改革措施。这是新中国成立以来第一次把发展对外直接投资作为国家政策。[①]

---

① 康荣平等. 中国企业的跨国经营. 北京：经济科学出版社，1996.

1992年，党的十四大报告指出，要"积极扩大我国企业的对外投资和跨国经营"。

1997年，党的十五大报告指出："更好地利用国内国外两个市场、两种资源，积极参与区域经济合作和全球多边贸易体系，鼓励能够发挥我国比较优秀的对外投资。"

（二）第二阶段："走出去"与跨国公司

2000年10月，十五届五中全会通过的《国民经济和社会发展第十个五年计划纲要》中，首次明确提出"走出去"的国家发展战略。

2001年3月，全国人大九届四次会议通过的《国民经济和社会发展第十个五年计划纲要》专节论述"走出去"战略，明确提出要"支持有实力的企业跨国经营，实现国际化发展"。

2003年10月，十六届三中全会通过的《关于完善社会主义市场经济体制的若干重大问题的决定》指出："继续实施'走出去'战略是建成完善的社会主义市场经济体制和更具活力、更加开放的经济体系的战略部署，是适应统筹国内发展和对外开放要求的，有助于进一步解放和发展生产力，为经济发展和社会全面进步注入强大动力。"

2006年，第十一个五年规划纲要专节论述"走出去"战略，提出："支持有条件的企业对外直接投资和跨国经营，……通过跨国并购、参股、上市、重组联合等方式，培育和发展我国的跨国公司。"首次提出"培育和发展我国的跨国公司"。

2007年，党的十七大报告指出："加快培育我国的跨国公司和国际知名品牌。注重防范国际经济风险。"其中的"加快"一词凸显出我国发展跨国公司的紧迫性，同时提出创建国际知名品牌和防范国际风险，这是之前文件中未曾有过的。

2010年，第十二个五年规划纲要提出，"统筹'引进来'与'走出去'，坚持'引进来'和'走出去'相结合，利用外资和对外投资并重，提高安全高效地利用两种资源、两个市场的能力。……逐步发展我国大型跨国公司和跨国金融机构，提高国际化经营水平。……防范各类风险。'走出去'的企业和境外合作项目，要履行社会责任，造福当地人民。"此处跨国公司前有定语"大型"，同时提出要履行社会责任。

2012年，党的十八大报告指出："加快走出去步伐，增强企业国际化经营能力，培育一批世界水平的跨国公司。"这是对中国企业的新要求——"世界水平的跨国公司"！

（三）"一带一路"倡议与世界一流企业

2016年，"十三五"规划纲要提出，要"以'一带一路'建设为统领，丰富对外开放内涵，提高对外开放水平，协同推进战略互信、投资经贸合作、人文交流，努力形成深度融合的互利合作格局，开创对外开放新局面。"并且特别要求："开展国际产能和装备制造合作，推动装备、技术、标准、服务走出去，……支持企业扩大对外投资，深度融入全球产业链、价值链、物流链。建设一批大宗商品境外生产基地及合作园区。"

2017年，党的十九大报告指出："我国经济已由高速增长阶段转向高质量发展阶段，正处在转变发展方式、优化经济结构、转换增长动力的攻关期，建设现代化经济体系是跨越关口的迫切要求和我国发展的战略目标。"并明确要求："深化国有企业改革，发展混合所有制经济，培育具有全球竞争力的世界一流企业。""要以'一带一路'建设为重点，坚持引进来和走出去并重，遵循共商共建共享原则，……创新对外投资方式，促进国际产能合作，形成面向全球的贸易、投融资、生产、服务网络，加快培育国际经济合作和竞争新优势。"

由此可见，中国国家战略对中国企业的要求在不断提高：从跨国公司到大型跨国公司，再到世界水平的跨国公司和具有全球竞争力的世界一流企业。我们认为，后者就是世界级的跨国公司。

第二节　以进入"全球100强跨国公司"为新目标

世界级跨国公司的具象化就是"全球100强跨国公司"，因此，中国企业要成为世界级跨国公司必须以进入"全球100强跨国公司"排行榜为新目标。这就需要中国企业了解自身与全球100强跨国公司的差距和后者的发展趋势。

一、中国与全球100强跨国公司的差距

首先，包括中国在内的发展中国家跨国公司群体与发达国家跨国公司群体存在较大的差距。

早期的1990—1994年，没有一家发展中国家的跨国公司进入全球100强跨国公司排行榜。1995年，第一次有发展中国家跨国公司上榜，仅两家：第52位的韩国大宇公司和第88位的委内瑞拉石油公司。

　　1999 年，中国企业第一次上榜，是第 48 位的中国香港和记黄埔公司。中国大陆企业第一次上榜，是 2007 年第 88 位的中信集团。同年上榜的发展中国家和地区的企业还有：中国香港和记黄埔（排位 22）、墨西哥 Cemex（排位 45）、韩国 LG（排位 69）、韩国三星电子（排位 75）、马来西亚石油公司（排位 84），加上中信集团一共 6 家。

　　2016 年全球 100 强跨国公司中，发达国家企业为 91 家，发展中国家企业为 9 家（10 年增加了 3 家），差距非常明显。中国上榜的 4 家跨国公司为长江和记（香港，排位 19）、鸿海产业（台湾，排位 40）、中海油（大陆，排位 44）、中远（大陆，排位 81）。值得特别注意的是，作为世界工厂的中国大陆，竟然没有一家制造业企业上榜。

　　2016 年全球 100 强跨国公司按国别可分为四个梯队。第一梯队是美国；第二梯队是英、德、法、日四国，两者占了 69% 的比重；第三梯队是瑞士中国、意大利、西班牙、爱尔兰五国；第四梯队是各有一家上榜的 14 个国家（详见附录 1）。

　　再者，中国 100 强跨国公司与全球 100 强跨国公司之间存在较大的差距。有两个指标可描述这个差距：一是跨国指数 [TNI，是按照公司的（海外营业收入÷营业收入总额+海外资产÷资产总额+海外员工÷员工总数)÷3×100% 计算得出]；二是上榜门槛，即排位 100 的跨国公司海外资产总额。

　　2011 年 11 月，中国企业联合会、中国企业家协会首次发布了"2011 年中国 100 强跨国公司及跨国指数"。之后，每年发布。在此，我们把 2017 年发布的中国 100 强跨国公司（2016 年数据，详见附录 2），与全球 100 强跨国公司 2016 年数据进行比较。

　　由此看来，中国跨国公司与全球 100 强跨国公司之间的差距是巨大的。第一，跨国化程度远远落后于世界平均水平。2016 年中国 100 强跨国公司的平均跨国指数，不仅远远低于 2016 年世界 100 强跨国公司的平均跨国指数 66.1%，而且远低于 2016 年发展中国家 100 强跨国公司的平均跨国指数 54.2%。第二，中国 100 强跨国公司的海外资产规模小，仍有待提高，海外经营业绩也亟待改善。2016 年中国 100 强跨国公司的入围门槛只有 21 亿元人民币，而 2016 年全球 100 强跨国公司的入围门槛高达 371 亿美元（约合人民币 2463 亿元）（见表 2-2）。

表 2-2　全球 100 强与中国 100 强跨国公司比较（2016 年）

	跨国化指数，TNI	上榜门槛
中国 100 强跨国公司	14.8%	61.85 亿元≈9.26 亿美元
全球 100 强跨国公司	66.1%	371.58 亿美元

资料来源：UNCTAD，World Investment Report，2017.

二、全球 100 强的新趋势：研发密集

全球 100 强跨国公司，从第一次发布的 1990 年数据，至今日的 2016 年数据，历经 27 年。这期间，全球 100 强跨国公司在若干方面已经发生了很大的变化。这些变化值得中国跨国公司密切关注。

（一）公司规模迅速增长

全球 100 强跨国公司的上榜门槛，1990 年是 42 亿美元，2016 年上升到 371 亿美元，年均增长率为 7.83%。

全球 100 强跨国公司榜第一位的海外资产规模，1990 年是 692 亿美元，2016 年上升到 3497 亿美元。换句话说，1990 年的第一位如果拿到 2016 年来，只能排位 43。

（二）跨国指数明显提高

1993 年全球 100 强跨国公司平均的跨国化指数是 41%。2016 年该指数是 66.1%。平均每年增长将近 1 个百分点。

（三）国别分布的变化

（1）美日在衰落。在全球 100 强跨国公司榜中，20 世纪 90 年代可以说是美国、日本"统治"的年代。最高峰是 1994 年，100 强跨国公司榜中美国有 32 家、日本有 19 家，共 51 家，足足的半壁江山，可见美国、日本在全球跨国公司领域影响之大。

再看今日的 2016 年数据：美国 22 家，减少了 10 家；日本 11 家，减少了 8 家。两国合计为 33 家，减少了 18 家。

（2）发展中国家在上升。在全球 100 强跨国公司榜中，直到 1995 年，才第一次有发展中国家的跨国公司上榜。到 2016 年榜中，已经有 9 家发展中国家的跨国公司。

（3）国别分布更广泛。在全球 100 强跨国公司 1990 年榜中，一共有 13 个国家的公司上榜；到 2016 年榜中，已经有 24 个国家的公司上榜。

（四）行业分布的变化

我们主要比较全球 100 强跨国公司 1990 年榜与 2016 年榜的数据变化，见表 2-3、表 2-4。

表 2-3　全球 100 强跨国公司的行业分布（1990 年）

行业	汽车	石油	电子电器	制药	电信	食品饮料	多元化	建材	金属	烟草
数目	13	12	16	5	2	6	1	3	5	1
行业	商社零售	化工	工农设备	林木	奢品	科技设备	航行器	矿业	出版	
数目	7	15	3	3	1	2	2	2	2	

资料来源：UNCTAD, World Investment Report, 1993.

表 2-4　全球 100 强跨国公司的行业分布（2016 年）

行业	汽车	石油	电子	制药	电信	水电气	食品饮料	运输	航行器
数目	12	11	14	13	7	8	6	3	2
行业	商社零售	金属	化工	矿业	工业设备	烟草	电子服务	奢侈品	
数目	8	2	1	6	2	2	2	1	

资料来源：UNCTAD, World Investment Report, 2017.

从表 2-3、表 2-4 数据的比较，我们可以发现：

（1）除采掘业外的原材料加工行业的退出，包括化工、金属、建材行业。1990 年榜中有化工 15 家、金属 5 家、建材 3 家、林木 3 家，一共 26 家。到 2016 年榜中只剩 2 家金属公司和 1 家化工公司。

（2）水电气讯公共设施行业的兴起。1990 年榜中还没有水电气行业公司，有 2 家电信公司。到 2016 年榜中则出现 8 家水电气行业公司和 7 家电信公司。

3. 研发密集型行业和企业的增加，成为第一集团。制药业是最典型的研发密集型行业，上榜公司数从 1990 年的 5 家上升到 2016 年的 13 家。新的研发密集型行业是 IT 互联网行业，因为该榜单的行业分类上把它们分别标称为 electric equipment, electronic components, computer equipment, computer and data processing, e-commerce 等，所以我们把它们都归纳在"电子"一栏里，共计 14 家。这两个行业合起来就 27 家了。

为了更好地分析，我们特地找来欧盟委员会官网发布的"2017 全球企业研发投入排行榜"[①]，估计是 2016 年的数据。我们把这个排行榜前 100 位的公司名单（详见附

---

① 2017 全球企业研发投入排行榜. 2017-12-15. 14：56 TechWeb.

录3），与全球100强跨国公司2016年榜的公司名单进行了比对，发现100强跨国公司其中有41家在100强研发公司里。换句话说，这41家公司既是最大的跨国公司，同时又是最大的研发公司。这41家公司除了上面提到的13家制药跨国公司和14家IT互联网跨国公司外，还有汽车制造业的12家跨国公司，以及工业设备和航行器行业的4家跨国公司。把这些研发密集型的跨国公司都加起来：13+14+12+4=43家（软银和博通公司不在100强研发公司名单里），这绝对构成了主导今后全球100强跨国公司趋势的第一集团。

第二集团是采掘业，包括石油（11家）和矿业（6家），这个行业的跨国公司都有大量的海外重资产——油田、矿区等，2015年全球100强跨国公司里的矿业跨国公司海外资产比重高达76%，石油跨国公司为73%。[①] 尤其是石油跨国公司，具有长长的价值链/供应链，采掘、炼解、零售（加油站）三大段，采掘和零售都需要大量海外资产。这应该是采掘业能在全球100强跨国公司榜长期保持相当地位的原因。

再往下的集团就是水电气讯（15家）的公共设施行业和商社零售行业（8家）。其他行业的跨国公司就难以成集团了。

对中国跨国公司来说，以上四个方面的变化或趋势是挑战大于机遇。进入门槛和跨国指数不断提高是挑战，美日衰落和发展中国家上升是机遇，研发密集成为新趋势既是挑战又是机遇。

如何迎接挑战、抓住机遇？这是中国跨国公司在新时代实现新目标的新课题。

第三节　日本跨国公司的经验：产业创新

二战后，日本作为一个后来者，并且是非西方文化的国家，在跨国公司成长方面的经验，对于更为后来者的中国来说是尤其珍贵的。

我们先来看看，日本的跨国公司在1990年、1994年和2016年登上全球100强跨国公司榜的情况（表2-5）。

---

① UNCTAD, World Investment Report, 2017, p172.

表 2-5　全球 100 强跨国公司中的日本企业（1990/1994/2016 年）

1990 年			（亿美元）	1994 年			（亿美元）	2016 年			（亿美元）
排位	名称	行业	海外资产	排位	名称	行业	海外资产	排位	名称	行业	海外资产
12	松下	电器		8	丰田	汽车	360	2	丰田	汽车	3036
15	索尼	电器		12	三菱商事	商社		10	软银	IT	1456
18	三菱商事	商社	167	14	日产	汽车	268	13	本田	汽车	1300
22	三井物产	商社	150	16	松下电器	电器	236	16	日产	汽车	1166
29	丰田	汽车	128	19	索尼	电器		20	三菱商事	商社	1078
40	伊藤忠商事	商社	152	22	日立	电器	222	35	三井物产	商社	816
46	日产	汽车		30	三井物产	商社		54	日本电信	电信	604
63	本田	汽车	67	32	日商岩井	商社		73	丸红商事	商社	475
64	东芝	电器		38	住友商事	商社		84	住友商事	商社	422
68	丸红商事	商社	63	41	东芝	电器		95	伊藤忠商事	商社	376
71	日商岩井	商社		43	伊藤忠商事	商社		97	索尼	电子	375
79	桥石	橡胶		47	丸红商事	商社	111	（共 11 家）			
（共 12 家）				51	本田	汽车					
				57	NEC	电器	93				
				63	新日铁	金属	85				
				68	佳能	电器	80				
				69	夏普	电器	80				
				97	神户钢铁	金属	48				
				100	桥石	橡胶	47				
				（共 19 家）							

资料来源：UNCTAD, World Investment Report, 1993, 1996, 2017.

日本跨国公司在 1990 年上榜了 12 家；1996 年上榜了 19 家，是其最高峰；此后逐渐减少，到 2016 年榜只有 11 家。我们仔细分析日本上榜企业的行业分布状况，发现其中有一些规律的内容，对中国跨国公司颇有启发意义。

我们先从全球 100 强跨国公司的第一个榜单（1990 年）里的国别分布和行业分布来分析。在二战后的世界经济中，日本企业作为后来者，面对欧美跨国公司先行者们是以挑战者的身份出现的。

著名企业史学家钱德勒曾经专门探讨了"先行者与挑战者/后来者"问题，他的分析对象是 19 世纪 80 年代至 20 世纪 60 年代的美国、英国和德国的大型工业企业。

钱德勒认为，先行者是在第二次产业革命中建立新产业的那批现代工业企业（跨国公司大多产生于此），它们主要来自资本密集型产业。这些先行者在制造、营销和管理三方面进行互相关联的投资，而建起了市场进入的强大壁垒。新的挑战者（后来者）几乎无法逾越这种壁垒。先行者不仅在利用规模和范围的成本优势上是领先者，而且在发展所有职能活动——生产、经销、采购、研究、筹措资金和一般管理——的能力上都有先起步的优势。这一优势使得先行者能轻易地把挑战者消灭于萌芽状态，在他们获得实施并发展成为强大竞争者所需的技能以前制止其成长。并且这种优势可以而且也常常被无情地利用。①

钱德勒还认为，在这些行业中建立进入壁垒最高者是资本和技术双密集的化学和制药工业。他在 2005 年出版的一本专门论述现代化学和制药工业的著作中指出："由此，进入壁垒阻碍了后来者创建开展产业竞争所必需的有效的综合学习基础。这些壁垒如此之高，以至于 20 世纪 20 年代之后，在全球 50 家最大的化学品公司和 30 家最大的制药公司中，只有两家化学品后来者能够成功地进入其中，而没有一家制药行业后来者进入。"②

在全球 100 强跨国公司的第一个榜单（1990 年）中，化工和制药行业一共 19 家，石油行业是开采+炼制，炼制也是化工，如果再加上石油行业的 13 家，共计 32 家。以化工为基础的产业族群则成为数量最多的第一集团。再看国别分布，在这 32 家跨国公司中几乎没有一家是来自后来者国家的企业（日本的桥石轮胎公司也许可以算半个）。换句话说，日本企业在进入壁垒最高的这一以化工为基础的产业族群上，成果甚微。

那么，日本企业在全球 100 强跨国公司榜单中，进入了哪些行业呢？1990 年榜单中，日本企业上榜了 12 家企业，主要分布在三个行业，按排位前后的情况是：家用电器 3 家，综合商社 5 家，汽车制造 3 家，还有一家是橡胶。

1994 年日本企业上榜最高峰时仍然是这三个行业，排位前后有点变化：汽车 3 家，家用电器 7 家，综合商社 6 家，另外 3 家是原材料行业。

那么日本企业靠什么登上这三个行业的高峰呢？靠的就是产业创新——原创或二

① 钱德勒著，张逸人译. 规模与范围：工业资本主义的原动力. 北京：华夏出版社，2006.
② 钱德勒. 塑造工业时代——现代化学工业和制药工业的非凡历程. 北京：华夏出版社，2006.

次创新。下面我们就分析一下日本的这三个行业。

先谈综合商社，因为它是日本的一项原始的行业创新。全球 100 强跨国公司榜是从 1990 年开始评定的，如果这项评定是在更早的 1980 年或者 1970 年，那么日本企业最早登上榜单的肯定是综合商社。

综合商社是日本根据本国的条件，为了其经济的国际化而在商贸产业上发明发展的一项产业创新（属于组织创新）。日本国土狭小、资源匮乏，经济发展需要的资源几乎全部都要靠进口，而日本制造的产品大部分又要出口到世界各地。这种特殊的情况，促使日本在明治维新后就创造了综合商社这种企业组织形式。

综合商社是日本各个财阀（战前）/企业集团的总采购，把世界各地的原材料进口到日本，同时又是总经销，把日本产品推销到世界各地。综合商社逐渐建立了遍布全球的情报网，又成为海外投资的先锋。20 世纪 90 年代起的经济全球化浪潮，更使综合商社发挥优势而"登峰造极"。直到 2016 年榜仍然保持 5 个席位，成为日本跨国公司最大而又稳定的力量。

顺便提及，二战后包括美国在内的一大批国家都曾经企图效仿日本的综合商社，但是只有韩国取得了成功，其他国家全都失败。①

再来分析家用电器行业。家用电器行业的原始创新，主要是由美国企业在 20 世纪上半叶完成的，相关产品包括电水壶、电熨斗、电风扇、电冰箱、空调、洗衣机、收音机、黑白电视机等。

20 世纪 50 年代起，以索尼、松下为领军的日本家电企业，陆续向市场推出一系列新产品：半导体收音机、小型录音机、小型录像机、彩色电视机、微波炉、随身听、小型电子游戏机、DVD、数码相机、变频空调等，由此构成了家用电器的二次产业创新浪潮。日本的家用电器企业群体也就登上该行业全球顶峰。

表现在全球 100 强跨国公司榜上，1990 年已经有 3 家日本家用电器企业上榜，1994 年更是有 7 家日本家用电器企业上榜，几乎垄断了这个行业。

第三来分析汽车制造行业（这里主要谈轿车）。第二次世界大战后的汽车制造行业由美国主导，其特征为：（1）车大型化，由此带来高油耗；（2）厂家自产率高，即大部分零部件都由本公司生产。

20 世纪 70 年代，在石油危机的背景下，以丰田公司为代表的日本汽车产业实现

了二次产业创新。主要包括：（1）丰田生产方式（精益生产方式），这是对曾经统治汽车工业的福特生产方式的重大突破，包括及时化（JIT）、看板方式、标准作业、TQC 等精益生产活动。（2）以下请企业为特征的外承包体系，大大降低自产率。

20 世纪 70 年代后期起，日本汽车以小型化、低耗油、性价比高为特点风靡全球。80 年代美国麻省理工学院组织世界上 17 个国家的专家学者，花费 5 年时间，耗资 500 万美元，分析研究丰田生产方式，把其理论化为精益生产方式（Lean Production）。日本汽车制造在传统能源车上，一直领先全球至今。这就是日本汽车公司能跻身全球 100 强跨国公司榜的"汽车帮"里的主要原因。

最后，我们看看今天日本跨国公司的状况，并对未来做一点展望。在全球 100 强跨国公司 2016 年榜里，日本只有 11 家公司上榜，比其最高峰时减少了 8 家。还多亏软银和日本电报电话公司冲了上来，前几年曾经降到只有 9 家上榜。从行业分布来看，减少最多的是家用电器行业，从最多时的 7 家减少到只剩 1 家（索尼）。日本家用电器行业的诸公司，上一轮二次产业创新的红利已经吃尽，近年移动互联网带来的创新又没有跟上，他们的衰落已经是必然。

日本汽车行业还保住了 3 家公司上榜。但是，全球汽车行业正面临着由互联网化和新能源交织的重大变革创新，目前看来日本企业并不占优，所以前景叵测。日本的综合商社同样面临着新的挑战，即互联网电子商务引起的商贸产业的新组织创新，例如亚马逊、阿里巴巴之类的平台企业。在这个方面，似乎日本的综合商社们还没有积极的对应行动。

其实，全球 100 强跨国公司，就是人类社会的经济竞技场中的冠军群体，能登上并且保持在这一群体里，从投入的角度看，比的就是谁研发投入多；从产出的角度看，比的就是谁的创新多——这是一个创新者引领的世界。

第四节　中国跨国公司发展的努力方向

中国跨国公司实现进入"全球 100 强跨国公司"新目标，需要政府的政策支持、充分利用巨国效应、抓住重大技术和产业变革的机会、选择重点行业和企业加以支持等多个方面的努力。

一、政府层面的政策支持

历史经验表明，在经济全球化条件下，建设世界级的跨国公司，没有国家政府的相关支持是根本不可能成功的。

韩国举全国之力，几十年下来建起了一个世界级的跨国公司——三星电子公司。空中客车公司也是很好的例证，如果没有欧洲几个经济强国政府的集体支持，空中客车公司根本不可能成功挑战美国波音公司在全球航空工业的地位。

中国跨国公司进入"全球 100 强跨国公司"同样需要国家政府的指导和政策支持。建议中央政府有关部门明确地把对标"全球 100 强跨国公司"作为中国大型企业（尤其是中央企业）的发展指导，并对表现优秀的企业提供多方面的政策支持。

二、充分发挥巨国效应这个独特的优势条件

中国本身就是一个大国，经过新中国成立后 30 年工业体系的建设和全民教育的发展，又有改革开放 40 年来的经济社会高速发展，巨国效应开始显现。

在国内市场规模上，中国现在已经是全球第二大市场，而且在几年之后就会成为全球第一。其中，在新经济的增量市场方面，中国已经成为全球第一大的市场。在大多数情况下，有多大的国内市场就能培养出多大的企业，这是培育大型跨国公司的第一基础。

我们知道，面对越来越高的新产品研发费用，企业必须掌握足够大的市场规模，才能合理分摊巨额的研发费用。新型号电话交换机的研发费用，在 20 世纪 50 年代约 1 千万美元，其生命周期为 25 年；到 70 年代初时上升至 2 亿美元，生命周期却下降到 15 年；到 80 年代初时上升至 10 亿美元，而生命周期仅有 10 年——据测算 10 亿美元的研发费用要有大约 8% 的全球市场份额才能分摊这笔巨额费用，即使欧洲最大的单个市场德国市场的规模也达不到这个份额。[①]

在当下，研发一个国际销售的新汽车型号，需要 10 亿美元费用；研发一个重磅炸弹型的原创新药，需要近 20 亿美元费用；研发空中客车 A380 型的飞机，需要 100 亿美元费用。这些数据告诉我们，拥有一个巨大的国内市场是多么重要的基础因素。

从日本二战后的经济发展，可以反衬巨国效应的重要性。日本国内市场有限，企

---

① 伊普. 全球战略. 北京：中国人民大学出版社，2005.

业成长对国际市场的依赖度很高。20 世纪 80 年代，日本企业的产品大面积冲击着美欧市场，大有成为"日本第一"的架势。美欧国家集体发难，1985 年的"广场协定"很快就使形势变化，1990 年日本进入停滞的十年。

三、抓住大部分产业面临的重大技术和经济变革机会

首先，互联网等信息技术对现有产业、商业模式和社会生活带来的变革正在迅速展开。其次，新能源革命将大规模颠覆现有的经济模式和生活方式。最后，"一带一路"倡议所指向的"人类命运共同体"，将是一场经济和生活发展的变革。

钱德勒的"先行者与挑战者/后来者"理论，那是在产业发展没有重大技术和经济变革条件下的"铁律"。但是，当下的时代正是钱氏"铁律"失效的大变革时代。日本跨国公司的产业创新成功经验也告诉我们，中国跨国公司必须抓住这些变革带来的机会，否则进入"全球 100 强跨国公司"的目标无法实现。

四、选择重点行业和企业加以支持

哪些行业中的中国企业进入"全球 100 强跨国公司"的可能性比较大？从目前全球 100 强跨国公司和中国 100 强跨国公司的名单上看，石油炼制行业应该排在前面。中海油公司已经上了全球 100 强跨国公司榜，中石油和中石化公司应该也能上榜——我们查对数据发现有个问题：2015 全球 100 强发展中国家跨国公司榜上，中石油公司的海外资产是 221 亿美元，而 2015 年中国 100 强跨国公司榜的对应数据是 8837 亿元（≈ 1418 亿美元）；中石化公司的数据也分别是 219 亿美元对应 803 亿美元（见附录 1）。不管谁对谁错，中石油和中石化公司应该能比较快地上榜。

其次，有可能上榜的应该是制药行业。中国化工集团公司并购了瑞士先正达公司（种子和农药），海外资产增加大约 200 亿美元，估计一年内就可能上榜。但是在制药行业上，中国企业的差距是非常大的（中国研发投入最大的制药公司的年投入也就 1 亿多美元），所以下一个上榜的候选企业，我们还看不到。

最后，可能是 IT 互联网行业。无论是互联网公司，还是 IT 硬件公司，我们都具备了一些条件，继续努力奋斗向前，应该能有抓住机会的若干幸运儿出现。

包括汽车制造在内的运输设备工业，因为面临重大变革，我们也会有机会。由于中国正在进行全球最大规模的城市化建设和改造，在水电气讯等公共设施行业也是有

机会的。

总体而言，从全球 100 强跨国公司和中国 100 强跨国公司的榜单上看，中国最需要努力的是制造业。因为中国是全球制造业规模最大、行业门类最全的国家，如果要更上一层楼而引领世界经济，则必须建成一批制造业的世界级跨国公司。为此，我们选择墨西哥 Cemex 公司作为本章案例，这是一家发展中国家的水泥制造企业，2005 年开始登上全球 100 强跨国公司榜。

·案例 2.1·

墨西哥 Cemex 公司

Cemex 公司是当今世界最大的大水泥制造集团之一，2005 年登上全球 100 强跨国公司榜（并连续 8 年上榜）；2007 年拥有 67 家水泥工厂，经营地域范围覆盖 50 个国家，销售额则达到 216 亿美元。它是从 100 年前墨西哥的一个小水泥厂开始，历经家族三代人的奋斗发展壮大为今日全球最大的水泥公司。

Cemex 公司作为一个发展中国家的私营企业，一个世界水泥行业的弱小后来者，如何乘经济全球化的风潮，成长为全球行业巨头、跻身全球 100 强跨国公司行列，非常值得我们研究和学习。

一、国内成长

1906 年，赞布拉诺家族（Zambrano）在墨西哥第三大城市蒙特雷创办了一家名为 Cementos Hidalgo 的水泥厂，当时每年的产能不到 5000 吨，这就是 Cemex 的前身。经过两代人的经营，公司发展成为墨西哥一家大型水泥企业。

1968 年，家族的第三代传人洛伦佐·赞布拉诺（Lorenzo Zambrano，1944—），在获得美国斯坦福大学 MBA 学位后，进入 Cemex 公司，被派到偏远的最基层的几个小工厂工作，在隐瞒其家族背景的情况下，经过 18 年的各个阶层的逐级锻炼后，1985 年被公司董事会任命为总裁。

20 世纪 80 年代，随着墨西哥开始实施开放政策，国际水泥巨头 Holder-

bank 和 Lafarge，已经把墨西哥看作是进行全球扩张的潜在市场。面对这种威胁，赞布拉诺决定先下手整合墨西哥水泥行业。

1987 年，Cemex 收购了 Cementos Anahuac，获得两个加工厂和 400 万吨的产能。1989 年，又收购了墨西哥第二大水泥企业 Cementos Tolteca，获得几处新建的加工厂和 660 万吨的产能。这两项收购活动耗资将近 10 亿美元，使 Cemex 成为墨西哥水泥行业的龙头老大，为它提供了进行地域扩张所需要的规模效应和财务资源。

早在 20 世纪 70 年代，Cemex 就开始向美国市场出口水泥；80 年代，逐渐加大了对美国的出口力度。80 年代末，美国的八家水泥生产企业联合向法院提交了一个反倾销诉状，导致美国国际贸易委员会向墨西哥出口美国的 Cemex 产品征收 58% 的反倾销税。

二、海外扩张

自 20 世纪 90 年代始，随着企业规模的扩大，资金实力的增强，Cemex 集团开始向海外扩张。

1991 年，Cemex 进入西班牙水泥市场，建立了多个销售终端，以销售墨西哥生产的水泥，并认真研究西班牙以及欧洲市场。

1992 年 7 月，Cemex 迈出海外并购的第一步，斥资 18.4 亿美元，分别收购了西班牙两大水泥厂 Valenciana 和 Sanson 的 68% 的股权和 94% 的股权，两家被收购企业的产能总和为 1200 万吨。这些收购活动使得 Cemex 占据了西班牙水泥市场的 28%，成为该国最大的水泥企业。经过 18 个月的整合之后，公司的运营利润率获得重大提升，从收购时的 7% 增加到 1994 年的 20%。

1994 年，Cemex 出资 3.6 亿美元，收购了委内瑞拉最大的水泥厂 Vencemos。这个水泥厂的产能为 400 万吨，大约为委内瑞拉水泥总产能的 40%。同年收购巴拿马 Bayanos 水泥公司，花费 0.6 亿美元；收购美国 Balcones 的一间水泥工厂，花费 1.05 亿美元。

1995 年收购多米尼加领先的 Nacionales 水泥公司。

1996 年，Cemex 出资 4 亿美元，收购了哥伦比亚第二大水泥企业的 Cementos Diamanete 公司的 54% 的股权，这一比例后来又有所增加；出资 3 亿美元收购了第三大水泥企业 Inversiones Samper 的 94% 的股权。这两个大的收购行动为 Cemex 增加了 350 万吨的产能，将近哥伦比亚全国 1/3 的水泥产能，同时使 Cemex 成为世界第三大水泥企业。

1997 年，Cemex 收购菲律宾 Nizal 水泥公司，投入 2.18 亿美元，收购了拥有 230 万吨产能的企业的 70% 的股权。

1999 年，Cemex 收购菲律宾 APO 水泥公司，投入 4 亿美元，收购了拥有 200 万吨产能的全部股权；同年 11 月，Cemex 出资 3.7 亿美元，收购埃及最大的水泥生产企业 Assiut Cement 公司的 77% 的股权，产能为 400 万吨。同年还收购哥斯达黎加最大水泥企业 Pacifico。

2000 年，Cemex 用 28 亿美元购买了美国第二大水泥企业 Southdown，使 Cemex 一跃成为美国第一大水泥生产商。

2001 年收购泰国 Saraburi 水泥公司。

2002 年收购秘鲁 Rican 水泥公司。

2005 年收购了世界最大的预搅拌混凝土公司英国 RMC 公司。

2007 年收购澳大利亚 Rinker 公司，花费 183 亿美元。

Cemex 公司 2005 年的总资产 264 亿美元，其中海外资产 218 亿美元，海外销售额的比重 81.2%。截至 2006 年底公司有 5.2 万员工，其中海外员工 3.9 万。2007 年销售额则达到 216.73 亿美元，净利润达 23.91 亿美元。

三、用信息技术武装传统产业

在水泥制造业这一传统行业里，人们的脑海里很少会把它同高科技和新兴技术联系起来，但赞布拉诺在接管公司后不久，就创建了一个前所未有的部门：信息技术部。公司开始让工厂的运作自动化，销售和会计随后也实现了自动化。20 世纪 80 年代末期，该公司建立了一个卫星网络，可以把公司内部的所有数据传送到位于蒙特雷的公司总部。自动化降低了人力成本：现在只需一小部分人就能经营管理一座大型的水泥厂。通过使用机器从生产线上取样、切片，使用激光进行分析，使得诸如质量控制之类的生产活动也能通过机器进行自动处理。

网络使得 Cemex 公司的许多内部流程发生了转变，最引人注目的是预拌水泥的运送。以前这可是该公司乃至整个水泥行业最令人头痛的事，但新技术为 Cemex 解决了这个问题。通过为每辆卡车装配一台计算机和一套全球定位系统，并且将这些车辆的位置与工厂的产量以及客户的定单连接起来，Cemex 公司不仅能够计算出哪辆车应该去哪儿，而且能够对途中的车辆进行指导以实现资源的优化配置。这一系统使得运送的"时间空窗"（window of time）从原来的 3 小时降低到不到 20 分钟。然而，更重要的是，自动化能及时提供各种数据，赞布拉诺先生可以通过网络核对公司的销售额或窑房的温度，然后用电子邮件向所管辖部门未达标准的经理提出疑问。对于公司进行的变革，特别是电子邮件的使用，曾遇到过层层阻力，但公开的信息和便利的沟通交流使得企业文化发生了转变。一方面，由于员工知道他们的一举一动都受到"监督"，工作时更为卖力；另一方面，赞布拉诺先生竭力使上层易于接受下层的新观点。

Cemex 从来没有大型的计算机主机，而是依赖于互相连接的分销系统分享公司内部信息，这就使得高层管理人员可以随时了解公司的进展情况，使得职位较低的雇员在一定程度上也能获得相关信息。赞布拉诺的助手赫克托·梅迪纳说，这在不同部门间创造了一种"健康"的竞争。

当 Cemex 公司开足马力进行海外扩张时，其信息技术的真正威力才显现出来。在每次购并中，购并整合小组带着他们的笔记本电脑迅速地分析收购对象、削减成本，以及对被并购企业和 Cemex 之间的技术系统和管理方法进行协调整合。Cemex 对小到员工使用的计算机在内的一切事物进行规定，有时这被认为是专制的表现，但却至少确保了公司内部的沟通交流是无缝的。

功夫不负有心人，据赞布拉诺先生提供的数据，对 Southdown 这样一家运作相当平稳的公司的物流进行改善，一年就能节约 2.8 亿美元。更令人兴奋的是，整合的速度大大加快。将 Valenciana 和 Sanson 这两家西班牙公司变为 Cemex 真正的分支机构花了 18 个月，而将"块头更大"的美国 Southdown 公司完全纳入 Cemex 体系之中只花了 4 个月。

四、金融与财务

1976年，Cemex股票在墨西哥证券交易所（BMV）上市；1999年在美国纽约证券交易所（NYSE）上市。

90年代初期，Cemex刚开始海外扩张时，股市的反映是不支持。Cemex就积极寻找其他的融资途径。

由于Cemex成功地购买了西班牙的巴伦西亚水泥公司，增强了经济实力和开发业务的能力，因而于1995年开始运作，以银团的形式向多家银行贷款，用于新的并购计划。贷款总额为1083.8亿比塞塔（西班牙币），期限为7年。Cemex用这笔贷款购买了委内瑞拉水泥公司和美国的Sunbelt公司，还将部分贷款用于偿还一些债务。

90年代中期，由于比索危机，墨西哥提高了利率，限制墨西哥的现金流，控制企业资助国外直接投资（因为比索对美元的比价下降了70%）。Cemex采取对策，将其非墨西哥资产折合入西班牙的子公司中，让后者为新的收购活动提供资金。这些措施为Cemex节省了十几个百分点的费用，部分原因是西班牙有一个投资级别主权评级制度，另一部分原因是，在西班牙，所有利息支出都可以在税前扣减。据估计，1996年，Cemex通过西班牙企业整合银行债务的策略每年可以为公司节省大约1亿美元的利息支出。

1998年，Cemex卖掉了位于西班牙塞维利亚的水泥厂，回笼资金2.6亿美元。塞维利亚的这家水泥厂占有公司在西班牙产能的10%，其厂房、设备都比较落后，生产成本很高。卖掉这个工厂之后，Cemex仍旧是西班牙水泥市场最大的企业。公司将回笼的资金用于东南亚的扩展。

1999年初，Cemex与著名保险公司AIG、新加坡政府投资公司私人股本部门等机构合作，设立了一个总额达12亿美元的基金，专门用来投资Cemex即将从亚洲收购的一些水泥资产。1999年底，公司发行了5亿美元的权证。

五、尾声

Cemex从2005年登上全球100强跨国公司榜，成为全球跨国公司的巨头，并在榜上连续保持了八年（见表2-6）。从表中可以看出，Cemex的上升势头在 2008 年的全球金融危机中戛然而止，其全球销售额从 2008 年的顶峰 218 亿美元，迅速下降到 2009 年的 146 亿美元，减少了 1/3；海外资产也从 2008 年的 402 亿美元，一路下滑到 2012 年的 307 亿美元。2013 年全球 100 强跨国公司榜的门槛已经上升到 339 亿美元，把 Cemex 挡在了门外。

表 2-6 　Cemex 公司在全球 100 强跨国公司榜

（单位：亿美元）

年份	百大排名	海外资产	总销售额	TNI，%
2005	63	218	149	79.5
2006	71	244	181	78.0
2007	45	442	217	82.2
2008	55	402	218	81.6
2009	—	392	146	81.3
2010	79	364	141	79.6
2011	92	346	152	79.5
2012	98	307	149	80.1

资料来源：UNCTAD，World Investment Report，2006-2013.

　　正如前面对全球 100 强跨国公司发展趋势的分析所述，原材料加工行业，包括化工、金属、建材行业，1990 年榜中有化工 15 家、金属 5 家、建材 3 家、林木 3 家，一共 26 家。到 2016 年榜中只剩 2 家金属公司和 1 家化工公司，几乎全行业退出。这不是 Cemex 公司一家的状况，而是世界经济发展的新阶段的一种体现，这并不影响 Cemex 仍然保持着全球水泥行业巨头的地位。

　　资料来源：

（1）Cemex 网站：http://www.cemex.com

（2）Cemex 全球化进程. 中国水泥网，2005-11-23.

（3）R. Sarathy. In Managing the Global Corp. McGraw-Hill，2001.

第三章 | 中国企业跨国
成长的战略方向

新时代高质量发展的国家战略要求中国跨国公司把进入"全球 100 强跨国公司"作为企业战略的新目标。完成这项战略任务的前提条件是大多数中国企业已经成为跨国公司，但中国企业现实状况并非如此，大多数中国企业正在成为跨国公司的征途中，即处在跨国成长过程中。

这种状况要求我们立足现实，把握中国企业跨国成长的战略方向。在本章中，我们从中国企业的海外发展历程中，总结出中国企业的四类跨国成长战略，并对其针对的目标市场、主要战略行为及其可能效果等方面进行分析，为中国企业在未来跨国成长中提供较为明确的战略思维框架和战略制定指南。

跨国成长战略是跨国公司战略的重要组成部分，它是一种以国内企业为起点、以跨国公司为目标的发展战略。在来自欧美国家的跨国公司战略理论中，跨国公司如何利用竞争优势持续发展或成长为全球公司是其主要内容，而较少重视企业的跨国成长战略。对中国企业实践而言，由于真正意义上的中国跨国公司仅占少数，绝大多数企业处在国内企业阶段或从国内企业成长为跨国公司的过程中，跨国成长战略就成为对中国企业更有现实价值的内容。

本章共由五节组成。第一节主要讨论中国企业在思考和制定跨国成长战略时，主要考虑的几个主要问题，例如认清本企业跨国成长的起点、目标市场的选择及其决策，以及关于如何从起点到目标的有价值的理论工具和实践总结，这些内容构成了中国企业跨国成长的战略思维框架；从第二节到第五节，我们分别论述了从中国企业实践中总结出来的四类跨国成长战略：嵌入战略、利基战略、承接战略和抢先战略。对每一类战略，我们在介绍其主要涵义之后，以某个典型企业的案例为重点，全面讨论其针对的目标市场、主要内容、适用范围及可能效果等内容。

第一节　战略思维框架

起点、目标和行动是战略思维的一般框架：从起点出发，认清我是谁，我处在什么位置上；设定清晰的目标，我要成为什么，我未来的位置将在哪里；制定从起点到目标的行动方案，我应该采取什么样的行动才能有效地从起点出发，实现既定的战略目标。

具体到中国企业的跨国成长战略，主体起点是在国内市场经营的中国企业，它虽然开展了某些国际化活动（例如引进技术、国内合资，以及产品出口和 OEM 等），但并没有开展以海外直接投资为主的跨国经营活动；一般目标是成为一家在全球某个或多个市场上有竞争力和影响力的跨国公司，即不仅在海外拥有两家以上的生产性和研发性机构，而且其产品在全球市场上有一定的竞争力和影响力；行动方案就是从起点出发，为实现既定的战略目标而采取的行为和活动，即选择什么样的业务或地域作为目标市场，以什么样的方式进入目标市场，如何在目标市场上获取、巩固竞争优势等。

在这个思维框架中，中国企业制定自身的跨国成长战略时，至少要全面、深入且具体地思考以下几个问题：在全球化环境中，中国企业处在什么样的起点位置上？在全球市场中，已占据较大市场份额和拥有技术优势的发达国家跨国公司的战略有什么样的特点及其变化？在外国跨国公司云集的全球市场，中国企业有哪些跨国成长的机会？这些机会的性质和特点是什么？中国企业如何抓住这些机会，采取哪些有效的行动才能成为一家有竞争力和影响力的跨国公司？

对以上问题的回答，至少有三个层面的答案：第一个层面是一般意义上的中国企业，即把中国企业作为一个整体，在全球化环境中回答这些问题，其答案只能是一般性的，适用于所有的中国企业；第二个层面是某种类型的中国企业，例如家用电器制造、化工制造等行业，即把某个行业的中国企业作为分析对象，其答案是具体性的，适用于该行业所有的中国企业；第三个层面是某个特定的中国企业，例如联想集团、海尔集团、华为等，即以某个特定的企业为分析对象，其答案当然是特定性的，只适用于该企业。

在本节中，我们虽然仅在第一个层面上讨论和回答以上战略问题，但其思考分析框架和方法完全可以运用于第二个和第三个层面。在企业实践中，我们必须汇总三个层面的答案才能形成一个较为完整的战略判断。

一、起点：全球环境中的中国企业

以全球视野审视中国企业，我们认为，中国企业的战略本质属性是弱小者、后来者，并有某些特殊性。在主流跨国公司理论中，对战略本质属性的全面、深入认识是一个隐含的假设，即以强大者和先行者为前提。但对中国企业而言，这个假设并不成立。因此，对战略本质属性的认识是中国企业跨国成长战略思维的起点，它在较大的程度上决定了中国企业跨国成长的战略选择及其成功率。否则，中国企业在跨国成长过程中，必然会遇到难以克服的困难，不仅成为跨国公司的目标无法实现，而且还有可能危及中国企业在国内市场的生存和发展。

（一）中国企业是弱小者

从全球视野来看，今天的中国企业总体上是弱小者。首先从规模实力和技术优势来看，除极少数垄断型国有企业外，中国企业的规模小，实力弱，尤其核心技术缺乏；其次从市场地位来看，除极少数全球细分市场冠军企业外，中国企业在全球市场的地位很低；再次从品牌价值来看，中国企业只有个别品牌进入"全球品牌100强"；最后从国际标准和商业规则来看，中国企业普遍缺乏参与制定国际标准和商业规则的能力，只能遵守发达国家跨国公司制定的国际标准和商业规则。

这是客观存在的现实，我们必须正视这个现实。我们不仅要从自身历史发展中看到中国企业的日益强大，而且还要从全球视野看到中国企业的弱小现状。只有这样，中国企业才能认清自身在全球环境中的位置，才能找到进一步成长的起点。

认清"弱小者"这个现实，并不是表明我们甘当弱小者。恰恰相反，这是中国企业日后成为"强大者"的前提。反过来，如果我们现在就以"强大者"自居，中国企业日后就难以成为全球市场中的"强大者"。这不仅是一种辩证思维，而且还被历史所证实。

资源有限是弱小者的本质特征，"长袖善舞"是强大者的主要体现。区分强大者与弱小者，是企业战略的前提，更是企业跨国成长战略的前提。但遗憾的是，我们所熟知的来自美国的主流企业战略理论并非如此，日本企业的战略实践显示出这种区别,但我们并未足够关注和重视。如果我们仍然是以美国主流企业战略为指导,实际上就是以强大者战略为指导,中国企业就难以制定和实施适合自己的战略,也就难以实现成为"强大者"的宏伟目标。因此,我们必须寻找到适合弱小者的战略,即如何从弱小者成长为强大者的战略。

(二)中国企业是后来者

强大与弱小主要是在某个时点上,从规模实力、市场地位、技术优势、品牌影响力、标准和规则制定权等因素比较而言的,先行者与后来者则是从时间历程来看的,先行者是行业/市场的开拓者,而当后来者进入市场时,已有一批先行者早就存在。

对"中国企业是后来者"这个判断,估计不会有人反对,因为大家都能够看清楚这个历史和现实。第一次工业革命从欧洲开始,第二次工业革命和信息革命都从美国开始,中国在改革开放之前,一直远离世界工业和信息革命的潮流。只是在近40年的时间内,中国企业才加入这一股又一股的潮流中,扮演着一个明显的后来者角色。

中国企业在知识产权领域面临的困境,是作为后来者的必然现象。先行者作为行业/市场的开拓者,通常拥有自主的知识产权,而后来者的技术依赖特征明显,从先行者引进技术是其成长的起点,随着后来者技术能力的不断提升,先行者与后来者之间的技术差距不断缩小,先行者就会感到明显的威胁,它们就会以知识产权为武器来打压后来者,从而保护自己的利益。

后来者拥有的"后发优势"是学术理论界经常讨论的一个话题。但我们认为,后发本身并无优势,后来者只有拥有学习与创新能力之后,才会有优势可言。学习是后来者的"必修课程",中国企业是优秀的学习者,在不到40年的时间内,我们走过了西方企业上百年的历程。在学习基础上的创新,是今日中国企业面临的最大挑战。只学习不创新,后发优势难以形成和发挥,后来者也就无法"后来居上"。

先行者与后来者的不同地位决定了战略思维的差异。如果一直模仿先行者而无战略创新之处,后来者就不仅无法取得实现"后来居上"的目标,而且往往会遭受到战略失败,无论后来者的实力如何强大。在全球复印机市场,美国施乐公司是先行者,许多大型企业(美国GE、IBM、柯达等)以后来者身份进入市场,一直模仿先行者施乐公司的战略,其结果是全部以失败告终。后来者只有在战略上有所创新,才能在市场上取得合适的位置,其中的优秀者可以实现"后来居上"的目标。日本佳能进入全球复印机市场时是一个后来者,但是佳能公司的战略创新使其"后来居上",最终成为全球复印机市场的领导企业（详见本节第三部分）。美国的沃尔玛、西南航空、戴尔电脑等都是后来者成为领导者的成功案例，战略创新的作用是第一位的。

中国企业要"后来居上"，就必须在战略上有所创新。战略创新的首要任务是突破原有的战略思维定势，这个思维定势的核心是"我也是"（Me Too），即模仿主导的思维模式。这种思维模式形成于20世纪80年代，在其后的20年在中国行之有效，得以强化。在1998年短缺经济来临，2001年中国加入WTO之后，中国企业成长环境发生了本质变化，中国企业本应随环境而变，改变自己的战略思维。但是，至今许多中国企业仍然固守"我也是"思维模式，难以突破思维定势，这是中国企业战略创新必须克服的首要问题。

除以上两个战略本质属性外，中国企业还具有某些特殊性，这主要体现在成长环境和成长路径两个方面。

首先，成长环境的特殊性有三个方面：一是市场环境从封闭走向开放，想一下20世纪80年代初，中国有哪些市场？市场规模又有多大？再看一下今天，中国市场的数量和规模，中国与全球市场的关系，其差距之大可能是"史无前例"的。二是经济体制从计划经济走向市场经济，与西方企业一直在自由市场经济中诞生、成长和发展不同，中国不少企业诞生在计划经济环境中或计划经济向市场经济的转型过程中，成长在不完善的市场经济环境中。三是宏观经济一直在高速增长，还未遇到低速增长或经济危机。欧美企业，还有日韩企业都经历过经济低速增长或经济危机，中国企业一直在高速增长的宏观经济环境中成长（最近几年的中速增长，在西方国家看来也是高速的）。当中国宏观经济出现低速增长、零增长之时，才是考验中国企业是否真正"强大"之日。

其次，以上环境的特殊性决定了中国企业成长路径的特殊性，这主要体现在两个方面：一是战略路线的特殊性。美国大企业的战略路线最为明显，经历了专业化—多元化—归核化三个明显的阶段，在20世纪50年代以前，美国企业大多走专业化战略路线，而且采取垂直一体化的方式；进入20世纪60年代之后，美国企业开始大举开展多元化经营；进入90年代之后，美国企业的归核化经营开始占主导。相比之下，中国企业的战略路线就较特殊，中国企业一开始就采取多元化经营，而且是一种特殊的多元化——市场机会型多元化；进入21世纪之后，少数中国企业奉行专业化战略路线，许多民营企业仍然难以走向归核化，陷入"战略迷茫"之中。二是企业能力的特殊性。美国企业走向多元化有一个重要的前提：企业在专业化经营历程中形成了较强的企业能力，正是人们认识到管理能力的通用性之后，美国企业的多元化经营才开始起来。中国企业并非如此，我们是在市场的驱动下，而不是在企业能力的基础上开展多元化经营的。直到今天，中国不少企业仍未形成专业化能力，甚至连基础管理能力也存在不足。面向未来的中国企业必须补好"专业化能力"这门课程，并在此基础上形成自己的组织能力。

以上战略本质属性的认识，是基于全球化视野的。因此，可作为中国企业跨国成长战略思维的出发点。在企业实践中，这种认识必须具体化到某个行业及特定的企业上，即以某个特定企业为战略主体，在全球范围内，从规模与实力视角判断其弱小程度，从进入市场时间视角判断其后发程度，再从商业规则与话语权视角判断其特殊程度。最后，综合三个方面的认识，形成战略起点——"我是谁"的整体判断。

二、目标：以什么样市场为战略重点

成为全球市场上有竞争力和影响力的跨国公司，是当前许多中国企业的战略目标，这是"我想做什么"的一般表述。更具体的决策是：我们应该进入哪样的市场？或者说以什么样的市场为战略重点？为回答这个问题，我们不仅要认清自己的战略起点，即弱小者、后发者的本质属性，以及这些属性所界定的"我能做什么"战略思路和法则，而且还需要了解已经在全球市场拥有几十年、上百年经营活动的老牌跨国公司的战略和行为（对东道国本土企业的了解，我们暂且忽略），从其中找到"我可做什么"的战略思路和法则。

在这里，我们主要从市场格局的视角，提供一个针对外国跨国公司的分析框架。通过这个分析框架，我们将获得以下重要的战略思路：哪些市场是可作为的？哪些市场是难以作为或不可作为的？在具备什么样的条件下才是可作为的？

根据我们的初步分析，由于经济全球化而出现的全球市场，使每个行业都产生了巨大的分化和重组，加上中国、印度、巴西等新兴经济国家企业的冲击，强大先行的跨国公司原有的较为完整市场格局在 20 世纪 80 年代开始分化，逐渐形成了四个板块。

（一） "严防死守"的市场

强大先行者们经过归核化活动后保留下来的核心业务，都属于"严防死守"市场

板块。例如，英特尔公司的个人电脑微处理器业务、微软公司的个人电脑操作系统业务、IBM 公司的 IT 服务业务等。这类业务或市场是它们的"领地"或"势力范围"，如果后来者/挑战者进入这类市场，强大先行者们一定要跟你拼命的！

尽管这样，我们还必须清醒地认识到，在某种环境与条件下，这些"严防死守"的市场可能会转化为"被迫放弃的市场"，例如，IBM 的个人电脑制造业务，在 21 世纪之前，一直是其"严防死守"的市场，但在进入 21 世纪之后，随着向 IT 服务业的战略转型以及全球个人电脑市场格局的变化，它就成为 IBM"被迫放弃的市场"。

因此，对中国企业而言，具有战略意义的议题是：外国跨国公司的核心业务是由哪些组成的？核心业务中的哪些部分有可能转化为可放弃、可转移的业务？在什么样的环境和条件下，转化的可能性将成为现实性？在造就环境和条件的过程中，中国企业可做出怎样的贡献？如何通过战略情报的监控，及时掌握外国跨国公司的战略动向？在了解其战略动向之后，中国企业应该做哪些必要的准备工作？其中，如何判断何为强大先行跨国公司的核心业务是首要的问题。

贝恩公司的克里斯·祖克等提供的几条标准，可以用来作为判断什么是强大先行跨国公司的核心业务的思路。[①]

(1) 最有可能盈利的、忠诚度高的客户；

(2) 独有的和最具战略意义的能力；

(3) 最重要的产品；

(4) 最重要的销售渠道；

(5) 为上述资产做出贡献的其他重要的具有战略意义的资产（如专利、商标权、在网络中的控制地位等）。

（二）"无心关注"的市场

这是长期存在的一种市场形态，外国跨国公司无论规模实力多大，技术如何先进和领先，品牌如何强势和有影响力，全球市场中总是存在被其"无心关注"的业务或地域。这些业务或地域主要指那些市场规模相对小、市场地域相对远、强大先行者们不愿意进入或不够重视的一类市场。例如，对许多外国跨国公司而言，低端的、附加值低的产品是其"无心关注"或不够重视的业务（诺基亚在中国市场推出低档手机是一反例）；对世界级家电跨国公司而言，微波炉等小家电产品就是其不够重视的业务；

---

① 克里斯·祖克，詹姆斯·艾伦著，罗宁，宋亨君译. 回归核心（第二版）. 北京：中信出版社，2004.

对中国市场，在 21 世纪之前，对不少外国跨国公司而言并非战略性市场，而在进入 21 世纪之后，更多的外国跨国公司将其作为自己的战略性市场。

从全球市场总体来看，"无心关注"市场的范围在不断缩小，这与全球范围内跨国公司数量不断增加是一个过程的两个方面。在日本韩国企业成长为跨国公司之前，全球的跨国公司主要来源于欧美等发达国家，20 世纪 60 年代末全球跨国公司海外分支机构数量为 2.7 万家；到了 20 世纪 90 年代，不仅欧美跨国公司本身在发展，而且日本韩国企业也加入跨国公司体系中，还有发展中国家也开始出现跨国公司，全球的跨国公司海外分支机构数量达到 27 万家；进入 21 世纪之后，全球的跨国公司海外分支机构数量已接近 90 万家，而且其规模实力和市场地域范围不断在扩大。在全球的跨国公司数量不断增加的过程中，全球市场中的"无心关注"市场的范围在不断缩小。

从这个视角来看，中国企业在今天成长为跨国公司所处的环境，与日本韩国企业在 20 世纪 70 年代的确有所不同。这种环境的差异降低了中国企业向日韩企业学习的价值程度，中国企业必须有所创新（无论是在战略上，还是在战术上），才能在新的环境中成长为世界级的跨国公司。

"无心关注"市场的存在有助于建立中国企业走向全球市场的信心，但要成功地进入全球市场，中国企业还必须认真思考以下若干问题：在全球市场中，还有哪些地域或业务是外国跨国公司的"无心关注"市场？在这市场中，哪些可能成为外国跨国公司加大"关注"的部分？哪些在某段时间内不会被其"关注"？还有，目前被"关注"的市场，在什么时候将不再被"关注"？在外国跨国公司"无心关注"的市场中，当地本土企业的竞争优势如何？中国企业的竞争优势能够成功复制吗？中国企业需要做哪些创新，才能在其中获取和维护自身的竞争优势？以这类市场为目标市场时，日韩企业的哪些经验值得中国企业借鉴？又有哪些经验不再适用于新的环境和条件？

（三）"被迫放弃"的市场

全球化迫使这些强大先行者们进行的战略调整之一就是归核化，每个公司都从现有义务中剥离出非核心业务。这一大批被放弃的业务，就汇合成一个"被迫放弃"市场板块。国际产业转移理论重点就是研究这类业务和市场，[①] 东亚的"雁行理论"是其中的代表，它论述了某些产业如何从欧美国家转移出来，由日本韩国企业承接；后

---

① 陈勇. FDI 路径下的国际产业转移与中国的产业承接. 大连：东北财经大学出版社，2007.

来，日本韩国企业又如何把这些产业转移出来，由"亚洲四小龙"承接或中国企业承接。但是，国际产业转移理论重点探讨的是某些产业在地理位置上的转移，而较少考虑某些产业在所有权上的转移（地理位置并不转移），而这是跨国并购的主要议题。

从工业革命开始，产业的国际转移（地理转移或所有权转移）活动一直存在至今。对中国企业而言，具有战略意义的问题是：当前的外国跨国公司中有哪些企业可能继续转移某些业务？在什么样的环境和条件下，这些跨国公司会加快转移的步伐？对这些即将转移的业务，中国企业是否具备能力、需要什么样的能力才能承接过来？中国企业是在国内承接较为合适，还是在海外承接较为合适？

（四）新技术带来的新市场

主要指那些由新的下一代技术的出现而产生的一类新市场，这些新技术具有全面替代旧技术的作用。当新技术替代旧技术时，使用旧技术的产品将不复存在，市场将逐渐由采用新技术的产品所占领。这是由技术变革带来的市场机会，例如，真空管技术被晶体管技术替代，日本索尼公司抓住了这个机会，成为当时全球最大的晶体管收音机制造商；模拟技术被数字技术替代，诺基亚公司抓住了这个机会，成为全球最大的手机制造商。

对新技术带来的市场，有两种情形：第一种情形是在位企业（先行者）与新进入者（后发者）持有不同的看法，例如拥有旧技术的在位企业（尤其当旧技术由它们所发明时）往往轻视新技术带来的影响，固执地认为新技术不会替代旧技术（采用新技术的同类产品，在初期通常质量不稳定），而新进入者则认为，这是一次极其难得的机会，是作为后发者跃居领导者的机会。在这种情形下，新进入者就较顺利地抓住了这个机会，成为市场中的主导力量和领先者。国外关于破坏性创新模式中的"新市场破坏"的研究，[①] 涉及这方面的内容。

第二种情形是无论是在位企业，还是新进入者，都意识到新技术必将替代旧技术，采用新技术的产品必将成为未来市场的主流产品，例如，当年的彩色电视机替代黑白电视机，今天的等离子液晶电视机替代显像管电视机，5G 通信设备替代 4G 等。在这种情形中，新进入者同样拥有后来居上的机会，但要取得成功，需要更坚定的信心、更大强度的投入和更长时间的积累（主要是技术资源），因为在位企业也在投入

---

① 克莱顿·M. 克里斯坦森，迈克尔·E. 雷纳著，容冰译. 困境与出路：企业如何制定破坏性增长战略. 北京：中信出版社，2004.

新技术；在位企业与新进入者各有优势和劣势，在位企业在市场营销中拥有品牌优势，但在新技术研发领域，可能受旧技术范式和资产的影响，限制其技术创新的范围和深度。而新进入者一旦将其作为战略重点，会倾注全力于新技术研发，技术创新会取得较大的进展，但由于在市场上缺乏品牌优势，将带来营销上的种种困难。

对新技术带来的新市场，中国企业需要做的"功课"更多：（1）做好技术情报工作，及时发现新的下一代技术的"苗头"，并有能力判断其发展趋势；（2）在研发领域加大投入并坚持数年，不断跟踪前沿技术；（3）在新技术可能存在不同的发展方向和标准时，要有能力判断其主要方向，并坚持研发投入；（4）在新技术带来的新市场日益明朗之时，企业要集中全部资源和能力投入研发和营销活动，要使出"浑身解数"与外国跨国公司争夺新市场。

必须注意的是，以上四类市场的划分对某个特定企业只在某个时点上是绝对的，也就是说，如果加上时间维度，四类市场的边界是变化的。例如，"严防死守"的市场可能转化为"无心关注"的市场或"被迫放弃"的市场；"无心关注"的市场也有可能转化为"严防死守"的市场；新技术带来的新市场，可能是"严防死守"的市场，也可能是"无心关注"的市场等。

在企业实践中，我们具体运用以上四类市场分析框架的步骤如下：第一步，列出本企业所有的强大先行者（全球范围内的外国跨国公司）企业名单，对每家企业的基本情况进行初步的了解；第二步，根据本企业的战略意图，从上述名单中筛选出有竞争关系的企业作为重点调查研究对象；第三步，针对每一家竞争企业，运用四类市场分析框架，把其所有的经营业务归类到四类市场中；第四步，综合竞争企业的四类市场状况，具体地确定本企业的目标市场及其进入战略。

三、行动：从中国优秀企业中学到什么

根据我们的研究，中国企业在全球市场上取得领先地位的战略主要有四种类型。

一是针对外国跨国公司"严防死守"市场的"嵌入"战略，即在外国跨国公司的价值链中，找到某个链节，把本企业的业务"嵌入"其中。OEM/ODM 是嵌入战略的典型行为，代工企业按委托企业对产品和过程的指标要求进行生产，产品冠以委托公司品牌进行销售。典型案例是鸿海（富士康）集团在众多 IT 产品市场，都是采取 OEM/ODM 方式，把自身的业务牢牢地嵌入外国跨国公司的价值链中，占领了较大的

"制造环节份额"。

二是针对外国跨国公司"无心关注"市场的"利基"战略，即找到先行强大者普遍忽视、不太关注的细分市场，利用中国企业的综合优势，进入并占领这个市场。典型案例是海尔集团在美国小冰箱市场，以及全球市场的若干中国冠军企业，例如，中集集团在全球集装箱市场，万向集团在全球万向节、传动轴市场等。

三是针对外国跨国公司"被迫放弃"市场的"承接"战略，即抓住某个先行强大者主动或被动退出的市场机会，利用中国本土的制造优势和市场优势，在发达国家承接老牌跨国公司的业务，填补外国跨国公司退出的全球市场。典型案例是联想集团在全球个人电脑市场，中国蓝星集团总公司在全球有机硅和蛋氨酸市场等。

四是针对"新技术带来的新市场"的"抢先"战略，即看准行业和市场的发展趋势，利用中国企业的技术积累和比较优势，抢先开发下一代新技术，抢先（至少同步）进入新技术带来的新市场中，占据领先地位。典型案例是华为公司在全球 3G 设备市场、敦南科技在全球使用 CIS 的影像感测器市场等。

以上四种战略是中国企业跨国成长战略的主要类型，而且只是基于作为竞争者的外国跨国公司不同市场格局所做的划分，其基本特点见表 3-1。

表 3-1　全球化条件下中国企业的跨国成长战略

类型/特点	嵌入战略	利基战略	承接战略	抢先战略
市场属性	主流市场	利基市场	现有市场	全新市场
游戏规则	完全遵从	制定	遵从	多方协定
竞争对手	无竞争	忽视/不关注	退出/放弃	必争/力争
竞争优势	本土制造	综合优势	本土制造/本土市场	技术资源
基本条件	不一定	不一定	本土领先	本土领先
实施难度	小	小	中	大
风险程度	小—中	小	中—大	大
所需时间	短	中	短	长

资料来源：康荣平，柯银斌，2008.

对作为战略主体的中国企业来讲，上述四种战略在企业实践中往往是混合使用的：敦南科技在全球影像传感器市场，既是利基战略（使用 CIS 的影像感测器），又是抢先战略（先于强大竞争者开发出 CIS 产品，从而替代 CCD 产品）；万向集团在全球万向节等汽车零部件市场的战略，既是利基战略（基于万向节产品和市场），又是嵌入战略（把万向节等汽车零部件制造业务嵌入外国大型汽车整车制造商的供应链中），还采取了承接战略，在海外收购老牌汽车零部件制造和分销商；格兰仕集团是中国制造业的典型代表，它在国际化经营中采取了"四管齐下"，专注于微波炉市场是利基战略，采取 OEM/ODM 为外国跨国公司贴牌生产是嵌入战略，在全球率先开发光波微波组合炉是抢先战略，把外国跨国公司生产线搬至国内是承接战略。如果再在海外并购外国跨国公司的业务或资产，那么格兰仕就是中国企业跨国成长战略的一个"完美"案例。因此，我们把格兰仕列为本章案例。

在第二节至第五节，我们将分别阐述以上四种战略的主要内容。首先，明确界定一下各种战略的一般涵义（并不限定在跨国成长领域），使大家对该战略获得一种基本认识；其次，分析该战略运用到跨国成长过程中的主要行为特点，使大家进一步了解该战略在跨国成功中的具体行为要素；最后，在企业案例的基础上分析该战略的特定表现，使大家在理论与实践相结合的基础上全面把握该战略的本质，进而提高战略运用能力。

第二节　针对"严防死守" 市场的嵌入战略

随着经济全球化进程的加速和信息技术的不断发展，外国跨国公司的价值链产生了本质的变化，出现了价值链"解构"新趋势。[①] 这种现象是指，外国跨国公司再也不能把价值链中的所有链节都用股权的方式控制在自己的手中，而是采取"归核化"战略——集中资源于战略性的核心链节，放松非战略链节使之虚拟化，即把非战略链节委托其他企业。而且这些活动都是在全球市场中进行的。

这种价值链解构在制造业中的具体表现为，欧美发达国家的跨国公司逐步剥离其生产制造业务，将产品的生产制造环节在全球范围内以委托方式加以配置和管理，自己集中资源和能力于技术开发、品牌经营和营销网络的建设。在这种背景下，弱小后发企业可以利用自身的生产制造优势，作为外国跨国公司的代工企业，把自身的生产

---

① 康荣平. 大型跨国公司战略新趋势. 北京：经济科学出版社，2001.

制造链节"嵌入"外国跨国公司的价值链中。Amsden 的研究表明,[①] 新兴市场的企业(绝大多数是弱小后发型)实现升级和创新的最佳路径是从简单的委托代工制造到研发设计,再到最终建立自主品牌。也就是说,针对外国跨国公司价值链解构的嵌入战略是弱小后发企业的基本战略选择。

一、什么是嵌入战略

由于嵌入战略与价值链理论密切相关,所以我们首先介绍一下由迈克尔·波特教授提出的价值链理论。[②] 企业是一个由设计、生产、销售、交货、服务等价值活动所组成的集合体(见图 3-1)。企业所从事的每一项活动都会产生成本,当企业出售产品(服务)的价格比所有活动的叠加成本高时,企业就可以获得利润。由此看来,企业的任何活动都有可能创造价值,企业的竞争优势来源于企业能比竞争对手更便宜、更有效地完成那些具有战略意义的价值创造活动。由此抓住企业价值链中的"战略链节"是企业获得竞争优势的关键。

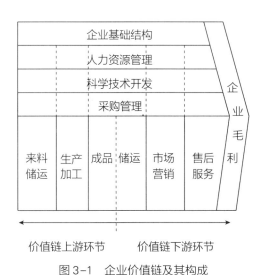

图 3-1　企业价值链及其构成

哪些价值活动是"战略链节"呢?这取决于企业所处的环境及其变化特征和企业自身的能力所在。以全球制造业为例,自 20 世纪 80 年代开始,生产制造活动不再是

---

① Amsden A. H. Asia's Next Giant: How Korea Competes in the World Economy, Technology Review, 1989, 92 (4).

② 迈克尔·波特著, 陈小悦译. 竞争优势, 北京: 华夏出版社, 1997.

欧美发达国家跨国公司的"战略链节",即这些活动难以创造价值和作为竞争优势的来源。因此,这些企业开始实施价值链"解构"战略,把生产制造活动委托给其他企业。

同时,与欧美跨国公司相比的弱小后发企业接受其生产制造业务的委托,成为代工企业。这些代工企业利用劳动力等低成本优势专注于生产制造活动,把生产制造活动作为"战略链节",并将其"嵌入"欧美跨国公司的整个价值链中。这就是代工企业的"嵌入"战略。由此可见,欧美跨国公司的价值链"解构"战略与代工企业的"嵌入"战略是同一过程的两个不同侧面。这个过程,对欧美跨国公司来讲是价值链"解构",而对代工企业而言则是价值链"嵌入"。

嵌入战略的实现有两种基本形式:一是原始设备制造商(Original Equipment Manufacturing, OEM),俗称贴牌生产,即制造商完全依据客户提供的产品规格和制造规范进行生产与组装活动,但不涉及客户在产品概念与设计、品牌经营、销售及服务等价值链活动;二是原始设计制造商(Original Design Manufacturing, ODM),即制造商与客户合作制定产品规格或依据客户的规范自行进行产品设计,并通过客户认证与下单后进行生产或组装活动,并未参与客户在产品概念、品牌经营、销售及服务等价值链活动。

作为一种国际生产方式,OEM 在东亚工业发展过程中发挥了重要的作用。更为重要的是,中国台湾、新加坡、韩国和中国香港的优秀企业从 OEM 转变为 ODM,然后再转变为原始品牌制造商(OBM)。[1]

改革开放 40 年来,OEM 作为一种有效率的合作方式,已经成为制造企业进入国际价值链体系,参与国际市场的一个主要途径。在成功引进外资并获得利润的同时,中国大陆的 OEM 企业也在此过程中有机会学习国外先进的技术知识和管理方法,并逐渐开始拓展国际市场。到 20 世纪 90 年代中后期,中国大陆的加工贸易已经占到出口总额的 50%以上,至 2005 年,该比重上升到 55.3%。[2] 目前,OEM 方式普遍存在于纺织、服装、玩具、家具、家电、信息技术、通信技术等行业。

除价值链嵌入外,还有一种供应链嵌入,主要是指零部件制造商成为终端产品品

① Hobday M. The Electronics Industries of Pacific Asia: Exploiting International Production Networks for Economic Development. Working Paper, 2000.

② 汪建成, 毛蕴诗, 邱楠. 由 OEM 到 ODM 再到 OBM 的自主创新与国际化路径. 管理世界, 2008 (6).

牌制造商的供应商。它们都是弱小后发企业发挥自身优势、避免与强大者硬碰硬竞争的战略选择。对此，限于本书的主题，我们不做讨论。

二、跨国成长的嵌入战略

嵌入战略是企业成长的一种方式，当委托客户来自外国跨国公司时，嵌入战略就成为企业国际化方式之一，即企业生产的产品以外部跨国公司的品牌在全球市场上销售。其中，当企业在海外拥有生产基地或研发机构时，嵌入战略就成为一种跨国成长战略。在企业实践中，嵌入战略大多数与企业国际化活动密切相关，企业首先是在国内生产基地承接外国跨国公司的订单，然后根据需要在海外建立研发机构和生产基地。一开始就通过海外直接投资方式来承接外国跨国公司的订单，逐渐成长为跨国公司的企业案例极少。因此，本处的"跨国成长的嵌入战略"，更为准确地说，应该是"国际化成长的嵌入战略"。

国际化成长的嵌入战略具有以下特征：（1）委托客户是外国跨国公司。这些跨国公司在新的环境下，由于业务价值链中的某些链节不再具有竞争力，它们就把这些链节外包，委托给后发国家的企业，从而提升整体价值链的竞争力。（2）接单/代工企业在生产制造等外包链节上具有竞争优势，但在整个业务价值链上无竞争力。这些企业就专注承接生产制造等外包业务，把自身的业务价值链节嵌入委托客户的整体价值链中。（3）委托客户与接单/代工企业之间不是竞争关系，而是合作关系。当然，接单/代工企业之间存在竞争关系。（4）委托客户与接单/代工企业的合作标的是多样化的，既有生产制造环节，又有产品设计环节，还有呼叫中心、财务处理等服务环节。在制造业中，OEM 与 ODM 是嵌入战略的两种主要形式。

OEM 是嵌入战略的初级形式，它处在整个价值链利润曲线的最底端。随着时间的推移，OEM 的内在劣势将在国家和企业两个层面逐渐显现出来。因此，如何在 OEM 基础上升级，就成为嵌入战略的重大问题。

无论是企业实践，还是理论研究，人们都一致认为，从 OEM 到 ODM 再到 OBM 是较为合适的升级方案。[①] 这两种升级模式是在生产制造的基础上，分别向业务价值链的上游（研发设计）和下游（品牌销售）扩展，以期获得更多的利润和价值链上的控制力，从而巩固自身的竞争优势。这就确定了 OEM 的升级方向，接下来就是升

---

① 毛蕴诗，戴勇. OEM、ODM 到 OBM：新兴经济的企业自主创新路径研究. 商业研究，2006（2）.

级的方法问题。国内学者对这个问题缺乏探讨，现有的研究主要集中于 OEM—ODM—OBM 升级路径的必要性和必然性，但对 OEM 企业升级及开展国际化经营的关键因素缺乏深入探讨。

技术能力因素在这个升级过程中无疑起到了至关重要的作用①：只有具备了自主研发能力，才能将单纯的 OEM 的"生产"变为 ODM 的"设计"；只有掌控了核心技术能力，才能在国际市场上树立独特的产品形象和美誉度，创建 OBM 的"品牌"。

作为国际化成长方式的嵌入战略，其战略目标和商业规则是由委托客户确定的。实施嵌入战略的企业，为了更好地服务于委托客户，将会在邻近委托客户的地理范围内从事 OEM 或 ODM，这样一来，这些企业就开始了跨国经营，逐渐成长为一家跨国公司。但是，这类企业在实践中较少，下文的富士康案例是其中之一。富士康通过海外并购建立生产基地的目的之一就是靠近国际大品牌。② 比如收购芬兰的艺模厂和摩托罗拉的墨西哥工厂，就是为了进一步贴紧诺基亚和摩托罗拉两家全球手机巨头。这两个收购对象原本都是两大巨头的供应商或下属工厂，为了精简供应链，这两家企业才会脱手。脱手后由富士康接手，解决了两头巨头的包袱，当然不会受到抵制，而且乐观其成；同时又变换了一种形式让这两家企业继续成为两大巨头的供应商，保持和扩大原有的业务关系，被收购对象也乐意接受。再从另一个角度讲，通过收购，富士康只是买下了国际企业大船的一个货舱，能搭上大船在市场的海洋里乘风破浪，是借助品牌企业的力量。

三、嵌入战略的案例分析：富士康

中国拥有数量巨大的 OEM 厂商，也就是说，嵌入战略是中国企业普遍采用的一种国际化方式。其中，鸿海/富士康作为全球代工业的龙头企业，被我们选为案例加以详尽分析。

2007 年 11 月，《郭台铭与富士康》一书出版发行，使我们全面地了解到台湾人郭台铭创办的鸿海工业如何从小到大，后来居上，成为中国最大的企业——富士康集团。北京大学何志毅教授为该书写了一篇充满激情和理性分析的序言，称富士康为

---

① 汪建成，毛蕴诗，邱楠. 由 OEM 到 ODM 再到 OBM 的自主创新与国际化路径. 管理世界，2008（6）.

② 徐明天. 富士康的国际化思维. 北大商业评论，2007（8）.

"后来居上"的经典案例。① 2008 年 9 月，郎咸平教授在其新著《产业链阴谋Ⅰ》中详尽分析了富士康（该书称为鸿海）作为全球代工行业的优等生是如何取得成功的。② 以下内容根据何志毅教授的序言和郎咸平教授的案例改写而成。

（一）起点："地道"的后来者

从各种角度来看，无论是全球市场，还是亚洲市场甚至中国台湾市场，富士康都是一位"地地道道"的后来者。

1974 年，24 岁的郭台铭退役后，与几位朋友合办"鸿海塑料企业有限公司"，承接来自外国的塑料零件订单，注册资本只有 7.5 万元，是一家非常小的企业。之后，又生产过收音机、电视机零件，到 1984 年，郭台铭的鸿海一直在生存线上挣扎，年收入未超过亿元。

1983 年，鸿海利用日本进口的新设备，开发完成计算机连接器。在这项业务中，鸿海是先行者之一。1985 年，鸿海创立"FOXCONN"品牌，并做出重大的战略决策：专注个人电脑连接器，主攻世界级电脑客户，五年内成为世界第一大电脑连接器制造供应商。这是成就今天富士康集团的起点。

1988 年，鸿海在深圳西乡崩山脚下开办了百十个人的工厂，这家名叫"富士康海洋精密电脑插件厂"的企业，是富士康集团的第一个制造"根据地"，也是今天威震世界的全球 IT 代工冠军富士康科技集团的起点。

1991 年，鸿海在台湾上市，连接器业务已是台湾第一、亚洲第六。但从规模和实力而言，与竞争对手相比，鸿海都是一位弱小者。当时鸿海年营业额为 5.7 亿元，而大众计算机公司为 12.8 亿元，台达电为 10.6 亿元，都是鸿海的两倍左右。

如果我们从富士康的业务领域来看，除电脑连接器属于先行者外，在其他业务领域中，富士康都是后来者。例如，1995 年富士康进入电脑机壳业务，1996 年进入"准系统"业务，1999 年底进入数码产品连锁经营业务，2000 年进入手机业务，2001 年进入笔记本电脑业务，2005 年进入汽车电子零组件业务和数字内容业务——电影，2006 年进入数码相机业务等。

由此我们看到，无论是 1974 年的创业，1985 年的专注电脑连接器，还是 1988 年在深圳建厂，1991 年的台湾上市，鸿海或富士康都是一位弱小者；除 1983 年的进入

---

① 徐明天. 郭台铭与富士康. 北京：中信出版社，2007.
② 郎咸平. 产业链阴谋Ⅰ. 北京：东方出版社，2008.

电脑连接器业务外，富士康在其他业务领域都是一位名副其实的后来者。

（二）现状："多重"的强大者

今天，从1974年创业算起之后的30多年，从1985年算起的20多年，从1996年算起的10多年的今天，富士康已经成为一位真正的强大者。富士康的强大，具有多重的特征。

第一，从规模上看，富士康集团是一家全球范围的大型企业。鸿海集团2004年度全年营收突破5600亿（新台币）大关，不但突破电子业界营收5000亿的天险，也首次超越全球EMS第一厂伟创力（营收4700亿），一跃成为EMS领域全球一哥。2005年，富士康营收超过了韩国LG和三星，全球500大排名第206位。2006年，富士康销售收入（500亿美元）4125亿元人民币，是华为的6倍和联想的3倍。

美国《商业周刊》每年都举行一次"全球IT百强排名"。2003年，富士康排名第8；2004年排队名第4；2005年一跃成为"全球IT百强"第2名。

2005年，美国《商业周刊》公布全球100强IT企业排行，其中以拉丁美洲重量级电信业者America Movil夺冠，其次排名第二至第五名的分别为富士康、LG电子、google及三星。

第二，从市场地位来看，富士康是多个业务的全球冠军企业。从1998年起，富士康就已经是全球最大的电脑连接器供应商，而且占据市场份额的60%；1999年，富士康准系统出货1100万台，占据全球PC总量的1/10。康柏、英特尔、戴尔、苹果等电脑公司都成为富士康准系统的代工大户；从2000年开始，富士康的机壳占据全球市场份额达60%；2003年起，富士康每月生产500万个PC主机板连接器，一年6000万个，占全球PC连接器的50%；还有镁合金业务居世界首位。

第三，从客户结构来看，许多世界顶级公司都是富士康的客户，从美国苹果iPod的nano系列、摩托罗拉的Razr手机、戴尔电脑、日本任天堂DS、索尼PSP，到芬兰的诺基亚手机，虽然挂的是不同品牌，但都是由富士康代工。

第四，从客户份额来看，富士康所代工的产品往往在某个客户的全部产品中占有相当大的比重。例如，2001年，富士康和华硕分享了索尼PS2的2000万台代工订单，富士康则分享其中1200多万台。

第五，从技术实力来看，富士康也是同业中的佼佼者。1995年，富士康的专利申请量为270件，专利核准量为160件。截至2006年9月30日，富士康全球专利累计，专利申请量达到 32400 件，核准量 17250 件。10 余年间，专利申请量增长 118 倍，核准量增长 108 倍。2006 年 4 月，富士康被 IPIQ（全球顶级专利品质评鉴机构）专利积分卡评定为全球电子与仪器领域专利前三强。

（三）成功之道的理论解释 I：业务与能力的互动

统观富士康从小到大、后来居上的成长历程，何志毅教授认为其中存在一个主导逻辑，那就是富士康所从事的业务与其具备的能力之间，存在一种相互匹配、互为推动的递进关系。具体说来，这种关系有以下特征：一是在现有能力基础上，选择与其相匹配的业务；二是在业务经营过程中，不断地提升企业的业务能力和整体能力；三是在具备一定整体能力的基础上，采取并购的方式在进入新业务的同时获取新的能力；四是业务与能力之间形成互为推动的递进关系。

鸿海当年创业时，企业资本很小，能力当然也很弱，它只能从事塑料零件、收音机和电视机小零件的生产业务。在创业之后的 10 年中，鸿海生存下来，并有一定的成长，但总体来讲还是一个小企业。创业 10 年的最大收获是鸿海在模具领域通过引进日本先进设备，逐渐拥有较强的能力。正是模具能力的存在，鸿海在 1983 年开始进入电脑连接器业务领域。正如郭台铭所说："我们估算计算机连接器的制造过程中，鸿海至少有 40% 到 50% 的相同技术"。这些相同技术主要就是指模具技术，也就是说，模具技术能力是鸿海进入电脑连接器业务的"支点"，奠定了鸿海日后成为全球电脑连接器冠军的基础。

在 1985—1989 年专注于电脑连接器业务的过程中，富士康的电脑连接器业务不断发展，产品范围不断扩大，质量水平不断提高，市场份额不断上升。与此同时，富士康开始形成了一种新能力，那就是与全球著名 IT 厂商的沟通、合作能力。这个阶段，富士康积累的强大客户管理能力，是其后来进入电脑机壳、准系统业务的"支点"。

在多年的电脑连接器业务经营过程中，富士康的规模和实力日益增大，客户范围及认同程度也在不断扩大和上升，因此，富士康顺利地进入电脑机壳和准系统业务领域，并同样在这两个新业务领域取得了可观的市场份额。

当电脑准系统业务在全球市场占据较大的市场份额之时，富士康已成为全球最大的电脑代工厂商。在这个位置上，富士康开始全面拥有市场地位的占有优势、善用资源的获取优势和以知识为核心的能力优势。至此，富士康可以开始"长袖善舞"了。

富士康的历史也正是这样。2000 年开始，富士康进入新业务的规模更大，节奏更快。2000 年开始手机代工，2001 年开始代工电脑主机板，2003 年进入光通信和镁合金业务，2005 年进入汽车电子业务，2006 年进入数码相机业务等。到今天，富士康的 6C 产业布局初步完成：电脑（Computer）、手机（Communication）、消费电子（Consumer Electronics）、汽车（Car）、渠道（Channel）、数字内容（Content）。

业务与能力之间的互动和递进是企业成长的基本规则。但 2000 年之后，这个主导富士康成长的内在逻辑开始模糊起来。在如此短的时间内，富士康进入多种业务领域，而且每个业务领域的市场规模庞大，强大的竞争对手众多，这不禁使我们想到：富士康基于电脑代工冠军的全部能力能够支撑这些新业务的经营吗？至少无法支撑新开展的渠道业务和电影业务。尽管从目前来看，富士康的经营状况良好，但从未来发展来看，富士康必须放慢新业务扩张速度、规模和节奏，集中精力打造 6C 业务所需要的企业能力。否则的话，富士康的未来如何，还是一个未知数。

（四）成功之道的理论解释Ⅱ：速度之矛与坚固的盾

郎咸平教授认为，代工业的本质是"攻守合一"。矛在战争中是用来攻击对手的武器，而这项武器对于代工业而言就是速度优势；而盾在战争中是用来防守对方的攻击，核心技术和专利的研发犹如一面盾牌，不但可以保护自己免于对手的攻击，更是甩脱竞争对手的基础。矛与盾对代工业是同等的重要，缺少哪一项都无法让代工企业维持长久的竞争优势。鸿海之所以脱颖而出，并且地位巩固，就是把代工业的本质"攻守兼备"发挥到极致。

1. 速度之矛

对于早期的电子产品代工制造商而言，关键是如何以低价打入客户市场。但随着信息产品生命周期的不断缩短，交货速度成为代工制造商的关键因素。在全球代工业界，"985"（98%的出货在 5 天内完成）是基本的要求，而鸿海的标准是"982"。鸿海是如何做到的呢？逐一将内部流程优化以提升整体效率，创造出竞争者望尘莫及的速度优势。

鸿海的内部流程由六个环节组成：产品开发、产能规划、采购、制造、报关和配销。鸿海细心打造每个环节，能以最快的速度开发产品、制造产品、扩充产能，能以最快的速度将产品交到客户的手上。在产品开发单元，鸿海彻底贯彻一地设计的理念，全力配合重要客户在其附近进行研发设计、工程测试、样品制作等工作，以便与客户同步开发新产品，使产品尽快量产上市。而一般的代工厂商难以做到在客户旁边设立分支机构，因此在产品开发的速度上明显落后。在产能规划单元，鸿海能在最短的时间内，在亚洲、北美、欧洲三个市场的制造基地布置生产所需的采购、制造、工程、质量管理等各项工作，并能依据客户的市场需求快速地扩充产能。一般电子厂建厂需要 5 个月的准备期，而鸿海从接到订单建设厂房到同时引进制造设备，只需要 3 个月。有时候在客户发出订单前，鸿海就冒着风险，提前建好厂房。在采购方面，鸿海一方面不断压低成本，另一方面透过引入供应商管理库存系统（Vendor Managed Inventory，VMI）将速度和库存压缩到极致。在制造环节，为了优化生产线制造能力，鸿海不仅从索尼等电子厂商，还从日本电装和爱信精机等汽车行业挖来技术人才。鸿海的计算机量产线就借鉴了汽车装配生产的方式，将各组装制程的前导时间与射出成型和冲压成型结合起来，将机壳的成型制程和组装制程融入一条生产线。这种各部门同步生产的方式，不仅降低了生产成本，还提高了产能和速度。鸿海在报关的流程优化上也有其特别之处，首先是采用 EDI 报关系统，其次是在保税工厂内完成所需的零部件、材料及最终产品的报关手续。鸿海在配销方面的优化主要在欧洲、美洲等地设置电子网络中心，让鸿海与市场零时差，让"物流网络中心"和"信息流"完美结合。

2. 坚固的盾

盾就是竞争对手所不具备的、自己用专利牢牢保护的核心技术。在核心技术方面，人们普遍认为代工厂商不存在核心技术。但鸿海拥有独特的核心技术——在连接器和机壳上的模具技术。郭台铭说："鸿海之所以能发展到今天这种程度，靠的是其所拥有的以机壳成形模具为核心的技术实力。"仅有核心技术并不够，还需要有专利来保护这些技术。2007 年，鸿海申请专利高达 1886 件，大幅领先于第二名工研院的 889 件。鸿海已经连续五年夺得台湾年度申请及获准专利双料冠军。在海外，鸿海在美国获专利数量甚至比微软还要多。鸿海的技术主要通过两个途经获得：一是设立在欧洲、亚洲和美洲的研发中心；二是并购拥有技术的企业。在专利管理上，鸿海采取"一面埋地雷，一面拆地雷"的方式。所谓埋地雷，就是在单一产品项目上大量申请专利，建立起专利网，形成一道阻挡竞争对手的铜墙铁壁。例如，鸿海在连接器积累了 7000 多个专利项目，仅在 P4 连接器就登记有 179 个专利权，涵盖连接器游戏杆的材质、固定角度与散热方式等，有效阻挡了潜在竞争对手进入市场。所谓拆地雷，就是对公告过及竞争对手申请的专利，找出其专利定义不足、技术漏洞之处，提出异议，让这个专利作废。鸿海法务部门拥有 400 多位知识产权律师，专门处理专利事务。鸿海在专利管理上使用的是一套独的 ICMA（Intellectual Capital Management & Analysis）系统，该系统不但包含鸿海的现有专利，每天还会自动检视全球有关产业的产品、技术、知识产权的变动和发展。

鸿海（富士康）是全球最大的代工厂商，以 OEM/ODM 方式为全球著名的跨国公司生产产品。例如，在计算机领域，鸿海的主要客户是 Apple、Dell、HP、联想/IBM、Acer 等。鸿海在多个市场上专注于产品生产制造环节，把自身的业务深深地嵌入著名跨国公司的价值链中。在这个过程中，鸿海通过在世界各地设立研发机构、建立生产基地，并购其他企业等跨国经营活动，成长为一家没有产品品牌的全球最大的跨国公司。

第三节 针对"无心关注" 市场的利基战略

利基来源于英文 Niche 一词，原义为"壁龛"，还有"缝隙""生态位""适合"等多种涵义，可引申为"一个狭小、合适的空间或位置"。20 世纪 70 年代，日本企业开始较大规模地进入美国市场，美国学者开始用"利基战略"一词来描述日本企业的战略行为：从美国大企业忽视或不太重视的细分市场（即利基市场）开始进入，不与美国大企业发生面对面、硬碰硬的竞争。因此可见，利基战略一开始就是弱小后发企业的一种跨国成长战略。

一、什么是利基战略

进入20 世纪 80 年代，美国三位大师都讨论过"利基战略"问题，营销大师科特勒在市场营销战略中论述了"利基市场"和"利基者战略"；[①] 战略大师波特在衰退行业的战略选择中，认为利基战略是备选方案之一；[②] 管理大师德鲁克在创业战略中专门论述了利基（生态位）战略，并分为三种类型：收费关卡、专门技艺和专门

---

① Kotler P. Marketing Management, 4ᵗʰ Edition, Prentice-Hall, Inc., 1980.
② Porter M. Competitive Strategy, The Free Pr, 1980.

市场。①

进入 21 世纪，康荣平、柯银斌用利基战略来描述一种企业整体成长战略，涵盖了企业创业、成长、成熟和衰退的不同阶段和公司层面、竞争（业务）战略和职能战略的三个层次。在公司战略层面上，利基战略是深度专业化和跨国化的复合战略，主要是指企业以某个狭窄的业务范围为战略起点，集中资源和力量进入，首先成为当地市场第一，不断扩展地域市场范围，采取多种途径建造竞争壁垒，分阶段、分层次地获取并巩固市场冠军的地位，最终实现全球单项冠军的最高目标。②

利基战略的核心思想主要有：（1）避实击虚思想，即避开强大竞争对手的强处，选择其弱处进行攻击；（2）局部优势思想，也可称为根据地思想，即先集中有限资源形成局部优势，然后巩固优势并在地域上扩展该优势，不断地建立根据地；（3）双重差别化思想，一般战略重视"怎么做"的方式层面差别化，而利基战略首先重视"做什么"的范围层面差别化，同时重视"怎么做"的方式层面差别化；（4）第一主义思想，利基战略以追求某个业务的市场地位第一即冠军企业为目标，并拥有一个多层次、多范围的冠军目标体系；（5）渐进主义思想，无论在业务范围上，还是在地域市场上，利基战略坚持渐进主义，一步一步地前进，步步为营地扩展。

利基战略不是通用的战略模式，也不是适用于强大者的战略类型，而是适用于弱小后发企业的战略。弱小者的本质特征是资源有限、能力不足，后发者的本质特征是核心技术依赖程度高，在先行者压力下求生存和发展。由此所决定，弱小后发企业适合采用利基战略。

二、跨国成长的利基战略

作为企业战略词汇的利基战略有多重涵义，美国学者早期用在日本企业的跨国成长描述上，但并未进行深入的分析；美国三位大师在各自的研究领域使用"利基战略"一词，其涵义各有不同；我们则将"利基战略"上升到企业整体成长层面，以其统领某类企业的所有战略行为；今天，我们具体到企业跨国成长这个特定的阶段或环

① Drucker P. Innovation and Entrepreneurship，Harper&Row Pub，1986.
② 康荣平. 企业专业化成长——利基战略. 经济管理，2003（1）.
柯银斌. 中小企业，你找到"利基"了吗. 北大商业评论，2004（8）.
许惠龙. 利基战略——德国中小企业成功之道. 北大商业评论，2004（8）.
康荣平，柯银斌，许惠龙. 冠军之道：利基战略设计与实施. 北京：中国对外翻译出版公司，2006.

节，来使用"利基战略"一词，其涵义综合了美国学者早期应用和我们的利基战略理论。

作为跨国成长的利基战略，主要有两种形态：一是利基战略的跨国运用，即某个在国内市场上成功采取利基战略的企业，通过跨国经营活动，在海外市场继续采取利基战略；二是在海外市场上采取利基战略，即某个企业在某个特定的海外市场上采取利基战略，而不论其在国内市场是否采取过利基战略，也不论其在海外市场是否全部采取利基战略。

利基战略的跨国运用是我们所讲的作为企业整体成长的利基战略的一部分，它的主要特点如下：（1）战略主体是一家在国内市场成功实施利基战略的企业，即该企业采取利基战略在国内市场已取得冠军企业地位，例如，中国市场上的若干单项冠军企业。（2）主要采取以直接投资为主的跨国经营活动进入海外市场。在母国市场上取得冠军地位的企业，可采取产品出口、OEM/ODM 或直接投资等方式进入海外市场。作为利基战略的跨国运用，我们主要关注以直接投资方式进入海外市场的企业。（3）战略目标是成为全球市场的冠军企业。在巩固国内市场地位的同时，选择某个合适的海外目标市场，进行直接投资成为该目标市场上的冠军企业。在某个或某些海外细分市场取得冠军地位之后，再去占据其他的海外市场，直到成为全球市场的冠军企业。

在海外市场上采取利基战略是美国学者的早期对日本企业海外战略行为的描述，它具有以下特点：（1）战略主体是各种类型的企业，可以是国内市场专业化或多元化经营的企业，可以是在国内市场拥有或未拥有优势的企业，还可以是一家"天生的国际企业"；（2）以海外市场中的某个利基市场为目标市场，在跨国成长初期集中资源和能力于这个目标市场；（3）以直接投资方式进入海外目标市场，而美国学者早期对日本企业海外战略行为的描述并不局限于此，还包括产品出口等方式；（4）作为跨国成长战略的一部分来使用，即利基战略并非企业在海外市场的唯一战略，企业根据目标市场的实际情况，往往采取其他类型的战略。

无论是利基战略的跨国运用，还是在海外市场采取利基战略，作为跨国成长的利基战略具有以下特性：（1）战略主体是全球范围内的弱小后发企业，它们在国内市场上一般拥有一定的优势。（2）战略机会是全球市场上存在利基市场，并被战略主体作为目标市场。利基市场就是被强大先行者企业（外国跨国公司）忽视或不太关注的市场。战略主体不仅找到了这类市场，而且将其作为海外拓展的目标市场。（3）战略基础是在海外直接投资行为之前，这些企业通常采取了若干国际化行为，例如，引进设备和技术、在母国与外国企业建立合资合作企业、通过代理或自营出口、OEM等方式把产品销售到海外市场，拥有一定的国际化经验和能力。（4）战略行为是以直接投资为主的跨国经营活动，包括在海外新建企业、收购海外企业和与海外企业建立战略联盟合作关系等。（5）战略目标是成为某个利基市场的全球冠军企业或者是作为企业跨国经营活动的一部分来实现其目标。

三、利基战略的案例分析：YKK与海尔

为了使大家对跨国成长的利基战略有更全面的了解，我们在下面选择两个案例来加以说明。日本YKK从1934年创业到1960年代初，是一家专门生产拉链的企业，其跨国成长战略是利基战略的跨国运用，即把日本市场上的利基战略运用到全球市场上。海尔集团是中国第一位的家电制造企业，在中国市场和其早期的海外市场并未采取利基战略，而是在美国市场的初期（2000年开始至2007年）采取利基战略。

（一）YKK：利基战略的跨国运用

YKK是吉田工业株式会社的英文名称Yoshida Kogyo Kabushiki Kaisba的缩写，也是其产品的注册商标，1994年起正式启用"YKK"为该集团名称。YKK集团由吉田忠雄（Yoshida Tadao）1934年于日本东京创办，经过二战毁灭后的重建，从生产一个小小的拉链最后成长为在全世界70个国家或地区拥有122家子公司，年营业额超过50亿美元的跨国企业。

从1934年创办到1958年的24年时间，YKK从白手创业成为日本最大的拉链生产企业，不少产品以出口方式进入美国等海外市场。在这个时期，YKK一直采取利基战略：集中全部资源和能力在拉链市场上，先后通过原材料研发（二战初期开始用铝合金替代传统的铜）、先进生产设备的引进（1948年引进美国生产设备，在日本率先实现拉链的机械化生产）、垂直一体化经营（原材料开发、生产设备研制等）在国内市场形成了强大的优势地位。到20世纪50年代后期，YKK已牢牢站稳日本拉链制造业第一的位置。

1954年和1958年，吉田忠雄两次对世界各地市场的考察，发现了全球市场中存在的战略机会：进入20世纪50年代，陆续取得民族独立的许多发展中国家，为发展本国工业，纷纷采取提高关税、限制进口、扶植国内企业的政策。服装业正是这些国

家的重要产业，而拉链是服装业的主要配件之一，这就带来了全球拉链需求的扩大。这也就是说它们是拉链需求的大市场。根据战略环境的变化，吉田忠雄改变原来依靠出口的战略，而到海外设工厂，YKK进入跨国成长的新阶段。

1959年起，YKK开始在海外建工厂，第一个工厂建在印度。由于YKK自己制造生产设备，再以这些设备为主到海外直接投资，所以其海外工厂发展非常快，到60年代末已有17座，到70年代末已有32座海外工厂（见表3-2），已成为一家真正意义上的跨国公司。2005年，YKK集团的海外工厂已达88座，遍布世界70个国家和地区，而在日本国内只有9座工厂。

表3-2　1980年以前YKK海外工厂开工顺序一览表

年份	国家/地区	年份	国家/地区
1959	印度、 新西兰、 印度尼西亚	1972	黎巴嫩、 英国、 西德、 法国
1960	南非	1974	美国佐治亚
1961	马来西亚	1975	巴西、 西班牙
1962	哥斯达黎加、 泰国	1976	玻利维亚
1964	美国纽约、 荷兰特立尼达	1977	澳大利亚、 斯威士兰
1966	中国台湾、 中国香港	1978	菲律宾、 韩国
1968	加拿大、 新加坡、 美国洛杉矶、 芝加哥、 芬兰	1979	埃及、 挪威
1970	意大利、 比利时		

资料来源：康荣平，柯银斌，2006.

由于YKK全球扩张战略的顺利展开，发展到20世纪70年代中后期，YKK在拉链市场上已经占有日本的90%、世界的35%，成为世界第一位的拉链制造商。80年代初YKK在全球拉链市场的占有率已达到40%，80年代末则超过50%，一直保持至今。目前，YKK的拉链在日本市场的占有率一直保持在95%左右，在全球的市场占有率保持在50%左右。

YKK从国内企业成长为全球跨国公司的历程正是利基战略在全球市场不断运用的过程。YKK在利基战略跨国运用方面，有以下经验和做法：(1) YKK是全球范围内的拉链弱小后发企业。拉链是由美国人最早生产的，在YKK国内经营24年时间内，全球拉链市场大多是由美国企业主导的。(2) YKK集中全部资源和能力专注于拉链生产长达 20 多年。1960 年代初期，YKK 才开始在日本开展新业务——铝合金门窗的生产和经营，而在此之前的 20 多年，YKK 一直专注于拉链研发、生产和销售。（3）在海外直接投资之前，YKK 主要的国际化活动是引进生产设备和产品出口，对全球拉链技术和拉链市场的发展有较多的了解和把握。（4）在国内市场占据第一地位多年之后，YKK 发现了全球拉链市场的环境变化，并及时把产品出口策略改变为直接投资建厂策略。（5）在海外直接投资与经营过程中，YKK 一直坚持独资方式，利用自制生产设备的优势，迅速地在全球各地建设了自己的生产工厂，以供应全球各国市场。（6）从 1959 年首次跨国投资到 1970 年代末的 20 年时间，YKK 从日本拉链市场的冠军企业成长为全球市场的冠军企业。[①]

（二）海尔集团：在美国市场采取利基战略

据胡泳在《海尔的高度》[②] 一书中的描述，海尔集团是中国第一家在美国投资设厂的大型企业。1999 年 4 月 30 日，海尔在美国南卡罗纳州建立了美国海尔工业园。1999 年，海尔在美国的销售额只有 3000 万美元，到 2005 年，美国海尔贸易公司的销售额和南卡罗纳州工厂的营业额达到 6.5 亿美元，6 年增长 21 倍之多。据美国权威的《家电》杂志的统计数据，海尔在美国电冰箱市场的占有率从 2002 年的 2% 攀升到 2003 年的 10%，位居第四位并保持至今。

分析海尔在美国市场的成功，我们认为，这是利基战略成功运用的结果。因为，美国海尔是从三种小型电冰箱（主要在旅馆房间和学生宿舍内使用）和小酒柜开始进入美国市场的。《麦肯锡季刊》曾对海尔在美国的初期拓展给予如下评价："海尔通过向小群体消费者销售技术创新产品的方式建立海尔的品牌形象，然后，逐步扩大市场占有率。"以小型电冰箱和酒柜为目标市场，以小群体消费者为目标客户就是利基战略的基本要点。在美国电冰箱市场上，500 升以上的大电冰箱市场规模在 3800 万台左右，是主流的电冰箱市场，且长期是 GE、惠尔浦等品牌的"势力范围"或"严防死守"的市场。而 200 升以下的小型电冰箱市场是这些世界白色家电巨头忽视或不太关注的利基市场。

曾鸣教授在《龙行天下》[③] 一书中也探讨过这个问题。他认为，海尔进入美国市

① 更详细的案例分析，参见康荣平，柯银斌，许惠龙. 冠军之道：利基战略设计与实施. 北京：中国对外翻译出版公司，2006.

② 胡泳. 海尔的高度：中国领袖企业海尔的最新变革实践. 杭州：浙江人民出版社，2008.

③ 曾鸣，彼得·J. 威廉姆斯. 龙行天下：中国制造未来十年新格局. 北京：机械工业出版社，2008.

场，基本上全采用这种方式，小冰箱、透明酒柜，专门针对美国的学生宿舍开发的带折叠桌面的书桌式的电冰箱，全是做这种缝隙市场（利基市场的另一种译法——引者注），因为这种细分市场是最容易发现用户需求的地方。

但从海尔 1984 年开始的历史全程来看，海尔集团在 1999 年进入美国市场之前，并未在中国市场和其他海外市场采取过利基战略。为什么在美国市场要采取这种战略呢？

张瑞敏说："海尔进入美国之前，研究过大量日本企业进入美国的案例。比如，到美国设厂这件事，很多人的意见是认为不需要或是不合算，而我是在深入研究了本田当年在美国设厂的经验之后才痛下决心的。"由此看来，张瑞敏是从日本企业进入美国市场的经验中获取决策的依据，而日本企业当年进入美国市场的主要战略就是利基战略。

海尔集团在 1999 年时已经成为中国最大的白色家电企业。在中国各界，海尔集团几乎是中国优秀企业的代名词，张瑞敏也被誉为"中国第一 CEO"。如此实力强大的企业，怎么还会使用弱小企业经常采取的利基战略呢？

海尔在中国市场第一的位置，只表明海尔是中国市场的强大者。但从美国市场来看，海尔集团仍然处在弱小后发者的位置上。为了进入美国市场，采取利基战略是海尔集团可选的有效战略。因为，在美国电冰箱市场上，大型电冰箱由世界级品牌占据，海尔集团在 1999 年时根本没有能力与这些世界巨头在大型电冰箱市场上硬碰硬地竞争。在 8 年之后的 2007 年 4 月，海尔在美国市场推出法式对开门电冰箱，尝试进入全球主流高端市场，开始与惠尔浦、GE 展开面对面的竞争。

至今为止，我们还未发现一起中国企业在外国跨国公司"严防死守"市场中取得成功的案例。海尔集团正在努力创造这个"奇迹"，我们将密切关注其进展。

海尔集团在美国市场采取利基战略的案例，给中国企业带来的战略启示主要有：

（1）"我是谁"这个问题是相对的，是相对于某个特定的市场范围而言的。在中国市场，海尔集团是白色家电市场的强大者，但在美国市场，海尔集团却是弱小后发者。

（2）日本企业是外国企业在美国市场采取利基战略的先行者（从群体角度而言，暂不考虑德国大众以甲壳虫车进入美国市场的案例），海尔集团是日本企业进入美国市场的模仿者。日本企业和海尔集团在美国市场的成功，并不表明其他的后来者们也能取得成功。因为，20 世纪 70—80 年代的美国市场与当今的美国市场发生了较大的变化。

（3）日本企业在利基战略取得成功之后，开始进入美国的高端主流市场，海尔集团也是这样。日本企业已在美国高端主流市场取得成就（如丰田在高端轿车市场），那海尔集团在美国高端电冰箱市场的未来又如何呢？我们拭目以待。作为后来者，海尔集团在模仿日本企业的同时，应该在战略创新上有所作为才能超越领先者。我们期待着海尔战略创新的尝试。

第四节　针对"被迫放弃"市场的承接战略

利基战略所针对的市场机会来源于外国跨国公司忽视或不太关注的市场空隙（业务或地域），承接战略所针对的市场机会则来源于外国跨国公司"被迫放弃"的市场，即基于外国跨国公司产业转移的机会。

国际产业转移是一个较为专门的研究领域，它主要研究的是产业在国家之间的转移，具有以经济学解释为主、以产业为分析对象、以地理转移为研究范围的特征。国际产业转移表现为特定产业成规模地从一个国家向其他国家的转移，即该产业的全部或部分产出的市场供应从某个或某些地域供应转而由其他地域的厂商供应的过程。国际产业转移的主导力量是跨国公司，主要方向是由产业层级较高的发达国家向产业层级较低的发展中国家。[①] 与国际产业转移相对应的是产业承接（Acceptance），即某个国家成规模地承接来自其他国家的产业转移，也是一种地理上的承接。

一、什么是承接战略

国际产业转移与承接理论虽然是我们提出"承接战略"的主要理论渊源，但"承接战略"的理论必须具备战略学解释为主、以企业及其业务为分析单元、以所有权转移为研究范围的特征，这与国际产业转移理论存在较大的差别。

外国跨国公司的业务转移是由其战略所决定的，或者是其战略的一个组成部分（即关于"不做什么"的战略决策）。跨国公司的业务在国际的转移主要有两个基本的类型：一是地理上的转移，例如，某跨国公司把母国的经营业务转移到中国来经营，这种地理转移通常采取直接投资、国际贸易和合约生产的方式来实现。这是国际产业转移研究涉及的内容。二是所有权的转移，例如，某家外国企业将其某项业务或资产出售给中国企业，业务的地理范围未转移，但业务的所有权发生了转移。在国际

---

① 陈勇. FDI 路径下的国际产业转移与中国的产业承接. 大连：东北财经大学出版社，2007.

产业转移研究中，人们通常未涉及这些内容。从中国企业角度来看，就是中国企业通过跨国并购承接了外国企业转移出来的业务或资产，我们称其为"承接战略"，这属于跨国并购的研究范围。

承接战略具有以下行为特点：（1）承接的对象是外国跨国公司主动或被动放弃的业务或资产，主动放弃是战略调整和转型的结果，被动放弃是由于竞争力下降所致。（2）承接的主体是中国市场上规模实力最强大或较强大的企业，如果一家企业在中国市场上的地位太低，它就难以有能力去承接外国跨国公司的业务/资产。本节两个案例中的联想集团是中国个人电脑市场的领导者，蓝星集团所在的中国化工集团公司是中国化工原料和化学制品制造业的龙头企业。（3）外商直接投资与跨国并购是承接战略的两种主要实现方式，外商直接投资是所有权不转移或部分转移，但地理空间发生转移。跨国并购是地理空间上不转移，但所有权发生转移或部分转移。（4）协同作用的发挥程度决定了承接战略的成效。一般来讲，协同作用体现在技术和市场两个方面，中国企业承接战略的目的是获取外国跨国公司的技术资源，同时发挥中国制造的优势，在国内外市场上获得更好的地位。

二、跨国成长的承接战略

在企业跨国成长过程中，我们把弱小后发企业并购海外强大先行企业某项业务或资产的战略行为，称之为"承接战略"（狭义的，上文定义相应的是广义的）。它具有以下几个特点：（1）战略主体是全球或发达国市场的弱小后发企业，即在某个市场范围内处于弱小后发地位的企业，例如，绝大多数行业中的中国企业，在全球市场范围内或在发达国家市场中都处在弱小后发的地位。同时又是中国市场上的较为强势的企业。（2）并购或承接的标的物主要是外国跨国公司的某项业务或资产，也可以是外国非跨国公司的整体。（3）外国跨国公司出售的业务或资产只能是其"被迫放弃"的，而不是"严防死守"的市场。也就是说，"承接战略"是弱小后发企业抓住某个强大先行者主动或被动退出的市场机会，利用自身的优势，在发达国家承接并填补外国跨国公司退出的市场。较为典型的案例是联想集团在全球个人电脑市场，中国蓝星集团在全球有机硅和蛋氨酸市场等。

跨国成长的承接战略是通过跨国并购进行的，但是主流的跨国并购理论是基于强势企业并购弱势企业的，它并不能为承接战略（弱势企业并购强势企业）提供多少有价值的指导。由于这类并购是弱小后发企业并购强大先行企业（的一部分），多数属于弱势并购，而且是跨文化并购。所以，难度是非常大的。对这种跨国并购难易程度的要素分析见表3-3。

表3-3　跨国并购难易程度

成功的难度	较易	中等	最难
1. 心理距离	近	中	远
2. 企业规模：中对外	大对小	对等	小对大
3. 企业文化：中对外	强对弱	对等	弱对强
4. 国家文化：中对外	强对弱	对等	弱对强
5. 技术/产品创新速度	慢	中	快
6. 资源密集特性	自然资源	蓝领	白领

资料来源：康荣平，2007.

　　承接战略如何取得成功？是跨国并购研究中的一个新现象和研究课题。我们认为，存在两类并购：整合式并购与融合式并购，二者的主要特征与区别见表3-4。承接战略的采用者，如果采取融合式并购将大大提高其跨国并购的成功率。

表3-4　整合与融合式跨国并购

	整合式	融合式
并购方	强大先行者	弱小后发者
并购标的	强大先行者或弱小后发者	强大先行者或其中一部分
并购思维	以我为主、征服者	以他为主、学习者
并购行为	整合主导	融合主导
商业规则遵循	并购方现有的	目标公司现有的
董事会/委员会	并购方主导	并购方与原有高管组成
经营团队	外派高管为主	原有高管为主

资料来源：柯银斌，康荣平，2008.

　　从广义的角度看，发达国家原来领先的行业在全球化的浪潮中，除了大公司会放弃一些业务外，还会有一些中小公司整体成为"被迫放弃"的部分。后来者并购这些中小公司也属于承接战略，中国企业已经在这方面取得一些成功的尝试（例如，近两年中国企业在海外收购了多家机床行业的企业）。

三、承接战略的案例分析：联想与蓝星

跨国并购是实现承接战略的主要方式。自 2004 年以来，中国开始进入以跨国并购为主的跨国经营活动新阶段。到目前为止，除自然资源型并购外，较为成功的案例是联想集团并购 IBM 的个人电脑业务和中国蓝星集团总公司并购两家法国企业。我们就以这两个案例来分析承接战略的具体做法。

（一）联想集团承接 IBM 的个人电脑业务

早期的外向国际化历练。[①] 1988 年 4 月，联想（当时名为"计算所公司"）在香港合资成立"香港联想科技有限公司"，初期以电脑及配件贸易为主要业务。同年 8 月，在香港收购一家具有生产能力的 Quantum 公司，成立研发中心，研制 Q286 I 型个人电脑主机板。随着深圳生产基地的建成投产，香港联想公司的电脑主机板开始出口。到 1994 年，联想主机板出口 500 万套，占全球市场的 10%，进入最大生产厂商前 5 名之列。与此同时，联想在 1990 年上半年在美国洛杉矶，下半年在法国德斯多夫设立分公司。1992 年初，联想在美国硅谷设立实验室，以及时获得电脑行业和电脑技术的最新情报和信息。1994 年 1 月，联想成为香港证交所的一家上市公司。

收购 IBM 的 PC 业务。2003 年，联想把"在中国信息产业内多元化发展"的战略调整为"专注 PC、客户导向和提升效率"的专业化和国际化战略。当年底，IBM 重新向联想提出出售其 PC 业务的建议，联想在抓住这次机会的同时面临着巨大的挑战。

在经历一年多的调查、谈判之后，2004 年 12 月 8 日，联想与 IBM 达成了收购的最终协议：联想以 17.5 亿美元（6.5 亿美元现金、6 亿美元的股票以及承担 5 亿美元的债务）收购 IBM 所有笔记本、台式电脑业务及相关业务，包括客户、分销、经销和直销渠道；Think 品牌及相关专利；IBM 在深圳合资公司中的股权；以及位于日本东京与美国北卡罗来纳州罗利的研发中心。2005 年 5 月 1 日，联想正式完成以上业务的收购。联想一跃成为全球第三大 PC 厂商，年营业收入达到 120 亿美元，员工总数达 1.9 万人；IBM 拥有联想约 19% 的股份，成为联想第二大股东；全球三大私人股权投资公司（德克萨斯太平洋集团、General Atlantic 及美国新桥投资集团）成为联想的战略投资者。

融入美国主导的商业世界中。在世界并购史上，像联想这样的"蛇吞象"式跨国

---

① 康荣平. 中国企业的跨国经营. 北京：经济科学出版社，1996.

并购的成功率很低，一旦成功堪称"奇迹"。从目前的状况来看，联想正在创造这个"奇迹"。那么，联想是如何做到的呢？首先是联想在中国及亚太地区的市场地位和经营能力使其有条件抓住 IBM 战略转型带来的机会，更为重要的是联想采取了一种"融合"而不是"整合"的并购战略，其核心是把联想融入美国企业主导的全球 PC 商业体系中。杨元庆制定的"坦诚、尊重、妥协"三原则正是这种"融合"理念的体现，更为重要的是把这种理念和原则落实到具体的制度和行动中，这主要表现在以下几个方面[①]：（1）把联想总部搬到美国——全球 PC 业最发达的国家，以美国为总部的战略意义将日益显现出来，借助跨国并购把中国的联想逐渐转变为美国的联想，并最终成为全球的联想；（2）引进多家战略投资者，除 IBM 成为联想第二大股东外，全球三大私人投资公司也成为联想的战略投资者，这将从整体上提升联想的公司治理水平；（3）以非中国人为多数的董事会组成，使公司重大决策基于全球视野并遵循欧美国家主导的商业游戏规则；（4）首席级高管人员大量使用非中国人，包括作为核心人物的CEO，使联想的商业运营摆脱中国市场中形成的思维方式和行为惯性，融入全球最佳管理实践中；（5）总部工作语言用英语而非汉语。

（二）中国蓝星集团并购法国安迪苏和罗地亚集团有机硅业务

2005 年 10 月 19 日，中国化工集团总经理任建新率团出访欧洲，签署了蓝星集团全资收购法国安迪苏公司 100% 股权的正式协议。2006 年 1 月 17 日，在比利时布鲁塞尔正式完成对法国安迪苏集团的交割。

法国安迪苏（Adisseo）公司是一家世界著名的专门从事蛋氨酸、维生素及生物酶制品生产的动物营养饲料添加剂公司，由英国 CVC 集团全面控股（最早属于英国帝国化学工业公司），在全球拥有 5 家主要生产工厂，拥有 792 项技术专利和世界最先进的蛋氨酸生产技术，经销网络遍及全球 140 个国家和地区。是全球唯一一家能够同时生产固体和液体两种蛋氨酸产品的公司，2004 年已成为蛋氨酸领域全球第二大生产商，市场份额占全球 29%。除此之外，安迪苏公司的维生素业务、生物酶业务也分别在世界上名列前茅。

2006 年 10 月 26 日，蓝星集团 100% 收购法国罗地亚公司有机硅及硫化物业务项目签字仪式在北京举行。罗地亚（Rhodia）集团是著名的全球性特殊化学品公司，在巴黎和纽约股票交易市场分别上市，2005 年销售收入为 50 亿欧元。有机硅业务是罗

---

① 康荣平，柯银斌. 跃进、渐进、并进——中国企业跨国经营 30 年. 北大商业评论，2008（9）.

地亚集团的重要业务之一，经过 50 多年的不断开发提高，形成了在国际上领先的上下游一体化技术，具有非常强的市场竞争力。罗地亚公司看重亚太地区的强劲市场增长，已在中国上海建立了自己的有机硅下游工厂。硫化物业务是与安迪苏公司蛋氨酸及罗地亚有机硅生产装置紧密配套的业务。至 2005 年罗地亚公司有机硅单体年生产能力 22 万吨，规模在全球有机硅市场名列第五，拥有 6%的全球有机硅产品市场份额，其生产技术在国际上处于领先地位，拥有 3000 多个产品、500 项专利。

到 2008 年，以上两起跨国并购以及蓝星集团全资股东——中国化工集团公司的 3 起跨国并购都取得了成功。我们在对其成功因素的分析中，① 任建新总经理经常提及的"融合"一词给我们留下了深刻的印象，正是任建新的"融合"启发了我们关于弱势企业并购强势企业的理论研究思路和方向。

无论是学术界，还是企业界，人们通常使用"整合"一词来描述并购后的诸多经营管理工作，例如业务整合、组织整合、人员整合、文化整合等。但从任建新总经理的讲话和文章中，我们并未看到"整合"一词，他使用"融合"代替了"整合"。这个"一字之差"反映了任建新关于跨国并购的核心思想：作为后来者和弱小者的中国企业，当并购外国老牌跨国公司（全是先行者和强大者）的业务和资产时，虽然我们以"老板"身份拥有了公司控制权，但并不表明我们就是"老师"。在跨国公司的经营管理上，随我们并购而来的原有跨国公司的高中层管理人员才是我们真正的"老师"，他们不仅熟悉国际商务规则和惯例，而且绝大多数人遵守法律，有很好的职业道德和操守，更不用说在跨国经营与管理方面拥有丰富的经验和能力。我们必须"拜师学艺"，同时学会既当好"老板"，又当好"学生"。因此，基于强势地位的"整合"不适合我们，不要去控制，我们要基于弱势的地位，遵循企业经营管理的基本规律，"无为而治"，以"融合"的态度和方法贯穿并购后的企业经营管理全过程中。

正是在这种思想的指导下，中国化工集团突破了固有的"整合"模式，创造出一套适用于弱者并购强者的"融合"模式。在这个创新的融合模式中，人才融合处在核心的地位，并最终决定并购后企业经营的成败。中国化工集团的人才融合实践为中国企业提供了极有价值的思考和借鉴，这主要体现在以下几个方面。

留用、提升原高中层管理人员。我们常在媒体上看到，某家企业并购之后，马上任命新的 CEO 等高级管理人员，替代被并购企业原有的高层管理者。中国化工集团的

① 柯银斌，康荣平. 战略为本，成在能力：中国化工集团跨国并购之道. 北大商业评论，2008（5）.

做法则有所不同：在并购初期，被并购企业的高中层管理者一律留用；在被并购企业运行一段时间之后，再考虑高管人员的去向。在 2006 年 3 起跨国并购中，所有 3 家企业的原高管人员全部留用。企业运行一段时间之后，中国化工集团策略性地调整了原安迪苏公司的高管人员（因个人能力与未来发展要求并不匹配，且工资支出太高），CEO 和 CFO 主动离职，COO 升任 CEO；对凯诺斯公司和罗地亚有机硅业务的高层管理者一直留用至今。不仅根据公司发展需要留用原高管人员，中国化工集团还把合适的高管人员提升为公司董事或管理方向委员会成员，使他们发挥更大的作用。例如，安迪苏公司董事会由 4 人组成，CEO 担任董事，管理方向委员会由 7 人组成，包括原高管 3 人。被并购企业高管职位的提升，被德鲁克先生认为是并购成功的一大因素，中国化工集团的实践证实了这一点。

选派人员到海外企业学习。中国化工集团也选派合适的人员到并购来的海外企业工作（以两年为期），但工作任务不是去做管理者，而是去当"学生"，以各种助理的身份进入企业，主要职责是：（1）管理学习、文化适应与交流、沟通与理解是所有人的主要任务。（2）CEO 助理负责海外企业与中国化工集团之间的联络、汇报和沟通。（3）熟悉所在部门的职责和工作流程，掌握所在岗位必备的技能。例如，营销助理的竞争力分析技能，生产助理的技术转移技能，财务助理的不同国家财务报表的转换技能等。中国化工集团第一批外派人员共 9 人，分别赴安迪苏（5 人）和凯诺斯（4 人）工作。目前，已有外派人员返回国内，担任重要的管理职务。目前，第二批外派人员正在前期培训过程中。

海外企业技术人员到国内工作。目标公司的技术能否提升并购方的国际竞争力，主要产品能否适合中国市场的需求，是中国化工集团选择并购对象的主要标准。安迪苏和罗地亚公司拥有的各自业务领域的优势技术，正是中国化工集团所需要的。为了把这些技术有效地转移到中国，提升中国化工集团在蛋氨酸和有机硅业务领域的国际竞争力，中国化工集团投巨资在天津新建生产基地。同时，把海外企业的技术人员调至天津基地工作，专门负责相关技术的转移工作。罗地亚公司派来 8 人在天津基地工作，安迪苏公司一位厂长就任天津基地的副总经理。

海外企业人员来总部工作。凯诺斯公司派来 1 名人员先在集团公司规划部工作 1 年，后到蓝星集团总部工作。其主要工作任务是：（1）建立凯诺斯与总部之间长期的人际交流与沟通关系；（2）了解、理解并传递总部的战略思路和动向；（3）调查、研究外国大型化工企业的战略动向，为总部提供战略决策信息。

海外企业与总部的制度化人际交流。除法定的董事会和年终工作汇报外，中国化工集团还采取了多种方式建立起海外企业负责人与总部相关人员之间的人际交流，并且逐渐走向制度化。蓝星集团设立了三个事业部，一个事业部对应一家海外企业，专门负责海外企业与国内业务的协调与合作；海外企业 CEO 述职，每 3 个月一次，在北京或企业所在地进行，由 CEO 与集团总部相关人员面对面地交流。在工作交流之外，中国化工集团还重视海外企业管理人员和员工来中国旅游观光的接待工作，使他们真正体验到同在一个"大家庭"。

以上多种基于人员接触和交流的行为，使国际化经营人员逐渐走向融合，进而逐渐实现了集团总部与海外企业的文化融合。由此看来，人才融合是并购后海外企业与集团总部人力资源管理的核心问题，也是海外企业取得成功的重要保证。

第五节　针对"新技术带来的新市场"的抢先战略

嵌入战略针对的是外国跨国公司"严防死守"的市场，把自身的业务嵌入外国跨国公司的价值链中，通过 OEM/ODM 方式去占领"制造份额"；利基战略针对的是外国跨国公司"无心关注"的市场，集中资源专注于某个利基市场，先建立起"根据地"然后再图谋更大的发展；承接战略针对的是外国跨国公司"被迫放弃"的市场，通过跨国并购和融合较快地扩大规模和提高国际竞争力。这三种战略体现了"避实击虚"的战略原则，都是以外国跨国公司的"虚"为进攻点。抢先战略则完全不同，它是针对"新技术带来的新市场"，这个新市场也是外国跨国公司高度重视的"实"。

中国企业中，成功实施抢先战略的案例很少。我们在界定抢先战略的基本内容之后，以台湾敦南科技为案例进入具体分析。另外，在本章案例中，我们较为深入地分析了华为公司在全球 3G 设备市场的抢先战略。

一、什么是抢先战略

"抢先"战略是针对"新技术带来的新市场"，即看准行业和市场的发展趋势，利用企业自身的技术积累和比较优势，抢先开发"下一代"新技术，抢先（至少同步）进入新技术带来的新市场中，并以占据领先地位为目标。

索尼公司 1948 年率先采用美国刚发明的晶体管技术，开发出小型和微型收音机，5 年后占领了全球收音机市场的大量份额。而美国那些采用真空管技术的收音机制造商则退出了收音机市场；诺基亚 20 世纪 90 年代初率先在数字移动电话上的全力投入，从而替代摩托罗拉在全球手机市场上的领导地位；……从这些案例中，我们可归纳出抢先战略的主要特征如下。

（1）处在新旧技术替代的过程中，也就是"转弯"处。为生产某种产品、实现产品的功能，通常有两种以上的技术路线。这些技术路线存在并存、替代两种关系：并存是指多条技术路线同时存在，企业可选择其中的某条技术路线，生产产品供应市场。例如，在钢铁制造业，各种炼钢技术并存，采用不同技术的企业共同向市场提供产品。通信行业中，固定电话与移动电话共存；替代是指新技术必然会淘汰旧技术，新技术成为行业的主流技术，固守旧技术的企业生产的产品会被市场淘汰，要想在市场中生存必须采用新技术。例如，晶体管技术替代真空管技术，数字移动电话技术替代模拟移动电话技术，3G 技术替代 2G 技术等。当然，这个替代过程有长有短，取决于市场参与者和新进入者的战略行动。

（2）在位的领先企业往往不率先采用或不全面采用新技术。在位的领先企业通常是旧技术（曾经是某个阶段的新技术）的领先者，当新技术出现时，它们往往会犹豫不决，不会投入更多的资源推进新技术的采用。主要原因在于，它们是旧技术的最大受益者，它们希望在旧技术上获得更多的收益。这样一来，市场就为后发企业或新进入者提供了机会。如果在位领先者率先投入，采用新技术（这是领导者企业为巩固地位的自我攻击战略），那么后发企业或新进入者就难有成功的机会。

（3）后发企业或新进入者具有较强的技术积累和战略创新能力。在位领先者提供的机会，对所有的后发企业或新进入者是平等的，但在实践中，只有极少数的后发企业或新进入者率先和全力投入，抢先进入市场并占据领先地位。这些少数企业必须具备较强的技术积累和战略创新能力。看到机会，不敢全力投入，或者敢投入但缺乏技术资源积累，都难以后来居上，取得成功。近几年的彩电行业正处在新旧技术（从 CRT 到液晶）替代阶段，为后发弱小企业提供了一个居上的机会。但中国彩电生产企业没有一家抓住这个机会。

对拥有相当技术资源积累的后发企业而言，它们有机会率先开发新的核心技术，并以此为"支点",以抢先战略为"杠杆",向新市场推出新产品,并占领较大的市场份额和较好的市场地位。

抢先战略是我们率先提出的,① 国内学者的研究较少。宋新宇博士的"下一代技术"研究报告在更广泛的层面上涉及这个问题。②

二、抢先战略的条件和意义

对后发企业而言,抢先战略是一项风险最大、实施难度最大,同时也是收益最大、最迅速获得领先地位的战略。与嵌入战略、利基战略和承接战略相比,抢先战略的形成和实施,需要战略主体拥有更高和严格的条件。这些条件主要可分为三个方面。

一是洞察力和判断力。在技术发展历史来看,新技术替代旧技术是一个必然的过程。但是在新技术刚露出苗头的时候,人们难以判断其技术潜力,对是否会替代旧技术存在多重疑问。即使大家都认为新技术会替代旧技术,但由于新技术有时存在不同的技术路线,人们难以判断其中哪条技术路线会成为主导技术。在以上情况下,企业决策者的洞察力和判断力是至关重要的。由于这种决策面临着许多的不确定因素,以及决策后果必须在若干年后才能显现出来。因此,在拥有敏锐的洞察力和良好的判断力的同时,企业决策者还需要相当的勇力和魄力。因为,一旦决策失败,后果将不堪设想。这类决策颇有"大赌大赢"的味道。

二是技术积累和研发能力。在做出技术发展方向性决策之后,下一个问题就是你是否有能力跟上技术发展的步伐,最好是领先对手。这个技术能力既取决于多年来的技术资源积累,又取决于当前的研发能力。当然,这个技术能力还与技术本身的复杂度、困难度和不确定性程度密切相关。技术要求高的项目,其技术能力要求就更高。因此,在做出是否跟进新技术发展方向的决策时,必须同时考虑企业自身拥有的技术资源和研发能力。当然,由于是新技术研发,能力差距是客观存在的,关键在于企业是否有能力在预计的时间内缩小这个能力差距。

三是坚定的决心和信心。在新旧技术同时存在的过程中,往往会出现许多对新技术发展不利的因素,例如,采用新技术的产品刚推向市场时,其质量通常不及采用旧

---

① 康荣平,柯银斌. 抢先战略:后发先至的秘密. 北大商业评论, 2008 (2).
② 宋新宇. 宋博士论战略:下一代技术. 北京易中创业科技有限公司研究报告, 2004.

技术的产品；原有客户对新技术的排斥；旧技术既得利益者对新技术的反击；政府制定的有关政策等。这就需要企业决策者以及全体员工拥有坚定的决心和信心，坚持在新技术研发上的继续投入，对新技术替代旧技术充满百倍的信心。如果稍有变化，与预期不一致，就放弃或放慢技术开发速度，抢先也就难以实现。

由于能同时拥有这些条件的企业并不多，抢先战略的成功者显得很少。对中国企业而言更是如此，尽管这样，抢先战略对中国企业的未来发展仍具有重要的意义。

在全球化环境中，中国企业的成长壮大不能仅局限在 OEM/ODM、利基市场和产业承接上，优秀的企业必须要进入大规模的主流市场，尽管企业数量不多，时间可能较长，但这是必须的！而进入这类市场，就要采取抢先战略。

近年来，许多中国企业在全球市场已取得单项冠军的地位，只要这类企业坚持永争第一的目标，加大技术资源积累，提高战略创新能力，它们将有机会实施抢先战略。

三、抢先战略案例分析：敦南科技

敦南科技公司是台湾光宝集团的子公司。1975 年，宋恭源与三位同事共同创办光宝电子公司，这正是光宝集团的前身。1997 年，光宝集团已拥有 8 家电子资讯企业和两家投资事业，集团总营业收入高达 593 亿元新台币，资产总额达 564 亿元新台币，纯利达 70.8 亿元新台币，集团员工总数达 11500 人，其中台湾 4500 人。[1]

敦南科技公司于 1990 年 4 月 12 日在台湾省台北县新店市成立。资本金 2 亿新台币，台湾美商德州仪器公司副总裁陈忠雄离职，出任总经理，主要投资者光宝集团董事长宋恭源任董事长。公司主要生产影像感测器及摄影机模组。在新店市有一间工厂，1995 年投资 1 亿新台币到菲律宾马尼拉建立第二间工厂，1996 年投产。

敦南科技的营收和盈利，1991 年为 0.7 亿元新台币和负 0.6 亿元新台币，1992 年为 2.7 亿元新台币和 150 万元新台币，1996 年已达 13.5 亿元新台币和 1.5 亿元新台币[2]。上述业绩的取得，是敦南科技出色的竞争策略之结果，其中抢先战略发挥了较大的作用。对此，我们将逐一评述。[3]

---

① FORBES 资本家，1995（9）；天下，1996（8）.

② 天下，1996（6）；四季报，1996 夏季号.

③ 康荣平，柯银斌. 华人跨国公司成长论. 北京：国防大学出版社，2001.

（一）"化敌为己"的人才策略

1990 年，专长光电领域的光宝集团和半导体业的联华电子等公司，共同讨论涉足影像感测器领域的可行性。同时，一批四人华裔美国工程师带着开发 CCD（电荷耦的关键元件）的投资计划到台湾寻找合作对象。

这对当时的光宝集团而言，有两种方案可供选择：一是与联华电子等公司自行投资、自找技术人员来开发、生产影像感测器产品；二是联合投资，与美国来中国台湾的技术人才合作，共同开发、生产。最后，光宝集团选择了后者。实践证明这个选择是正确的：（1）这些光学技术人才，和一批台湾德州仪器公司任职的 IC 封装专家共同加入光宝集团为开发、生产影像感测器产品的专门企业——敦南科技，仅在三个季度内就开发出自己的产品，令当时全球唯一的同类产品生产商——日本三菱电机公司不敢相信；（2）如果选择第一个方案，来台的华裔美国工程师们肯定会找到合作对象，反而成为光宝集团的"敌"——竞争者。而这种情况的出现肯定对光宝集团在此领域的发展不利。敦南科技今日的业绩也就难以保证。换句话说，光宝集团选择第二方案，将潜在的竞争对手化为自己的力量，这一点对敦南科技的发展至关重要。正如受工业局委托到敦南科技考核产品研发工作的台湾交通大学电子研究所所长雷添福所说："找对人才，选对产品，是敦南成功的首因。"

（二）抢变化之先的产品开发策略

影像感测器就是光电转换的光感测器，是一种能将影像图案经过扫描，把光信号转换成电脑可辨认、处理及储存的电子信号装置，它的功能如同机器的眼睛。

影像感测器基本上可分为线型、面积型和特殊光谱型三类。线型感测器应用于传真机、扫描器、复印机、电脑周边设备、温度分析测量等；面积型感测器用于摄影机、闭路电视、工厂自动化、工业测量、汽车后视镜等；特殊光谱型感测器则用于红外线取像应用、医疗用途、机器视觉与 X 射线取像应用等。

CIS 与 CCD 同为线型感测器的关键元件，可相互替代使用，还存在许多不同之处。

早在 1979 年，美国率先发明使用 CCD 的影像感测器，日本随后引进该项技术，并致力于商品化，成为录像机、复印机、传真机、照相机的大国；美国则专攻军事、太空与特殊工业用途。

1989 年，日本三菱电机开发出使用 CIS 的影像感测器，并用于复印机和传真机等产品。

1990 年，全球在影像感测器应用方面，CCD 占有 80%，而 CIS 仅占 20%，CCD 有很大优势。正因为如此，来台寻找合作的美国工程师带来的投资计划也是开发、生产 CCD 产品。

但是，敦南科技成立不久，就放弃了开发、生产 CCD 的初衷，转而开发、生产当时市场并不占优势的 CIS 产品。这项决策实践证明是非常成功的。那么，其成功的原因何在呢？

1. 选择相对薄弱环节入手

1990 年全球 CCD 与 CIS 状况是这样：（1）CCD 在美国、日本均有多家大公司开发、生产，且应用较为广泛；（2）CIS 当时只有日本三菱电机公司开发、生产，刚开始投入应用，且组装容易、维修方便。相比而言，CIS 是一个相对薄弱的环节。

2. 抢在变化之前

CIS 与 CCD 相比还有一个重要差别，就是 CCD 效果好，适用于体积大（如复印机）的产品，而 CIS 则适用于体积小（如传真机）的产品，便于携带。

根据电子产品必然走向轻、薄、短、小的趋势判断，敦南科技认为，未来必定是 CIS 占主导地位（尽管当时 CCD 与 CIS 之比是 80：20），因而决定抢在变化之前，放弃 CCD，转向开发、生产 CIS。五年来，CIS 的占有率已超过 CCD，完全符合预期，也由于提前反应，使敦南科技成为全球 CIS 最大的供应商。

（三）　"田忌赛马"的市场竞争策略

田忌赛马是中国人所熟知的谋略故事。其要领是：在赛马比赛中，首先将自己与对手的三匹马分为上、中、下三等，然后以自己的上马对对手的中马，以自己的中马对对手的下马，以自己的下马对对手的上马。比赛结果是：下马对上马输一局，但上马对中马、中马对下马会赢回两局，最终以 2：1 赢得比赛。

此谋略在商战中有广泛的应用价值。其应用要领则是正确地划分自己与对手的三个等级的马，然后按上述规则进行竞争。

敦南科技开发、生产 CIS 产品，其市场竞争策略是典型的"田忌赛马"。

首先，敦南科技选择 CIS 产品，放弃原定的 CCD 产品，正是避开竞争对手的强项，选择相比薄弱的环节入手。

其次，敦南科技将开发出的 CIS 产品推向市场时，日本厂商大幅度降价，一根 A4R 寸的 CIS 的市场销售价由 90 美元降至 40 美元。敦南科技面临着剧烈的市场竞争。在此种竞争格局中，敦南科技如何才能取胜呢？田忌赛马策略再次成功地运用并发挥其作用：

（1）日本大厂商生产的 CIS 只是该厂众多产品中的一项，且仅由一个部门负责，其营业额占公司总营业额很小的比例。而敦南科技则是倾公司全部资源投入，CIS 是敦南的主要产品。这样，我们在主要电脑厂商进军文字处理设备市场时已经看到，当时的 IBM 是文字处理设备市场的霸主，市场占有率高达 80%，但是，文字处理设备仅是 IBM 的一个小产品。而相反的是，王安电脑在逐步放弃计算器业务后，倾全力投入文字处理设备市场，最后，王安电脑跃升为美国文字处理设备市场的第一位。敦南科技也正是这样，倾全力对付竞争对手的部分力量，占据全球市场第一位。

（2）日本大厂商生产的 CIS 主要是供本身使用，由于它同时生产传真机等下游产品，自然地出现与下游厂商的紧张又竞争的关系；则敦南则是坚持不介于下游产品的制造，不与下游客户形成竞争关系。这表明，日本大厂商战线较长，既要 CIS 本身之利润，又要下游产品的利润，而敦南科技专攻 CIS，不向下游产品发展，使客户认识到：敦南是供应商，而日本大厂商既是供应商、又是竞争者。从而在客户中逐渐建立良好的信誉。

（3）日本大厂商只生产标准规格的 CIS；而敦南科技则以专业厂商定位，满足客户各种规模的要求与设计，加上重视售后服务，以 DYNA 品牌的 CIS 才终能在短短五年内跃居全球第一。这亦是差别化策略的体现。

（四）低成本的产品生产策略

敦南的 CIS 产品一上市，就面临激烈的价格战。对此，敦南科技并没有退缩，而是采用技术研发和海外投资两种手段实现了低成本的产品生产。

首先，敦南科技经过技术研究，将原本的陶瓷和铝材等原材料，改用效果相同但更便宜的材料；并从制造工艺方面将制程由七百微米缩到四百微米；产量提高近一倍，成本下降许多；再采用灯号管理，透过一连串流程合理化，最后将产品单价降至 20 多美元。

然后，敦南于 1995 年在菲律宾马尼拉投资一亿新台币兴建工厂，生产较低价的产品，其成本更是大为下降。该厂投产后使敦南的 CIS 总产量为全球第一，达成经济规模。

（五）"与敌共舞"的合作策略

"化敌为己"的人才策略奠定了敦南科技成功的基础，而在市场竞争过程中，敦南科技即使拥有低成本优势，也不采取再降价的策略换取市场占有率，而是清醒地认识到自己小公司的定位，并不自我膨胀。影像感测器的市场靠大厂商开拓出来，如果敦南一家全吃，只会逼大厂商去开发新一代产品（这并非难事！）来打击敦南。因此，敦南采取了"与敌共舞"的合作策略。

这主要表现在：（1）敦南与在厂商一起共同维护市场价格，一起把饼做大，而不是再度降价，逼大厂商开发新产品；（2）主动与其他竞争厂商交流，尽量缓和竞争气氛。在了解敦南的立场后，一些公司甚至把部分产品委托给敦南开发。20世纪末，敦南每年接受外界委托的研究经费超过600万新台币。

通过以上案例分析，我们很清楚地看到抢先战略在敦南科技成长中地位和作用：如果敦南科技一直从事CCD型产品的开发和生产，由于竞争对手数量众多且实力强大，敦南科技的前途就难以预料。但有一点可以肯定，敦南科技不可能成为全球市场占有率最大的企业。敦南科技的决策者看到了新一代技术的发展前景，毅然放弃CCD而集中资源投入CIS，这是企业家的战略眼光。敦南科技拥有的高级技术专家及光宝集团的支持，使其很快地开发出CIS型产品。抢先战略的成功，还有一个因素就是，全球影像感测器是一个利基市场。因此，对弱小后发企业而言，在某个利基市场中实施抢先战略的成功率要高。这就是敦南科技案例给我们的重要启示。

· 案例3.1 ·

华为在全球3G市场上的抢先战略

华为是中国企业中的标杆性企业，华为所在的通信设备市场是一个全球知名跨国公司林立的市场。华为从代理交换机起步，把贸易利润全部投入产品研发中。在中国市场，华为采取"农村包围城市"、与地方邮电系统合作等弱者战略，逐步占领了较大的市场份额。在海外市场，华为仍然采取"农村包围城市"战略，从外国跨国公司不大关注的发展中国家市场起步，也取得了较好的业绩。这些战略的实施虽然使华为成长起来，成为中国市场最大的通信设备制造商和海外部分市场有影响力的中国企业，但仍然与任正非的"三分天下，必有华为"的梦想差距较大。有效缩小这个差距的战略行动是华为在全球3G设备市场上的抢先战略，技术的发展为华为提供了一个难得的"后来居上"机会，任正非以其战略眼光和实干精神，在持续数年的技术积累基础上抓住了这次机会，成为全球 3G 设备市场上的主要供应商之一，并在某些细分市场占据领先地位。

华为案例是我们提出抢先战略的实践基础。在本案例的写作过程中，我们主要参考和采用了《龙行天下》[①] 和《华为的世界》[②] 两本书中的有关资料。

（一）华为进入欧洲 3G 市场

2004 年 12 月 8 日，荷兰海牙，华为总裁任正非与荷兰 Telfort 公司 CEO 施蒂格签署超过 2 亿欧元的 WCDMA 设备供货合同。从此，华为在欧洲市场从原来的"吃边缘市场"，开始演变成真正的"虎口夺食"，从 Telfort 公司原供应商——全球 3G 系统设备老大爱立信公司手中夺得这个订单。华为第一次证明了自己不仅仅拥有价格上的优势，而且证明了自己的技术优势。

2005 年 4 月 28 日，全球第九大电信运营商、欧洲电信运营商中的"巨头"英国电信（BT）公布了"21 世纪网络"计划的优先供货商名单，在接入、城域、核心网、互联网结点和光传输五大领域中，华为与思科同时在两个领域各占一席，其他供应商（西门子、朗讯等）均只涉足某个领域。2005 年 12 月 23 日，华为与英国电信签署正式供货合同。从此，华为开始成为欧洲顶级客户眼中的首选供应商之一，与思科等世界级企业"同台献技"。

2005 年 6 月 7 日，华为与荷兰电信运营商的老大荷兰皇家电信（KPN）签署合同，成为 KPN 荷兰全境骨干传输网的唯一供应商，成功击败了阿尔卡特、朗讯这两家在光传输领域世界领先的公司。2006 年 2 月 28 日，华为又与 KPN 签署协议，成为 3G/2G 核心网设备供应商，进一步巩固了华为在荷兰市场中的地位。

2005 年 11 月 21 日，全球最大的移动通信运营商沃达丰（Vodafone）与华为正式签署全球采购框架协议，华为进入沃达丰的战略供应商之列。2006 年 2 月 16 日，在巴塞罗那的 3GSM 全球大会上，华为与沃达丰共同宣布，华为将在未来 5 年内为沃达丰在其运营的 21 个国家提供定制手机。8 月，沃达丰选择华为承建其在西班牙的 WCDMA/HSDPA 商用网络。

---

① 曾鸣，彼得·J. 威廉姆斯. 龙行天下：中国制造未来十年新格局. 北京：机械工业出版社，2008.
② 吴建国，冀勇庆. 华为的世界. 北京：中信出版社，2006.

根据 Frost & Sulivan 统计，华为 2005 年在 3G 新增市场份额排名第二，占 21.6%；2006 年以来，华为在全球 3G 新增市场份额持续上升，目前已超过 31%，合同金额大幅度提升，并逐渐为全球顶级运营商认可。

2006 年 8 月，华为宣布与摩托罗拉就 3G 和 HSPA 产品展开联合研发。IT 业权威顾问公司 Gartner 的数据显示，华为和摩托罗拉的合作，将使它们在 WCDMA/HSDPA 领域的全球市场份额达到 15% 左右，仅次于爱立信和诺基亚-西门子，与阿尔卡特-朗讯不相上下。

目前，华为移动软交换已成功应用到全球 60 多个国家，服务全球 4.7 亿用户，与全球运营商共同经历着汇接层 IP 化、本地网 IP 化、核心网 IP 化的三次浪潮。

以上列举的华为进入欧洲市场的重大事件及其取得的市场业绩，非常值得我们仔细品味和理性思考：华为等国内通信设备制造商在中国本土市场击退外国跨国公司，是中国企业中的优秀者；华为在发展中国家市场不断"建功立业"，是中国企业的杰出者。这些业绩与"主场优势"或跨国公司"无心关注"市场有关，真正困难的是发达国家的主流"大市场"，例如，欧洲的通信设备市场，这是外国大型跨国公司的"根据地"。对这类市场，外国跨国公司决不会放弃，而且必倾注全力去占据。华为作为全球通信设备市场的弱小者和后来者，在欧洲市场获得的初步成功是非常难得的，是什么因素决定了华为的成功呢？或者说，华为在欧洲市场上取得成功的原因是什么呢？

（二）华为成功的关键因素

华为在欧洲 3G 市场取得的初步成功，是中国企业群体中罕见的现象：(1) 3G 市场是一个规模巨大的市场，而不是规模较小的利基市场，如全球集装箱市场、美国小冰箱市场等；(2) 欧洲市场是外国跨国公司的"根据地"，它们决不会轻易让他人进入；(3) 3G 是一项新兴技术，3G 通信设备属于技术密集型产品，而不是劳动密集型产品；(4) 向运营商提供 3G 通信设备涉及价值链的诸多环节，从研发，到制造，再到服务等。

战略创新与颠覆性技术是华为取得成功的两大关键因素：(1) 在战略上，华为基于产业发展前瞻性的判断所做出的进入新兴 3G 市场的战略决策，是一项战略创新。华为人不仅坚信 3G 时代必将到来，而且认为"我们只能在新增市场上争夺一席之地，以前的格局很难改变"。（华为高级副总裁陈朝晖语）通信设备市场有几十年的历史，有着较为明显的阶段性：从固定通信到移动通信，从 1G 到 2G，又从 2G 到 3G。在不同阶段的转换过程中，市场为后来者和新进入者提供了后来居上的机会。对后来者而言，如果继续沿着先行者的规则前进，其结果永远是落后于先行者。后来者唯一的机会就是在"拐弯处"，抓住新兴市场，倾注全力，超越先行者。华为虽然在 2G 时代的中国本土市场和发展中国家市场取得了突出的业绩，但并非改变全球通信设备市场的格局。如果未能在 3G 市场上取得突破，华为就难以或推迟实现自己的"世界级企业"宏伟目标。（2）在技术上，华为采取了具有颠覆性的软交换技术的 R4 版本。这种技术同时支持 GSM 和 WCDMA，从 2G 到 3G，完全可以通过软件集成的方式直接升级，与原来采用的 2G 硬件设备没有关系。从技术路线上，华为选择的软交换 R4 是一项颠覆性技术，是进攻强大对手实力范围中的弱点的有效策略。阿尔卡特、朗讯、西门子、爱立信等在 2G 市场拥有较大的市场份额，这是它们的实力所在。这种强大的实力本身又是其弱点，它们为了锁定客户，对软交换技术不会很感兴趣。华为呢？由于它在 2G 时代没有市场份额，基本上没有 2G 的包袱。因此，华为在研发一开始就认准了基于软交换技术的 R4 版本是未来的潮流。在主流设备制造商还在犹豫不决的时候，华为已经悄悄地完成了 R4 的实验室、实验局阶段。2003年底，华为独家承担的阿联酋电信 WCDMA 3G 网络正式投入商用，这是全球第一个 R4 商用项目。

在中国企业普遍存在"我也是（Me too）"战略思维的时候，华为为什么能做到战略创新呢？在中国企业普遍不重视研发的时候，华为又为什么能研发出 R4 交换技术呢？这是需要进一步分析的问题。

任正非的企业家精神以及华为人认同的愿景是根本原因。早在 1994 年，任正非就明确提出华为的愿景："10 年之后，电信设备市场将三分天下，西门子、阿尔卡特和华为。" 1996 年，华为制定《华为基本法》，其中的第一条写道："华为的追求是在电子信息领域实现顾客的梦想，并依靠点点滴滴、锲而不舍的艰苦追求，使我们成为世界级领先企业。"第二十三条写道："我们坚持'压强原则'，在成功关键因素和选定的战略生长点上，以超过主要竞争对手的强度配置资源，要么不做，要做，就极大地集中人力、物力和财力，实现重点突破。"

　　为成为"世界级领先企业"，就必须寻找可以领先的机会。处在通信设备行业的华为运气不错，从 2G 到 3G 为它提供了一个难得的机会。任正非看到了这个机会，并且敢于"大赌"，这就是企业家精神。敢于"大赌"但也不一定"大赢"，但华为却有"大赢"的趋势，这取决于华为自 1990 年以来的大规模研发带来的技术资源积累和充分的战略准备。

　　华为是中国企业中技术资源积累最大、技术研发能力最强的企业。到 2006 年底，华为 44000 名员工中，有接近一半的人参与研发活动。华为在全球已经建立了 11 处研发中心（中国 6 处、美国 2 处、印度、瑞典和俄罗斯各 1 处），每年把销售收入的 10% 投入研发。截至 2006 年 9 月 30 日，华为在中国的专利数达到 14252 项，PCT 国际专利和国外专利数目达到 2635 项。在通信行业非常重要的 3GPP 基础专利中，华为占 5%，居全球第五。

　　在 3G 研发上，华为近十年来投入已超过 50 亿元。在 WCDMA 系统上，华为拥有 30 多项核心专利，再通过交叉授权掌握着全部核心技术。3G 芯片也是华为自主研发的，华为在全球率先开发 R4 软交换技术。

　　这就是华为后来者居上的"支点"。利用这个"支点"，华为开始抢先占领市场，全球第一个把 R4 技术项目商用。据 In-Stat 咨询公司近期研究报告显示，华为已拥有 31.2% 的全球移动软交换市场份额，位居世界第一。华为的抢先战略取得成功！

第四章 互联网条件下的
跨国公司组织结构

　　企业的成功取决于战略与能力的匹配。从第二章的企业战略新目标，第三章的企业战略方向选择，我们一直在关注企业的战略问题。在本章中，我们专门探讨组织结构，这是企业能力的重要内容。

　　钱德勒有一句名言，"结构跟随战略"，强调当战略形成之后，组织结构将要适应战略而变化。当然，既定的组织结构也会影响企业的战略选择。

　　同时，互联网/物联网技术的发展对企业组织结构产生了较大的影响，基于互联网/物联网技术的企业（无论是新生型还是改造型）在组织结构方面发生了巨大的变化。这是中国企业跨国经营能力提升的潜力所在！

第一节　企业国际化阶段与组织变化

　　企业走出去，在其国际化成长的各个阶段，会形成与之相适应的组织结构。

　　美国学者斯托普福德和威尔斯，曾经对 187 家美国的跨国公司进行了研究，得出一个国际化成长各阶段的"阶段模型"（见图 4-1）。

　　这个模型用两个指标来描述企业国际化各阶段的战略与组织结构：（1）海外销售的产品种类（纵坐标表示产品多样化）；（2）海外销售额的比重（横坐标表示总销售额中的海外比重）。图中用两条虚线区隔出企业跨国化发展的三个阶段（从下至上）：

　　第一阶段，企业刚跨出国门，只有单一的产品、比较低的海外销售额和单一的目标国市场。这个阶段企业的组织变化就是设立一个国际部，负责进行海外业务运作。

　　第二阶段会出现两个分叉，一个是随着海外销售额的迅速增加，扩大为多个国家市场，这类企业一般会采用地区结构（如欧洲地区、北美地区）的组织形式。另一个

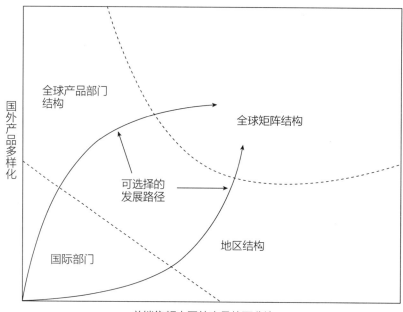

图 4-1 企业国际化成长模型

资料来源：John S. Stopford and Louis T. Wells, Strategy and Structure of the Multinational Enterprise. New York：Basic Books，1972.

是海外销售产品的多样化迅速增加（国家市场并没有增加），这类企业一般会采用产品部门结构（如服装部门、皮鞋部门）的组织形式。

第三阶段，当海外销售额和产品多样化程度都很高时，企业一般采用全球矩阵结构进行运作。

以上是美国跨国公司在 20 世纪后半叶，大多数情况下的"标准"战略与组织结构。它主要强调的是，企业走出去的规模和深度逐渐加大，在不同的阶段组织结构都需要有相适应的变化。

当企业跨国程度比较高时，美欧文化的传统思路提供的现成答案就是矩阵结构。但是在 20 世纪 90 年代经济全球化浪潮中，美欧跨国公司开始变革。ABB 公司是 90 年代的教科书中矩阵结构的模范，但它从 2002 年起放弃了这种双重汇报模式。

进入 21 世纪，在传统的产品线和地区线两个组织维度之外，人们开始关注消费者维度。尤其在移动互联网培育的新生代消费者逐渐登上历史舞台，体验经济大行其道之时，这一新维度的重要性将日益上升。

表 4-1 是从更多的方面来观察企业国际化各个阶段的演变。

表 4-1　企业国际化的演变

特征/行为	阶段Ⅰ（国内公司）	阶段Ⅱ（国内公司）	阶段Ⅲ（国内公司）	阶段Ⅳ（国内公司）
基本导向	产品/服务	市场	价格	战略
竞争策略	国内	跨国内	多国	全球
世界业务的重要性	次要	重要	非常重要	占主导性
产品/服务	新且独特：强调产品设计	更加标准化：强调过设计	完全标准化：不强调设计	大批量定制：产品和过程设计
技术	专有	共享	广泛共享	即刻和广泛的共享
研发/销售	高	减少	非常低	非常高
边际利润	高	减少	非常低	高，但随即不断减少
竞争者	没有	很少	很多	重要（多或少）
市场	小，国内的	大，跨地区的	更大，多国的	最大，全球的
生产场所	国内	国内及主要的市场	跨国，成本最低的	进出口
出口	没有	增长的/高潜力的	巨大且饱和的	进口和出口
结构	职能部门 集权的	职能部门和国际部门 分权的	跨国领域的业务 集权的	全球联盟、层级制 协调分权的
主要方向	产品/服务	市场	价格	战略
战略	国内	跨国	多国	全球
视角	民族中心主义	多中心的，以地区为中心	跨国	全球/多中心
文化敏感性	次重要	很重要	有点重要	至关重要
和谁一道	没有人	顾客	员工	顾客和员工
层次	没有人	工人和顾客	管理者	执行者
战略假设	一种方式/一种最好的方式	许多好的方式：同等结果的	一种成本最低的方式	同时有许多好的方式

资料来源：From International Dimensions of Organizational Behavior, 2nd Edition by Nancy J. Adler, 1991, pp. 7-8. Reprinted with permission of South-Western, a division of Thomson Learming: www.thornsonrights. com.

第二节　战略模式与组织变化

跨国公司采用的战略模式不同，也需要与其相适应的组织结构。美国学者彭维刚总结了四种战略与相应的组织结构（见图 4-2 和表 4-2）。

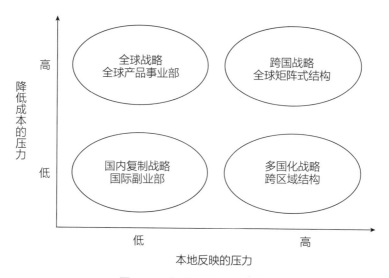

图 4-2　跨国战略与组织结构

资料来源：彭维刚著，孙卫等译. 全球企业战略. 北京：人民邮电出版社，2007.

这种理论认为，跨国公司主要面临两个方面的压力：降低成本和当地化。降低成本压力存在于所有国内外市场竞争中。当地化的压力只存在于国际竞争中，体现在：（1）消费者偏好。（2）分销渠道差异。（3）东道国市场特点。由于降低成本压力和当地化压力两个维度，可以把跨国公司采用的战略划分为四种：

国内复制战略，主要是把国内能力，如生产制造、分销模式以及品牌影响等复制到外国市场，其对应的组织结构是国际事业部。

多国化战略（multidomestic strategy），可以看做是国内复制战略的倍增，即同时在多个国家投资经营，把每个国家市场都作为一个独立的"国内"市场经营，根据每个市场的不同而区别经营，其对应的组织结构是跨区域结构。

全球战略（global strategy），与多国化战略相同的是同时在多个国家投资经营，不同的是向全球所有的市场推销标准化的产品和服务，实现低成本优势最大化，其对应的组织结构是全球产品事业部。

跨国战略（transnational strategy），在多国投资的基础上追求"鱼和熊掌兼得"，既要低成本又要兼顾当地化，其对应的组织结构是全球矩阵结构。

这四种战略的优点和缺点汇总在表4-2中。

表4-2　跨国公司的四种战略

	优　点	缺　点
国内复制战略	• 便于发挥国内优势 • 相对容易实施	• 对本地反应迟钝 • 可能会受到国外客户冷落
多国化战略	• 最大化本地反应	• 付出的努力加倍，高成本 • 子公司的自主权过大
全球战略	• 发挥低成本优势	• 对本地反应迟钝 • 集权过重
跨国战略	• 对本地反应敏捷并兼顾成本 • 能进行全球学习和创新扩散	• 增加组织复杂性 • 难以实施

资料来源：彭维刚著，孙卫等译. 全球企业战略. 北京：人民邮电出版社，2007.

另外，民族文化也会影响跨国公司的组织结构，例如，日本由于民族文化特点，其跨国公司非常偏爱母国中心模式——中央集权、大量委派母国人士担任各国机构关键职位、制造业务在母国的比重高于海外。

行业特点也会影响跨国公司的组织结构，大型电信设备作为一种产品，并不是拿来就能用的，运输到目的国之后需要大量的安装和调试工作，而且需要的都是工程师和高级技工进行调试。正是这一行业特点导致华为公司采用的也是母国中心模式。互联网化的跨国公司偏爱的是一种轻资产的发展模式，下一节将仔细阐述。

第三节　互联网与组织结构的新变化

互联网对跨国公司的成长和生存已经产生了非常大的影响，美国学者伊普（S. Yip）在21世纪初就进行了许多探讨（见表4-3）。

表 4-3　互联网对跨国公司发展的影响

市场全球化驱动因素

互联网
- ●提高了客户需求和偏好的全球一致性。
- ●成就了全球性客户。
- ●推进了全球性渠道。
- ●支持了全球营销。
- ●突出了领先国家。

成本全球化驱动因素

互联网
- ●降低了全球规模经济和范围经济。
- ●提高了全球资源效率。
- ●加快了全球性物流。
- ●增进了国家成本差别的利用。
- ●减少了产品开发成本。

政府全球化驱动因素

互联网
- ●避开了贸易壁垒。
- ●促进了全球性技术标准。
- ●面对形形色色的营销规则。
- ●依靠法律体系。

竞争全球化驱动因素

互联网
- ●加快了行动的速度。
- ●创建了发送信号的公共平台。
- ●使对竞争者的比较更为容易。
- ●有助于竞争优势的全球转移。
- ●造就了"天生全球性的"竞争者。

资料来源：S. Yip. Total Global Strategy Ⅱ. Pearson Education, Inc. 2003.

总结伊普等学者的研究，[①] 主要结论有：

1. 降低了跨国交易成本，使小企业跨国发展更容易。促进天生跨国企业的产生。

2. 改变了新产品推广的方式，可以用很低的成本同时在多个国家市场推出新产

---

① 伊普. 全球战略（第二版），S. Yip. Total Global Strategy Ⅱ. Pearson Education, Inc. 2003.

海伦·德雷斯凯. 国际管理（第 8 版）. 北京：中国人民大学出版社，2015.

品，降低新品牌生成的费用。

3. 改变研发的组织结构，形成：实体（本地人）+虚拟（外地人）的新组织形式，进而降低研发成本。

4. 改变跨国公司组织的地区结构模式，促进全球网络模式的形成和发展。

5. 产生新的组织维度——消费者导向。

由此可见，互联网对跨国公司组织结构的影响是很大的。

一、联合国贸发会的专门研究

联合国贸发会（UNCTAD）近年来针对互联网对跨国公司和国际生产的影响，组织了专门的研究，在《世界投资报告 2017 年》第 4 章"数字经济与直接投资"中，发表了系统的研究成果。该报告定义"数字经济"为："以互联网为基础的数字技术在商品和服务的生产与贸易中的运用。"（The digital economy—the application of internet-based digital technologies to the production and trade of goods and services）在本书中，"以互联网为基础的数字技术"，我们就简称为 IT 技术。

联合国贸发会在它已经建立的全球 100 强跨国公司数据库基础上，又建立了全球 100 强 IT 技术跨国公司数据库和全球 100 强电信跨国公司数据库。在这些数据库的支持下，对最大的 IT 技术跨国公司、电信跨国公司、和传统跨国公司进行了大量的比较分析。主要的观点如下。

（一）IT 技术跨国公司的轻资产国际化路径

IT 技术跨国公司包括互联网平台、电子商务、数字解决方案和数字内容的提供商，还有苹果公司这类高度互联网化的消费品提供商。依赖于信息通信技术公司提供的基础设施，IT 技术跨国公司的业务得以建立在互联网上，或者与互联网有紧密的联系。

传统的跨国企业通过进行市场开拓型的外国直接投资（如零售分销链或销售及市场运作），或者通过建立由当地分销商销售的海外生产业务，在价值链下游吸引外国消费者。IT 技术跨国企业可以省去很多这样的环节和麻烦。他们在网上接触消费者，并且经常通过第三方渠道进行分销。在较小的市场中，他们通常只保留当地的公司办事处，以最精简的方式出现在大众视野中。它们在国际化的足迹与传统跨国公司明显不同：它们用比较少的资产和比较少的海外雇员进入海外市场。

像微软、SAP 之类的软件公司的国际化就不用细说了；像亚马逊、阿里巴巴这类互联网商务平台，它们的营销和商业活动都在网上，只是其海外配送活动需要物流资产和运营。像苹果、小米这类互联网化的消费品提供商，它们的海外营销和商业活动大部分都在网上，海外资产只需要展示、售后服务、当地网站机构之类。

互联网平台企业的海外资产份额相对于海外销售来说较低。没有一家 IT 技术跨国公司的海外资产占总资产的比例高于 40%，而且多数都不超过 20%；平均而言，它们在海外市场的销售份额是海外资产的 2.5 倍以上。高度数字化的跨国公司不仅倾向于用更少的海外资产来实现更多的海外销售，而且两者之间几乎没有关联。

这种轻资产国际化模式目前还只限于 IT 技术跨国公司，但是随着互联网对各个行业渗透的深入，可能使越来越多的跨国公司走上轻资产海外运作的道路，最终将导致全球对外直接投资的减少。

（二）IT 技术跨国公司是最具活力者

在最近的 5 年里，全球 100 强跨国公司中的 IT 技术跨国公司，在总资产、营业额和员工的增长率上超过了传统跨国公司和电信跨国公司（见图 4-3），成为全球 100 强跨国公司中最具活力者。

可以看出，最近的 5 年里，IT 技术跨国公司总资产的年复合增长率为 11%，远远高于传统跨国公司的 0%；在营业额和员工的年复合增长率上，IT 技术跨国公司也是明显高于传统跨国公司。

另外，IT 技术跨国公司的平均市值几乎是其他跨国公司的 3 倍。在 2015 年底，10 家 IT 技术跨国公司在全球 100 强跨国公司榜单中占据了总市值的 26%，比它们在公司数量、资产和营业收入方面的份额高出两倍。如此庞大的市值很大程度上得益于大量未记录在表内的无形资产，如品牌、专有技术和知识产权。在 IT 技术跨国公司的资产构成中，第二个显著特征是现金和现金等价物占据了很大的份额，是总资产账面价值的 28%，比其他跨国企业的现金份额高出 3 倍以上。

（三）地域将更加集中

大多数 IT 技术跨国公司来自发达国家，尤其是美国。美国 IT 技术跨国公司的份额很高，几乎是所有 IT 技术跨国公司的 2/3。它们的优势，再加上它们在国内保留大部分有形资产的倾向，导致了其子公司的地理分布，高度偏向于美国本土。在 IT 技

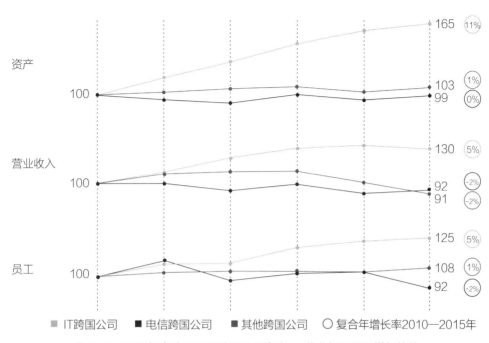

图 4-3　2015 年全球 100 强跨国公司资产、营业额和员工增长趋势

（指数制，2010＝100）

资料来源：联合国贸发会外国直接投资/跨国企业数据库，公司报表和由 Orbis Bureau van Dyk（BvD）和 homson ONE 提供的数据。

注：该分析包括了 2015 年百强企业的分支机构，这些分支机构在相关年份中领有持续披露（在资产和营业收入中有 97 家跨国企业，其中 9 家技术跨国企业，8 家电信跨国企业，80 家其他跨国企业，在员工中有 81 家跨国企业，其中 6 家技术跨国企业，8 家电信跨国企业和 67 家其他跨国企业）

术跨国公司的子公司中，只有大约 50% 的子公司是海外子公司，而传统跨国公司的海外子公司占比则是近 80%。此外，IT 技术跨国公司的子公司约有 40% 位于美国，几乎是传统跨国公司的两倍。因此，IT 技术跨国公司的增长可能会逆转过去十年中观察到的对外直接投资"民主化"（发展中经济体日益成为重要的外国投资地）的发展趋势，而集中到少数几个数字技术大国中。

（四）对全球供应链的影响

互联网对全球供应链的影响见表 4-4、表 4-5。

表 4-4 数字技术对全球供应链的影响和改造

	数字化转变	高数字化行业	国际生产的影响
上游/ 供应商	开放或封闭系统内的电子竞拍。 供应商或卖主管理的库存。 协同产品或生产过程设计	独立部件的装配工业（如汽车、飞机）。 消费类电子产品，其组件复杂性要求自动化采购	对供应商的民主化或排他性的影响。 与（B2B）客户的紧密联系，供应商在国外跟踪客户。 进入全球价值链和国际生产网络的新模式
内部生产过程	工厂操作因数字化实现自动化。 数字双胞胎支持复制，且使得生产更接近消费点。 因数字化实现的先进的制造技术（如 3D 打印）	生产资本密集型的行业从自动化中获益，以支持产量和种类的灵活性。 对于 3D 印刷产品：依赖于小型产品和备件的库存密集型行业 对于连续流动：寻求产量灵活性的批量流程行业	高价值的工作，净就业减少，生产力—资本密集度提高。 新形式的受控离岸和外包服务；非股权合作伙伴。 对跨国公司，合作伙伴和供应商的技术要求的提高
下游/ 客户关系	产品交付和分销中的非中介化。终端用户对产品使用的监控。 使用数字化的产品定制。 客户和供应商之间的大量联系。	媒体，金融服务（如，保险）共享经济（如 Airbnb, Uber）。 电子商务 B2C 公司，零售商，使用最后一英里配送的快速消费品，医疗保健解决方案	非中介模式重新分配东道国本地合作伙伴所产生的增值。 服务化和结果导向的合作，为价值捕获创建的"内部互联网"组件模型。 增加的竞争——新进入者挑战现有的参与者
端到端过程和管理	具有数字质量和合规体系的商品来源。 通过大数据预测供应链。 新的数据管理提供者和系统集成商的使用	需要一致性的受监管行业（如药品、食品）。 全生命周期产品服务（如飞机），智能白色商品（如"智能"冰箱） 企业数据系统提供者（如"观察塔"）	频繁的重新配置生产地点，推动了跨国企业的自由行为。 供应商和用户遵从性需求的增强。 数据流和所有权的开放成为投资决定因素

资料来源：UNCTAD；see also box Ⅳ.3 on the adoption of digital technologies in global supply chains.

表 4-5　互联网对国际生产的影响

场景	说明性因素	可能的国际生产影响
分散式生产	·本地化生产更靠近消费点 ·集中控制下的工厂复制（数字双生）	投资模式和治理模式 ·更多更小的生产点，取代更少更大的生产点 ·精确的集中协调和质量控制
加速的服务化	·产品服务化（按时计费模型） ·在更多的行业中，合同制造和外包铺助操作的应用的增加	投资类型 ·更多在服务领域的投资 ·更多非股权的生产方式
拓展的非中介化	·直接面向终端用户交付产品和服务 ·直接面向终端用户的品牌制造商："内部互联网"模型	投资影响 ·跨国企业价值捕捉的增加 ·更少的地方分销伙伴关系，新的服务合作机会
灵活的生产	·自动化支持 ·个性定制（产品多样性的增加）生产预定（产量灵活性）	投资者行为 ·产出和劳动力使用的波动性更大 ·更多的自由生产

资料来源：UNCTAD，World Investment Report 2017. p181.

二、互联网引发的组织结构新变化

互联网对跨国公司的影响主要体现在组织结构的变化中，新的组织结构的形成将提升跨国公司的总体能力，进而实现新的战略目标。

（一）消费者维度的组织变革

把消费者作为组织维度的变革，在 20 世纪 90 年代就开始了，那时还是 PC 互联网时代，始作俑者是美国戴尔电脑公司。

戴尔公司创建了通过直销与顾客建立直接联系，根据顾客通过电话或网站下的订单来组装产品的模式。戴尔先在 20 世纪 80 年代末建立了电话中心服务系统，这个电话中心可以实现咨询、销售、投诉、售后技术支持、查询等多种功能。帮助戴尔公司实现无库存生产、按定单设计、宽口径的直销渠道、快速反应的售后服务体系、高效合理的管理和激励体制等。

在上述模式的基础上，1994 年戴尔推出了自己的网站 www. dell. com，并于 1996 年加入了电子商务的功能，专为顾客设计了一个"顶级网页"，消费者可以随时对戴尔公司的全系列产品进行评比、配置、并获知相应的报价，可以在线订购，并且随时监测产品制造及送货过程。

而后，戴尔进一步把互联网应用于供应链改造，消费者变成了供应链的核心，其需求通过专门网络直接传达到戴尔零部件供应商那里，使得戴尔能做到 4 天的库存周期，而竞争对手则徘徊在 30~40 天。

我们对移动互联网时代的制造业互联网化转型的案例研究发现，后来者们很多都是走的"戴尔道路"，无论美国的苹果公司，还是中国的小米公司、韩都衣舍。

消费者维度的组织变革，在韩都衣舍公司的组织构架中表现得非常明显（图4-4）。

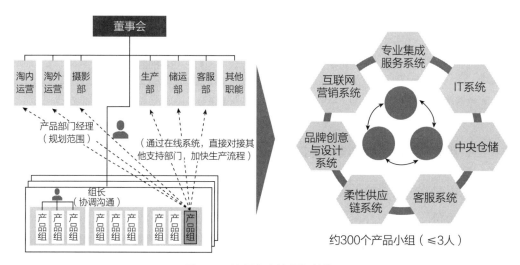

图4-4　韩都衣舍的组织结构

资料来源：BCG，阿里研究院. 平台化组织：组织变革前沿的"前言"，2016（9）.

韩都衣舍初步建立起 7 个服务平台，支撑约 300 个前端小组运行，低成本快速试错的组织结构。韩都衣舍在前端有 300 个左右的产品小组（每组 3 人），而在中后台则建立起 7 个支撑体系。在日常的运作中，产品小组将得到来自 7 个支撑体系的赋能。韩都衣舍一方面保持前端团队规模的小型化和灵活性，更好地匹配市场需求并进行创新；另一方面，也通过后台赋能平台去有效地保证每条业务线的高效运转，为试错和规模化提供可能性（见图 4-5）。通过这样的组织结构，韩都衣舍能以较低成本实现快速试错，实现了年上新品超过 30000 款，最大程度满足用户对服装的快速多变的需求。此前，业界领先公司年上新品的最高纪录是 22000 款。

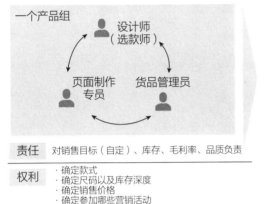

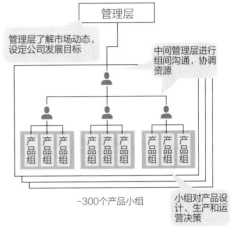

图4-5　韩都衣舍的组织与运营

资料来源：BCG，阿里研究院. 平台化组织：组织变革前沿的"前言"，2016（9）.

（二）互联网平台组织的出现

美国波士顿咨询公司（BCG）联合中国阿里研究院，2016年10月17日发布了首份关于平台化组织的研究报告：《平台化组织：组织变革前沿的"前言"》①，报告指出，全球市值最大的15家互联网公司市值总和，1995年12月尚不足170亿美元，2016年6月则高达2.7万亿美元。显然，互联网产业自身已经成为一种显著的经济现象。同时，它也正在带来一种全新的组织现象：平台模式的崛起。无一例外，最大15家互联网公司都是平台模式。平台模式由来已久，但互联网时代之前的平台，无论在规模还是在范围上，都无法与今天的互联网平台相比（见表4-6）。

表4-6　全球最大互联网公司（2015年）

排位	公司名称	国别	市值，亿美元
1	苹果	美国	7635
2	谷歌	美国	3734
3	阿里巴巴	中国	2327
4	脸书	美国	2260

① http://i.aliresearch.com/file/20161017/20161017154133.pdf.

续 表

排位	公司名称	国别	市值, 亿美元
5	亚马逊	美国	1991
6	腾讯	中国	1901
7	eBay	美国	725
8	百度	中国	715
9	Priceline	美国	626
10	Salesforce	美国	491
11	京东	中国	477
12	雅虎	美国	409
13	Netflix	美国	377
14	LinkedIn	美国	247
15	Twitter	美国	239

资料来源：KPCB，2015 全球互联网趋势报告.

这 15 家互联网公司现在几乎都是跨国公司，苹果、谷歌、亚马逊三家公司已经登上全球 100 强跨国公司榜。所以，谈论互联网对跨国公司组织结构的影响，已经必须正视平台组织了。

这种互联网平台组织的发展，有两种类型：一种是随着互联网企业或者互联网业务的诞生和成长而形成的平台组织，像谷歌、苹果、亚马逊、阿里巴巴、韩都衣舍是典型；另一种是传统金字塔组织企业变革改造为平台组织，海尔集团是典型。可以称之为新生型和改造型。

先谈谈新生型，上文已经介绍了韩都衣舍。苹果公司在推出智能手机 iPhone 后形成了 APP Store 平台（见图 4-6），一边连接上百万的全球各地软件开发者，另一边连接几亿全球消费者，是第一个非常成功的互联网平台。苹果公司的大平台生态圈见图 4-7。

再来谈谈改造型平台，就是把传统金字塔组织企业变革改造为平台组织，显然种类型的难度要远远高于新生型。这方面的典型代表就是海尔集团。

海尔在互联网时代创造了一种新的管理模式——"人单合一"。"人"就是员工，"单"是用户需求，把员工和用户需求联系在一起。从 2005 年 9 月提出到现在，海尔

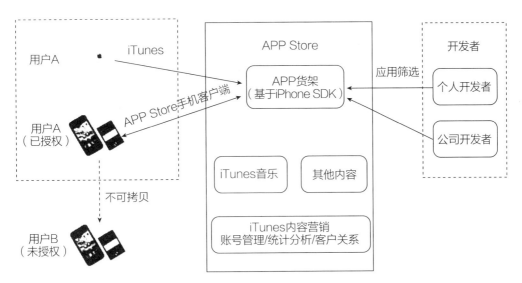

图 4-6　苹果公司 APP Store 平台

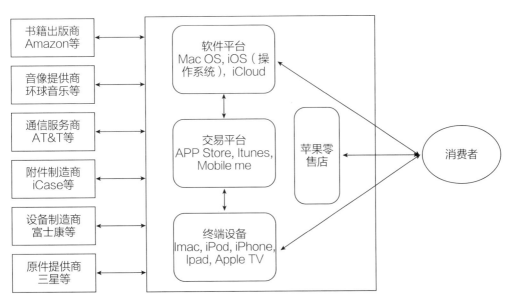

图 4-7　苹果公司大平台生态圈

探索了 13 年。在变革的高潮，去掉了一万多名的中层管理者，企业不再是金字塔科层制，只是一个创业的平台，从一个企业变成两千多个小微的生态圈（见图 4-8、图 4-9）。海尔首席执行官张瑞敏认为："真正的互联网企业采用一种完全不同于金字塔组织的组织结构和业务流程，是一种平台之上的网络，是能够'自创业、自组织、自驱动'的。在这种企业里，每个人都听用户的，而不是听领导的。"①

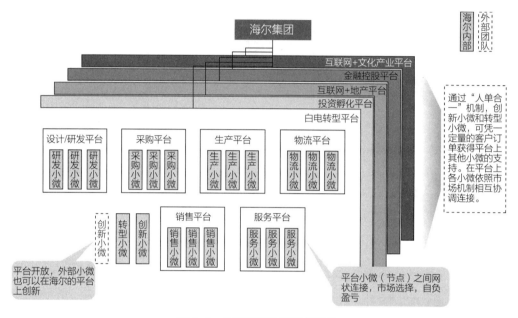

图 4-8　海尔集团的新组织结构

资料来源：BCG，阿里研究院. 平台化组织：组织变革前沿的"前言"，2016（9）.

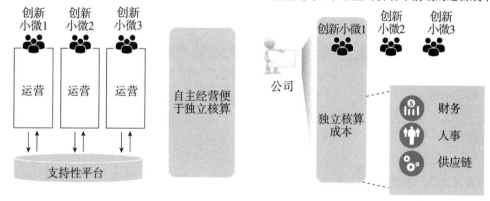

图 4-9　海尔集团新的运营与核算结构

资料来源：BCG，阿里研究院. 平台化组织：组织变革前沿的"前言"，2016（9）.

---

① 穆胜. 释放潜能. 北京：人民邮电出版社，2018.

海尔已经在国外尝试复制这个新的模式。2016年6月海尔兼并美国通用电气家电部门（GEA），后者有120多年历史。在海尔兼并之前的10年，它的销售收入是下降的，而且下降幅度比较大，利润也基本没有大的增长。2017年，海尔在GEA复制"人单合一"模式，采用"竞单上岗"的方式竞选出三位高层组成管理委员会，延续百年的金字塔科层组织拆分成7个"小微"。仅仅一年的时间，GEA达到过去10年最好的业绩，收入增幅远超行业平均数，利润实现两位数增长。另外，海尔集团在下属的日本三洋、新西兰斐雪派克公司和印度家电工厂试行"人单合一"，都取得显著成效。

支持并实现"人单合一"模式的核心是海尔拥有自主知识产权的工业互联网平台COSMOPlat。目前，全球工业互联网平台主要有三个，美国通用公司的Predix、德国西门子公司的MindSphere和海尔的COSMOPlat。COSMOPlat与其他两个平台最大的不同在于，它不是简单的机器换人、设备连接、交易撮合，而是以用户体验为中心，创造用户终身价值，实现企业、用户、资源的共创、共赢、共享。

对于COSMOPlat的竞争力，海尔全球供应链技术经理牟堂峰说，海尔已在自己全球9个互联工厂使用COSMOPlat平台，并借此使这些工厂的产品研发周期平均缩短50%，生产效率平均提高60%，产品不入库率达到69%，资金周转天数为负10天（行业平均时间为30到40天）。2017年，该平台成交额实现3133亿元，定制订单量达到4116万台，为3.5万家企业和3.2亿用户提供增值服务。

尤其值得关注的是，2017年底，国际四大标准组织之一、总部位于纽约的电气与电子工程师学会（IEEE）对来自中国、德国、美国、日本等多国企业解决方案进行了竞争性测评，并通过一项建议书，决定由海尔COSMOPlat牵头制订大规模定制工业模式的国际标准。这将是中国企业主导国际标准制订、参与全球经济治理的重要案例。

这说明"人单合一"模式不仅适用于世界上其他的很多国家，而且将成为国际标准（参见：阅读资料4.1物联网时代的海尔商业模式）。

关于上述的各种互联网平台组织，美国波士顿咨询公司提炼出了四大重要特征：大量自主小前端、大规模支撑平台、多元的生态体系，以及自下而上的创业精神。阿里研究院近年来提出了"大平台+小前端+富生态+共治理"的分析框架（见图4-10）。

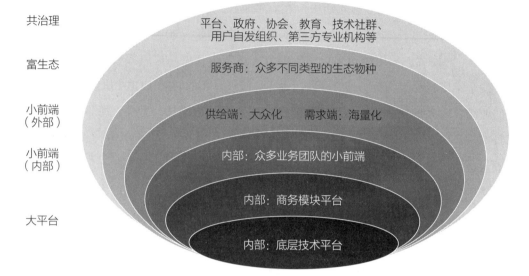

大平台+小前端+富生态+共治理

共治理　　平台、政府、协会、教育、技术社群、用户自发组织、第三方专业机构等

富生态　　服务商：众多不同类型的生态物种

小前端
（外部）　供给端：大众化　需求端：海量化

小前端
（内部）　内部：众多业务团队的小前端

　　　　　内部：商务模块平台

大平台　　内部：底层技术平台

图 4-10　平台组织运行的内外结构

资料来源：BCG，阿里研究院. 平台化组织：组织变革前沿的"前言"，2016（9）.

· 案例 4.1 ·

物联网时代的海尔商业模式

导读：美国波士顿当地时间 2018 年 3 月 7 日，张瑞敏在哈佛大学就"物联网时代的商业模式"做了主题报告。本案例题目由本书作者所加。

一、开场白

哈佛大学是全世界最顶级的大学，所以在这儿演讲感到非常荣幸，而且我和哈佛大学非常有缘。20 年前，也就是 1998 年，我们当时的案例被哈佛商学院选中，我受邀来哈佛参与了我们的案例授课。

20 年后的今天，我们又有新的案例进入哈佛商学院。和 20 年前不同，这次的案例研究的是物联网时代的商业模式。移动互联网下一个最重大的经济活动就是物联网，并且物联网经济的规模比移动互联网大得多。

但是，物联网时代的商业模式到底是什么？现在还没有定论，但是你肯定要去探索。我们有一句话，"没有成功的企业，只有时代的企业。"所有的企业，都不要说自己成功。我认为永远没有成功这个词，因为所谓的成功只不过是踏准了时代的节拍。

但时代在不断变化，任何企业和个人都不可能永远踏准时代节拍，因为我们都是人不是神。一旦踏不准节拍就会万劫不复。柯达就是一个很典型的例子，摩托罗拉也是，这样的案例还有很多，包括很多曾经达到世界顶级地位的企业。

中国企业过去没有自己的商业模式，只能是学国外的，比如学日本的、学美国的。但在物联网时代，大家站在了同一条起跑线上，谁也不知道物联网前方的商业模式是什么。因此，如果我们率先探索成功，就会走在世界企业的前面。

哈佛商学院这一次引入海尔新案例的课程叫"管理与变革"，海尔案例属于"全面转型：行业动荡和商业模式变革"教学模块。我在这个课堂上专门讲了海尔在物联网时代的商业模式探索。

关于海尔的物联网转型，哈佛商学院在 2015 年就到海尔去调研制作了一个案例，今年为什么又继续这个案例研究呢？因为所有学员都认为物联网是个方向，但到底怎么做？还是很难找到办法。

我今天的分享也不是唯一的结论，只是我们的探索。我要跟大家分享的就是海尔探索新模式的整个历程。

二、海尔概况

这张图上有三条横线，代表了三个不同的维度。从下往上，依次是发展历程、人单合一模式和哈佛案例。

1. 第一条线是发展历程

海尔的创业是从 1984 年开始的。1984 年它还是一个资不抵债、濒临倒闭的集体所有制的小厂，员工只有几百人。全年的收入折合美元只有 53 万美元，亏空就达到 22 万美元，也就是说，这个厂就要垮掉了。

一年中换了三个厂长，谁都不愿去了。我当时是这个厂的上级领导，没有人愿去就把我派过去了。其实我也不愿意去。当时工厂里面的情况是什么样子呢？我去的时候是 12 月份，天非常冷，比现在的波士顿要冷得多。车间里所有的窗户都没有了，四面漏风。一问才知道，因为没有钱买取暖的煤，工人就把木制的窗户拆下来当柴烧了，工厂里基本上见不到工人。我去

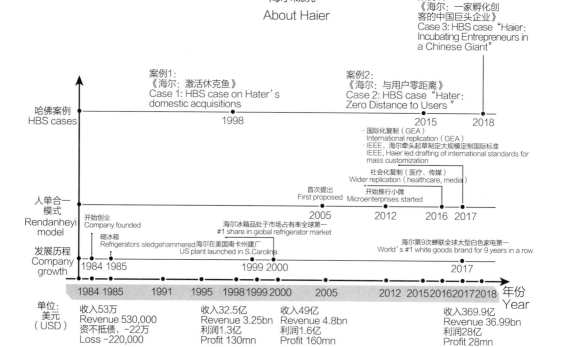

海尔概况
About Haier

案例3:
《海尔:一家孵化创客的中国巨头企业》
Case 3: HBS case "Haier: Incubating Entrepreneurs in a Chinese Giant"

案例1:
《海尔:激活休克鱼》
Case 1: HBS case on Hater's domestic acquisitions

案例2:
《海尔:与用户零距离》
Case 2: HBS case "Hater: Zero Distance to Users"

哈佛案例
HBS cases

1998   2015   2018

·国际化复制(GEA)
International replication(GEA)
·IEEE,海尔牵头起草制定大规模定制国际标准
IEEE, Haier led drafting of international standards for mass customization

社会化复制(医疗、传媒)
Wider replication(healthcare, media)

人单合一模式
Rendanheyi model

首次提出
First proposed

开始推行小微
Microenterprises started

开始创业
Company founded

2005   2012   2016   2017

海尔冰箱品处于市场占有率全球第一
#1 share in global refrigerator market

发展历程
Company growth

砸冰箱
Refrigerators sledgehammered 海尔在美国南卡州建厂
US plant launched in S.Carolina

海尔第9次蝉联全球大型白色家电第一
World's #1 white goods brand for 9 years in a row

1984 1985   1999 2000   2017

单位:美元(USD)	1984 1985	1991	1995	1998 1999 2000	2005	2012	2015 2016 2017 2018
	收入53万 Revenue 530,000 资不抵债,-22万 Loss -220,000			收入32.5亿 Revenue 3.25bn 利润1.3亿 Profit 130mn	收入49亿 Revenue 4.8bn 利润1.6亿 Profit 160mn		收入369.9亿 Revenue 36.99bn 利润28亿 Profit 28mn

年份
Year

了以后第一件事是先整顿劳动纪律。

先制定了13条管理规定,其中很重要的一条是任何人不准在车间里面大小便。到了这个份上,工厂的管理水平就可想而知了。我们就是从这种状态起步的。

1985年,发生了一件很重要的大事就是砸冰箱。当时我们正在洽谈引进西德的生产设备。大多数员工都认为,只要进口设备和技术引进来了,生产肯定就会好的。但我认为,如果员工质量意识和素质非常差,即使引进先进的设备和技术也生产不出一流的产品。

当时,我收到一封投诉信,投诉冰箱的质量有缺陷,我借此机会把仓库里的四百多台冰箱全部开箱检查一遍,结果发现有76台冰箱有划痕等质量问题。我坚持把这76台有问题的冰箱当众中砸毁,而且是谁干的谁来砸。砸了冰箱不代表质量就好了,目的是提高大家的质量意识,树立有缺陷的产品就不能出厂的观念。

20年前,在哈佛的课堂上还有学生提问,认为这个做法非常激进,会不会引起矛盾?

我当时采取一个做法没有把矛盾激化。我宣布谁造成的质量问题谁亲自砸毁，但这次不扣大家的钱，可是我的当月工资全部扣掉。我当时一个月的工资只有五十多元人民币。所有人都没有话说了，下定决心一定要把质量做起来。

由此，我们树立了一个观念，企业里不管有多么好的资产都不可能增值，唯一可以增值的是人。把人的素质提高了，企业就可以增值。我们坚持这一观念，从原来一个资不抵债的小工厂，发展到现在已经连续九年蝉联了全球白色家电的第一品牌。

2. 第二条线是海尔的人单合一模式

"人单合一"，人就是员工，单就是用户，合一就是把员工的价值和用户的价值合一，这一部分后面再具体讲。简单地说就是企业里没有层级了。海尔目前在全球有 7 万多人，过去最多的时候达到 11 万人。

变革最大的时候我们把一万多名中层管理者去掉，有两条路可以选，要么创业，要么离开。现在的海尔不再是层级结构，而是变成一个创业的平台，有上千个创业公司在平台上运作。组织去掉层级之后，很重要的一步就是薪酬制度也要改变。过去是企业付薪，现在变成用户付薪。

我刚才在哈佛商学院讲这个变革的时候，大家觉得很难理解，但是互联网时代必须这么做，必须把员工和用户连接到一起。我们从 2005 年提出人单合一的概念，一直探索到今天，13 年的时间，虽然经历了很多曲折，但终于开始见效了。

见效的标志从两个方面体现：

一个标志是国际标准的认可，另一个标志是跨文化跨行业的复制。

国际标准的认可：人单合一模式的体系中，有一个很重要的构成就是大规模定制平台。大规模定制是物联网时代的趋势，德国工业 4.0 也在做，我们的 COSMOPlat 平台也在做。

这两个解决方案，加上美国的、日本的解决方案一起拿到 IEEE（电子与电气工程师协会，国际四大标准组织之一），结果我们的模式胜出，被选择主导制定大规模定制的国际标准。

COSMOPlat 和德国工业 4.0 有很大的不同。德国工业 4.0 以智能制造为中心，COSMOPlat 以创造用户为中心。工业 4.0 的全球样板工厂是大众辉腾位于德累斯顿的透明工厂，2016 年已经停产。

海尔 COSMOPlat 的互联工厂并不是不要智能制造，更重要的是服务用户。我跟德国方面交流的时候说，海尔有一个指标是别的企业所没有的，那就是不入库率。产品不进仓库，直达用户家中。这是因为我们在生产的时候就知道用户是谁，而且用户参与到个性化体验的全流程。

有人说，德国制造面临两大威胁，一个是全世界的机器人公司，另一个是海尔的大规模定制模式。

欧洲现在又在工业 4.0 基础上提出工业 5.0，德国企业也把智能制造的目标调整为"智能服务世界"。但他们也承认，海尔实际上已经做到"智能服务世界"了，也就是说他们落在我们后面了。

普适性的认可：人单合一模式在国外的复制，2016 年海尔兼并美国通用电气家电（GEA），它有 120 多年历史。

在我们兼并之前的十年，它的销售收入是下降的，而且下降幅度比较大，利润也基本没有大的增长，但是 GEA 复制"人单合一"模式之后，仅仅一年的时间，GEA 达到过去 10 年最好的业绩，收入增幅远超行业，利润实现两位数增长。这说明"人单合一"模式适用于世界上其他的很多国家。

在国内，我们收购了上海的一个康复护理机构。过去，这个机构和国内其他医疗机构一样深受医患对立之苦，经营难以为继。并购以后，还是那些人，只是把人单合一模式复制过去，从医患矛盾变成"医患合一"。

现在这个机构的口碑大幅提升，在业内成为其他机构学习的标杆。这说明，人单合一模式可以跨行业复制。

3. 最上面这条线是哈佛案例，也就是哈佛商学院收录海尔案例的历程。

从 1998 年以来，海尔共有十几个案例被哈佛商学院采用，最有代表性的是三个。分别是 1998 年的《海尔：激活休克鱼》，2015 年的《海尔：与用户零距离》和 2018 年的《海尔：一家孵化创客的中国巨头企业》。

这三条线之间的逻辑关系是这样的。第一条线说明海尔发展非常快，而且是颠覆性的创新发展；第二条线是对第一条线的支持，没有人单合一模式就不可能实现这么快的发展；第三条线是国际认可的结果。

这个结果说明了一个道理，一个企业最重要的不是规模有多大，而是能不能在不同的时代都踏准时代的节拍。美国经济学家大卫·梯斯在20世纪90年代就提出动态能力的战略理论。动态能力的观点认为，一个企业固然需要核心竞争力，但最重要的不是核心竞争力，而是更新核心竞争力的能力。很多企业有核心竞争力，做成行业老大，但时代变了，却不能动态更新核心能力，那就死定了。

海尔的发展历程就体现了梯斯所说的动态能力，根据时代的变化，持续改变内部的组织结构，跟时代一起变。

三、人单合一模式的六要素

"人单合一"是一个探索性的模式，之所以说探索，是因为人单合一模式的六个要素都和传统企业不同，甚至是颠覆性的。

六要素分别是：企业宗旨、管理模式、组织架构、驱动力、财务体系、物联网。

1. 企业宗旨

企业宗旨，体现为两个理念——企业理念和人员理念。

传统企业的企业理念是长期利润最大化，人员理念是股东第一。我认为应该改过来，企业理念就应该是2500多年前老子在《道德经》中的一句话，"上善若水，水善利万物而不争。"也就是说，企业和社会，和用户的关系，不是去争利，只管自己赚钱和长期利润最大化而不管别人。

企业应该为社会创造更大价值，就像"水善利万物而不争"，滋养万物却从不说是我的功劳。企业也一样，否则只争谁是老大，最后没有社会价值，再大也会死掉。

人员理念应该从"股东第一"变为"员工第一"。股东只能分享利益，从来不能创造价值。员工第一，指员工和用户的价值合一，员工能够创造出用户价值，股东价值也就得以实现了。所以，股东价值只是一个结果，却不能成为宗旨。

员工第一的理念适用于不同的文化。我们并购国外的企业，都没有从总部派管理人员，只是改变他们的理念和文化就实现了扭亏为盈。我们称之为

"沙拉式"文化融合。就像蔬菜沙拉，不同的蔬菜就是它们原来的文化，在沙拉里还保持各自原来的形态，但沙拉酱是统一的，就是"人单合一"。

在日本，我们把日本三洋的"团队第一"转向为"员工第一"。海尔兼并三洋家电的时候，它已经亏损了八年，但是这个亏损找不到任何人的责任。

全世界没有哪个国家能比得了日本的团队精神，大家都是按照上级指令做的，上级一个指令不睡觉也必须干出来，问题是市场在哪里？用户要什么？这个没人去管，所以连续亏损。我们差不多用了接近一年时间，日本员工才慢慢接受"人单合一"。

员工也很高兴，但工会这时候又跳出来说不行，因为不符合日本原来的团队精神，团队创造的价值必须平均分，不能有的多有的少。我们做工会的工作，告诉他其实团队精神没有改变，只是把团队精神的方向从上级变成了用户。

在美国，我们把 GEA 的"股东第一"转向为"员工第一"。去年我在斯坦福大学讲过一个概念，叫硅谷悖论。硅谷的初创企业都很有激情，但一旦到华尔街上市，就变成要为股东负责，慢慢形成大企业病，失去持续创业的活力。

在新西兰，我们把斐雪派克的"技术第一"转向为"员工第一"。斐雪派克是海尔并购的新西兰国宝级品牌，技术很强，可以超越很多国际名牌，可是仍然亏损。为什么？孤芳自赏！它制造的电机可以没有任何震动，但用户不要你的技术，用户要的是好的洗衣体验。

人单合一理念在不同的文化背景下都可以被接受，这是因为全世界不管哪个国家，不管哪个民族，不管哪种文化，有一点完全一样，就是每一个人都希望得到别人的尊重，每一个人都希望把自己的价值发挥出来。

古希腊哲学家亚里士多德有一句名言，他说，人的幸福是可以自由地发挥出自己最大的能力。人单合一就是让每一个人充分发挥自己的能力，实现自己的价值。

2. 管理模式

管理模式从四个角度来说——理论依据、支持平台、价值主张、价值体系。

（1）管理模式之理论依据

两百年来，传统管理的理论依据只有一个，那就是"分工理论"。最早提出来的是亚当·斯密。亚当·斯密的《国富论》出版于 1776，第一章就是论分工。

他举了一个制针的例子。在传统手工作坊里，一个人可能一天也做不出一根别针来，但是如果把制针的过程分成 18 个工序，10 个工人分工来做，每个人每天可以做出 4800 根针来。

在分工理论的基础上，诞生了古典管理理论的三位先驱：泰勒、马克斯·韦伯和亨利·法约尔。

美国人泰勒成为科学管理之父，其贡献是到今天为止还在用的流水线；德国人马克斯·韦伯成为组织理论之父，其贡献是到今天为止还在用的科层制；法国人亨利·法约尔成为现代经营管理之父，其贡献是到今天为止还在用的职能部门。

流水线、科层制、职能管理统治企业长达百年，但今天都要成为过去。

海尔人单合一模式的理论依据主要是互联网和物联网。美国人杰里米·里夫金在《第三次工业革命》一书中的两个观点，一个是制造从大规模制造变成分布式制造，另一个是组织从传统组织变成去中心化、去中介化和分布式的组织。区块链的最大特点就是这样。

2014 年诺贝尔经济学奖获得者、法国经济学家让·梯若尔的研究认为，传统时代是单边市场，互联网、物联网时代应该是双边市场或多边市场，其显著特点是零摩擦进入和换边效应。

牛津大学教授丹娜·佐哈尔到海尔去调研过几次，她提出了量子管理学。如同量子力学颠覆了以牛顿力学为基础的经典物理学，量子管理学也颠覆了传统线性管理模式。

（2）管理模式之价值主张

传统管理模式的价值主张强调工具理性，体现为 X 理论和 Y 理论，X 理论主张人性本恶，Y 理论主张人性本善。分别对应"经济人"假设和"社会人"假设。X 理论和"经济人"假设催生福特模式，Y 理论和"社会人"假设催生丰田模式。

我认为，目前这两种模式都有问题。无论是"经济人"思维下的效率优先，还是"社会人"思维下的精益制造，都局限于管理的主客体对立的工具理性。

海尔人单合一模式的价值主张，强调价值理性为先导，形成目的与手段的统一。所以我们主张人应该成为"自主人"。你能够创造价值就可以实现自己的价值，不能创造价值就没有自己的价值。

互联网定律里有一个梅特卡夫定律，网络价值等于网络节点数的平方。网络上联网用户数越多，网络价值越大。这就解决了马克斯·韦伯在《资本主义与新教伦理》一书中担心的问题，价值理性会沦为工具理性。

我觉得"人单合一"恰恰是把这个矛盾解决了，每一个人都创造用户价值，同时又体现每个人自身的价值，两个价值的合一就把价值理性和工具理性结合起来。本来价值理性是主导，工具理性是手段，现在等于把目的和手段结合起来。

（3）管理模式之支持平台

工业革命以来，世界公认最好的两个模式，一个是福特的流水线模式，一个是丰田的 JIT 产业链模式。福特流水线局限在产品端，丰田的产业链从产品端延伸到上游供应商，但其支持平台仍是串联的单边平台。传统金融业的存贷差模式也是单边平台模式。

海尔人单合一的支持平台是并联的多变平台，比如海尔的大规模定制平台，企业、用户和供应商等利益攸关方并联在同一个平台上，变成一个共创共享的生态系统，这是一个多边平台。

现代政治哲学之父马基雅维利有一句名言，大意是任何一件事情如果不能使参与者都得利都不会成功，即使成功了也不会长久。这就是很多大企业做得很大却轰然倒下的原因，它只想到了自己赚钱，却没让其他参与者得利。

因此，物联网时代，企业一定要变成共创共赢的生态圈。传统时代是名牌的竞争，谁是名牌谁就赢，移动互联网时代是平台的竞争，像电商，谁的平台大谁就赢，但还没有形成生态系统；物联网时代一定是生态系统的竞争，只有利益攸关各方都得利才能持续发展。

在市场营销上，海尔跟传统企业不一样。美国学者提出 O2O 不对，应该是 O+O，即线下店加线上店。我跟他交流的时候说海尔做的是"三店合一"，线下店、线上店再加上微店，变成一个社群生态。

传统的实体店和电商都做不到社群，而物联网经济的特点一定是社群经济和共享经济。社群经济是以社群为中心组成的生态圈，共享经济就是生态圈中的每个人利益最大化。海尔做的物联网金融就是社群经济加共享经济。

（4）管理模式之价值体系

不同的管理模式呈现出不同的价值体系。我认为，任何企业的价值体系不外乎两条，创造价值和传递价值。

传统时代，这两条都没有做好。

比如创造价值。传统企业的方式是大规模制造产品争第一。关起门来制造，也不知道用户在哪里，只能批发给大连锁或其他经销商，常用手段就是降价促销。因为产销分离，产品传至经销商而不是用户，既创造不了价值也传递不了价值。

海尔人单合一模式形成一个创造价值、传递价值协调一致的体系和机制。由于每一个人和用户连在一起，我们把传统的串联流程变成了并联流程，每一个并联节点都为用户创造价值，每个节点在为用户创造价值过程中实现自身的价值。

这个协调一致的体系在机制上取消了全世界大多数企业都在用的 KPI 考核，创新了纵横匹配的两维点阵表。横轴是产品价值，刻度分为高增长、高市场占有率和高盈利。重要的是纵轴，刻度依次是体验迭代的引爆、社群共创共享的生态圈和生态收入。

首先是体验迭代，不是说开发一个产品推向市场就行了，而是持续和用户交互，根据用户体验不断迭代，这个刻度不看你销售多少，而是考核你的迭代次数。过去我们非常羡慕日本的开发，开发出来总是无懈可击。前两年我到硅谷去，他们有一个观点我认为非常对。

如果你开发的产品上市的时候不能够使你感到脸红的话，那说明你的产品推出得太晚了。意思是说没有产品可以无懈可击，关键是根据用户需求的迭代。然后，体验迭代的结果是形成共享的生态社群，进而产生产品之外的生态收入。生态收入这个创新，把传统财务报表改革了。

传统的损益表，收入减成本减费用等于利润。我们创新了一个共赢增值表，不但要有产品收入还要有生态收入，目标是生态收入大于产品收入。美国管理会计协会看了这个表认为非常好，他们现在联合北京大学成立一个小组持续研究推广。

产品收入符合边际效益递减的规律，而生态收入则可以边际效益递增。比如，我们把烤箱变成"烤圈"，产生更多生态收入，而不仅仅是卖出烤箱的产品收入。

3. 组织架构

传统企业的组织架构是执行上级命令的线性组织，就是科层制。海尔人单合一模式的组织架构是创造用户个性化需求的非线性组织。

海尔把传统组织颠覆为创业平台，平台上没有领导，只有三类人，第一类人叫做平台主，平台主的单是看你这个平台产生多少创业团队；第二类人叫做小微主，小微主的单是看你吸引多少创客；第三类人是创客，竞单上岗，按单聚散。

三类人都变成网络的节点，不是扁平化，而是网络化。每一个节点都可以连接网络上所有资源自创业。小微创业遵循资本社会化、人力社会化的原则，只有吸引到外部风投，海尔才跟投，前提是小微合伙人必须跟投。这样就实现了"世界就是我的人力资源部"。

雷神笔记本小微就是海尔员工在海尔创业平台上自创业、自组织、自驱动的典型案例。

我们强调，世界上最大的难题就是最大的课题。雷神小微的三个小伙子就是在网络上发现游戏用户的痛点，然后开放地整合研发、制造、营销资源把游戏笔记本这个市场做起来的。在硬件做到行业第一之后，他们又发现了游戏用户新的痛点，进入到一站式游戏平台的领域。

4. 驱动力

驱动力就是薪酬。我认为所有的企业驱动的动力主要是薪酬。

传统企业的薪酬大体是两种。第一种就是叫做宽带薪酬，根据职位和能力划分。第二种是委托代理激励薪酬。委托人是股东，代理人是职业经理人，也叫金手铐，它最大的问题是只能够激励少部分人。这两种激励机制产生的驱动力都是他驱力。

海尔人单合一模式的薪酬，是用户付薪及创客所有制的自驱力。

以 GEA 为例。海尔兼并 GEA 之后，我们用这个机制，把原来一个很差的产品部门变成一个小微。兼并前，2016 年这个部门亏损 300 万美元。一年后，它盈利了 1248 万美元。驱动这个部门翻天覆地的就是薪酬制度的变革，把每一个人的积极性充分调动起来。

明天我会和诺贝尔经济学奖得主哈特教授讨论这个问题。他在《企业合同与财务结构》中提出不完全契约理论，指出了委托代理激励机制不可能把每个人的激励都——和价值对应起来。

我认为"人单合一"从某种意义上回答了这个难题。虽然每一个小微都面对不确定性，但是它可以自己找到市场，并整合资源去解决这一个不确定性的要素。大公司的所有问题都集中到高层，自上而下决策，只能解决一致性问题，不能解决不确定性问题。"人单合一"可以解决这个问题。

5. 财务体系

传统企业的财务体系以损益表为核心，反映的是产品收入及价值。

海尔人单合一模式的财务体系创新了共赢增值表。共赢增值表的第一项是用户资源，然后才是收入成本，通过生态收入和生态价值，产生边际效益、边际利润。例如海尔"社区洗"小微，过去的收入主要来自卖洗衣机产品。

其实用户要的不是一台洗衣机，要的是一件干净的衣服。"社区洗"小微把洗衣机作为载体，搭建用户社群，吸引利益攸关方都到这个社群平台上来，变成了一个大学生创业平台和大学生生活娱乐平台，一台洗衣机半年带来的生态收入就超过硬件收入。

6. 物联网

传统时代没有物联网，现在进入物联网时代，很多企业做的都是产品传感器，海尔做的则是用户传感器。

移动互联网成就了电商平台，也创造了历史。但移动互联网之后一定会进入物联网时代。电商只是交易平台，物联网要求的不是交易而是交互。也就是说交易平台可以做到海量商品供用户选择，但交互平台不是，用户交互的是体验而不是产品。

比如，海尔的"酒知道"小微，他们把酒柜免费提供给很多酒店，红酒商把酒放进去，用户可以选择自己喜欢的品类。酒柜连上网变成了红酒平台，没有了中间商，解决了原来酒店的红酒很贵还不知道真假的难题。用户、红酒商、酒店都实现了自身利益的最大化，这就是物联网。

四、结束语

人人生而平等，造物者赋予他们若干不可剥夺的权利，其中包括生命权、自由权和追求幸福的权利——《独立宣言》。

美国最引以为傲的《独立宣言》是托马斯·杰斐逊起草的。人人生而平等，但是在很多美国大企业里面根本不存在。CEO就是国王，就是独裁者。你可以自主吗？不可能，只能被动执行。

我觉得从这一个角度来看，美国的大企业必须要改变。美国管理学家研究的结论是官僚制给美国带来的损失巨大，改革虽然很艰难，但从物联网即将到来的角度也必须要变革。

（美国波士顿当地时间2018年3月7日，张瑞敏在哈佛商学院的讲座报告，"物联网时代的商业模式"。）

第五章 战略行动：企业
国际化进入方式

在明确战略目标、选择合适的战略及其途径之后，采取具体的战略行动是企业跨国经营的重要步骤。

为实现进入"全球 100 强跨国公司"这个新目标，已经成为跨国公司的中国企业应广泛采取战略联盟（特别是国际研发战略联盟）作为战略实施的新途径。正在成为或准备成为跨国公司的中国企业在选择合适的国际化战略（嵌入、利基、承接和抢先）之后，应采取合适的战略行动，其中第一步至关重要，就是选择合适的国际化进入方式。

在本章中，第一节，介绍学者们关于企业国际化（或称企业跨国化）进程与阶段的理论研究，为企业成长为跨国公司提供理论指导和分析工具；第二节，介绍两种国际化方式——渐进与跃进，这是国际化进程理论在企业实践中的两种主要表现形式，也是企业成长为跨国公司时所面临的主要决策问题；第三节，详细地介绍国际市场的多种进入模式，这是国内企业成长为跨国公司的战略方式的具体化，在很大程度上决定了战略行动的成败；第四节，我们落到中国与日本企业的海外发展比较上，全面分析中日企业海外发展的概况、背景与条件、进程与特点等。最后，我们安排了一组案例：中国联想与日本索尼，运用比较研究方法揭示两者在跨国化方面的共性与个性。

第一节　企业国际化进程

一个国内企业进入国际市场，一步一步逐渐成长为跨国公司，这个过程我们就称之为企业国际化（也可以称之为"企业跨国化"）。企业国际化进程可以用"一条主线，三个维度"来阐释。现将国外专家学者的研究成果介绍如下。

一、一条主线：从产品出口到跨国经营

一条主线是指企业采取由易到难的进入国际市场方式，体现了企业跨国经营能力和水平的逐渐提高。企业实现国际化的典型阶段包括①（Dollinger，1995）：

● 阶段1——消极出口：公司完成国际订单，但不主动寻找出口海外的销售机会。在这一阶段，许多小企业并没有意识到他们还有国际市场。

● 阶段2——出口管理：CEO或专职管理者开始有意识地寻找出口销售机会。但由于资源有限，处于这个阶段的大多数小企业依赖于间接出口渠道，而这个阶段对企业家或企业管理者来说，通常又是在思想导向上的重大转变，出口被视为新的经营机会。

● 阶段3——出口部：公司开始投入大量的资源来扩大出口销售，管理者也不再认为出口的风险无法承受。对大多数小企业来说，关键是在当地找到一个好的分销伙伴。

● 阶段4——销售分公司：当一个国家或地区对公司的产品出现高度需求时，设立当地销售机构的机会到来了。小企业必须具备足够的资源派遣母国管理者到国外任职，或者招聘和培训当地管理者与员工来管理这些经营。

● 阶段5——海外生产：公司的海外经营不再局限于价值链下游的活动，它可使公司获得当地产品调整或者生产效率等当地优势，公司可以采取许可证、合资企业或直接投资方式。对于小企业来说，这个阶段通常是一个非常艰难的阶段，因为直接投资失败的代价会威胁整个公司的生存。

● 阶段6——实现跨国经营：建立具有跨国公司特征的全球一体化网络。

以上各个阶段的行动可归结为不同的国际市场进入方式，它是指企业将其营运活动与业务功能推展至海外的一种经营型态。在绝大多数情况下，企业把自己制造的产品通过中间商间接出口到国际市场的方式，比较而言是一种难度和风险最小的国际市场进入方式；而跨国并购则被普遍认为是一种难度和风险最大的国际市场进入方式。我们把最有代表性的几种国际市场进入方式，按通常情况下它们的难度和风险由小到大的顺序排列成表5-1。

---

① 约翰·B. 库伦著，赵树峰译. 跨国管理：战略要径. 北京：机械工业出版社，2007.

表5-1　国际市场进入方式难度比较

	进入深度	资源投入	复杂性	风险性	撤出障碍	管理难度
间接出口	最小	最小	最小	最小	最小	最小
直接出口						
海外分销机构						
授权专营	↓	↓	↓	↓	↓	↓
合同制造						
跨国新建						
跨国收购	最大	最大	最大	最大	最大	最大

资料来源：康荣平，2007.

　　在这条主线的基础上，企业初次海外直接投资，一旦建立海外子公司，最初经营的只是母公司业务范围的一部分，然后随着时间的推移，将承担更多的业务。而且，每个业务领域都是从执行有限的职能开始的，例如销售职能或装配职能，再逐步开展更多的工作。通过沿着地域维、业务领域维、职能维这三个维度中的一个方向不断地发展，跨国公司就形成了。其中，每个下属公司都经营着某些不同的业务范围，并发挥着不同的作用——从次要角色一直到全球战略领导者。

二、三个维度：地域、业务与职能

　　在进入国际市场方式确定的同时，企业跨国化进程是由三个维度的扩展来具体实现的。这三个维度分别是地域、业务与职能，它们的不同扩展进度及其组合，构成了一个完整的企业跨国化进程。[①]

（一）地域扩展

　　在大多数情况下，企业向海外发展在地域扩张上主要受三个因素的影响：地域相邻，文化相似，经济相近。这是一种"寻同"的过程。

　　1. 地域相邻

　　企业向海外扩张，首先进入邻国是一个自然而然的选择。主要因为越邻近越熟悉，相关信息比较容易获得，通信和交通方便等。在进入邻国取得经验后，企业就会一次比一次进入地理上更远的一些国家。

---

① 包铭心等. 国际管理：教程与案例. 北京：机械工业出版社，1999.

2. 文化相似

企业初次海外投资，喜欢寻求语言文化相似的国家。随着海外经营经验的增加，再逐渐到语言文化相似性小的国家投资。欧洲学者在 20 世纪 50 年代总结这方面的企业实践后，将之概括为"心理距离"。"心理距离"（psychic distance）是指："妨碍或干扰企业与市场之间信息流动的因素，包括语言、文化、政治体系、教育水平、经济发展阶段等。"

3. 经济相近

东道国在经济发展水平、消费习惯、经济体制等方面与本国是否相近，也是企业海外发展时选择目标国家的重要因素。

·专栏 5-1·

美国企业的海外扩展

美国学者特普斯揣（V. Terpstra）和沙拉菲（U. Sarathy）对美国企业海外直接投资活动的一项调查统计，可以比较充分地说明这种"寻同"特征。他们通过大量调查后发现，近几十年来，美国企业走出国门的第一个国家大多数选择了加拿大；同样作为邻国的墨西哥则相差甚远。第二步通常是走向语言文化相似、经济体制也相似，但地理上相隔很远的欧洲各国市场。最后才走向无论从文化、体制和地理上来说，对美国企业都很遥远的亚洲国家市场。

美国企业海外子公司数量

地域	1975 年	1987 年
北美：加拿大	1560	1295
欧洲：德国	1100	924
法国	726	743
荷兰	707	577
西班牙	349	399
拉美：墨西哥	876	682
巴西	478	605
阿根廷	233	267

续 表

地域	1975 年	1987 年
智利	116	143
亚洲：印度	261	259
菲律宾	193	223
泰国	150	150
其他	218	346
非洲：南非	314	311
其他	158	251

资料来源：V. Terpstra & R. Sarathy，International Marketing，1991.

（二）业务的多元化

企业最初的海外发展，都是先拿出一个产品/业务投入目标国市场。在产品/业务选择的顺序上，企业一般主要考虑两个因素：一个是选择与东道国企业相比最具竞争优势，一个是相对风险最小。在第一个产品/业务站稳市场后，再逐渐投入更多的产品/业务。

（三）职能的转移

企业在海外发展过程中，都是先把一个职能（一般是市场营销）转移出去，然后逐渐增加海外机构承担的职能。美国学者 Rosenzweig 提出一种企业海外发展中职能转移的典型模式（见图 5-1）。

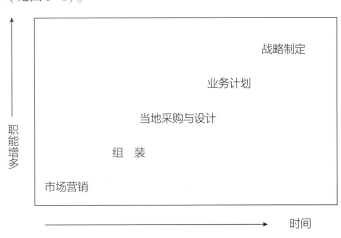

图 5-1　职能转移的典型模式

日本三菱综合研究所总结了日本企业海外发展中职能转移的典型模式,[1] 见图5-2。

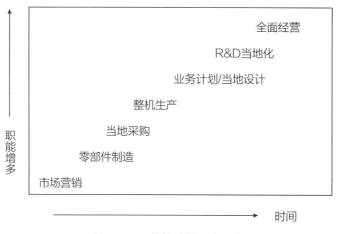

图 5-2　职能转移的日本模式

第二节　企业国际化方式

在"一条主线,三个维度"构成的国际化进程中,具有战略意义的决策是选择什么样的国际化方式。在理论研究中,人们通常把企业的国际化战略方式分为渐进与跃进两大类型,每类方式各有其不同的行为特征、能力要求和适用条件,并且针对不同的目标。

一、渐进:多阶段、一步接一步

20 世纪 70 年代,以 Johanson 和 Vahlne 为代表的北欧学派,对瑞典企业的跨国经营历程进行了研究。最后归结为企业国际化经营的四阶段理论[2]:(1) 不规则的出口活动;(2) 通过代理商出口;(3) 建立海外销售子公司;(4) 从事海外生产和制造。他们认为,这四个阶段是一个"连续""渐进"的过程。这种渐进性表现在两个方面:一是地域市场范围的扩大,通常是本地市场→地区市场→全国市场→海外相邻市场→

① 三菱综合研究所. 日本企业のグローバル戦略. 东京:钻石社,1995.

② Johanson J, J. E. Vahlne. The Internationalization Procass of the Firm-A Model of Knowledge Development and Increasing Market Commitment, Journal of International Business Studies, 1977, 8 (2), p23-32.

全球市场；二是跨国经营方式的演变，通常是纯国内经营→通过中间商间接出口→直接出口→设立海外销售机构→海外生产。

80 年代，美国 Cavusgil 教授基于美国企业的研究，提出企业国际化经营的五阶段理论①：（1）国内营销阶段，主要在国内从事生产和销售；（2）前出口阶段，开始对国际市场感兴趣，有意识地进行情报收集和市场调查，出现不规则的出口活动；（3）试验性地卷入阶段，主要从事间接出口，开始小规模的国际营销活动；（4）积极投入阶段，以直接出口方式向其他国家出口产品；（5）国际战略阶段，以全球市场为坐标制定企业战略规划。

80 年代中期，英国学者 G. D. Newbould 和 P. J. Buckley 等人，曾对英国小型企业跨国经营进行了认真的研究，他们选择了 43 家小型企业，详细地进行以问卷调查为主的研究。② 为了比较研究各种跨国经营途径（步骤）的优劣，他们根据样本的实际情况设定了五种途径：

1. 国内经营→建海外生产子公司。

2. 国内经营→出口→建海外生产子公司。

3. 国内经营→出口→设海外代理→建海外生产子公司。

4. 国内经营→出口→建海外销售子公司→建海外生产子公司。

5. 国内经营→出口→设海外代理→建海外销售子公司→建海外生产子公司。

这五条途径中，第 1 种是最短或直接途径，第 5 种是最长或安全途径。他们对采用不同跨国经营途径企业的成功进行计算（分数高为好），结果表明，第 5 种得分最高，第 4 种和第 3 种次之，第 2 种再次，第 1 种得分最低。这就是说，在企业开展跨国经营过程中，采用循序渐进较多步骤的企业，其成功率要高于采用较少步骤的企业。

这一调查结果与现实经验是吻合的，即任何企业的跨国经营过程的每一阶段，都要经历一个"学习"或经验和知识的积累过程，其经历的阶段越多，学习的机会也越多，获取的经验和知识就越多，经营成功的可能性就越大。可以认为，渐进主义是企业跨国经营初期具有普遍意义的规律，即认定企业跨国经营的最大障碍是缺乏相关的知识和经验，而获得海外市场知识和经验的主要途径是经营者的"亲身体验"。所谓

---

① Cavusgil S. T. On the Internationalization Procass of the Firms. European Research, 1980（8），p273-281.

② G. D. Newbould etal. Going International. Associated Business Pr, 1978.

渐进性发展包括两个含义：一是从经营方式上，从风险低的贸易方式，逐步过渡到风险高的投资方式，并购是风险最高的投资方式；二是在海外的地域扩张上，遵循由近到远，由经济、文化差异小的国家，逐步过渡到经济、文化差异大的国家或地区。

二、跃进：少阶段、多步并一步

跃进顾名思义就是跳跃式前进；或者说不是一步一步地走，而是三步并做两步甚至并做一步地前进。按照上文的海外发展五步骤来说，就是只用二、三个步骤就达到海外直接投资建/购工厂。在跃进中，跨国并购方式占有极重要地位，因为它与其他海外进入方式相比，跨国并购最大的特点就是一个"快"。20 世纪 80 年代以来的经济全球化进程，促使跨国并购成为全球海外直接投资的主要方式。这使越来越多的企业尝试跨国并购方式，以尽快实现海外发展目标。虽然跨国并购与生俱来的一大特点就是风险大、成功率低，但是这已挡不住现代生活中越来越习惯于快节奏的人们。

采用跃进的成功者已有许多，我们先从早期的实践者说起。瑞典的伊莱克斯（Eletrolux）公司，成立于 1919 年，早期生产从美国引进的吸尘器。二战后逐渐成长为一个家用电器行业的中型厂商。20 世纪 70 年代初，伊莱克斯公司制定了以并购为手段的快速发展战略。从 1973 年开始的 19 年里，以平均每年一项的速度开展了 19次跨国并购，收购了包括沈努西、阿佩尼诺等欧美厂家。1991 年，伊莱克斯公司以 141 亿美元营业额名列《财富》全球 500 大工业企业第 83 位，成为世界一流家电公司。

前面第一章的案例介绍过的墨西哥 Cemex 公司，是又一例跃进的成功者。Cemex公司在 20 世纪 80 年代末向美国市场出口水泥受阻后，开始实施以跨国并购为主的扩张战略。在 1992—2007 年间，进行了近 20 项跨国并购，其中包括对美国第二大水泥企业 Southdown 公司、世界最大的预搅拌混凝土企业英国 RMC 公司和澳大利亚 Rinker公司这些大型并购。Cemex 公司目前已经成为与 Lafarge、Holderbank 并驾齐驱的世界最大水泥公司。

最耀眼的跃进明星应该是米塔尔钢铁公司，它 1995 年从家族集团独立出来时，只是一个年产钢能力 600 万吨的小角色。但仅用 10 年时间，米塔尔钢铁公司通过连续的跨国并购迅速成长为世界第一的钢铁公司，是跃进的最成功代表（参见专栏 5-2）。

· 专栏 5-2 ·

米塔尔钢铁公司

米塔尔钢铁公司（Mittal Steel Company N. V.）的前身 LNM 集团成立于 1995 年，注册在安的列斯群岛，创办人是定居在英国伦敦的印度人 L.米塔尔（Lakshmi N. Mittal, 1950—）。由于 2005 年完成的几项收购，它已成为世界第一大的钢铁生产厂家；而 2006 年完成并购世界排名第二的阿塞洛（Arcelor）钢铁集团后，更是成为绝对的全球冠军。

L.米塔尔的父亲莫汉·米塔尔（Mohan Mittal）出身于印度马瓦里族（Marwari）商人阶层，他于 20 世纪 40 年代在加尔各答涉足钢铁业，建立了 Ispat Industries 公司。印度独立后长期限制民营钢铁企业的发展，老米塔尔被迫考虑到海外去发展，他选中了印度尼西亚。

1976 年，老米塔尔在印尼建立了一家钢铁厂 Ispat Indo，并派他的长子、年仅 26 岁的 L.米塔尔前去掌管这家企业。Ispat Indo 是一家采用直接还原铁+电炉炼钢工艺的钢铁厂，年产钢能力为 65 万吨。L.米塔尔不负众望，领导 Ispat Indo 战胜了当时印尼市场上的竞争者——日本人投资的钢厂，成为一家运营良好的钢铁企业。

1988 年，L.米塔尔做出了他一生中第一个独立完成的、影响以后战略路线的决定：承包特里尼达一家亏损的国有钢铁企业。他挽救了这家让德国和美国专家们束手无策的钢铁厂。第二年则收购了它，并更名为 Caribbean Ispat。这次成功的跨国经营活动，使 L.米塔尔的信誉大增，导致墨西哥政府在 1992 年把其亏损的第三大钢铁企业公司以 2.2 亿美元价格卖给他。墨西哥政府建这家钢厂花费了 20 亿美元，当时的年生产能力超过 300 万吨钢。1994 年 L.米塔尔又收购了加拿大第 4 大钢厂，年产钢能力 150 万吨。

1995 年对米塔尔钢铁公司是一个里程碑，米塔尔家族做出分家的决定：印度的 Ispat Industries 公司归老米塔尔，海外的所有企业归 L.米塔尔。分家后 L.米塔尔把经营总部和自己的家都搬到了英国伦敦，把属于自己的几家企业组成一个新的企业集团，以"LNM"命名了新集团。此时的 LNM 集团，在世界钢铁行业里还只是一个年产钢能力 600 万吨的小角色。但此后的几年里，它在全球展开了大规模的并购活动（见下表）。

米塔尔钢铁公司并购一览表

年份	公司名称	位置	产品种类	生产流程	年产钢
1989	Caribbean Ispat	特立尼达（加勒比海第4大钢厂）	长材直接还原铁/电炉炼钢	100万吨	
1992	Imexsa	墨西哥第3大钢厂	板材	直接还原铁/电炉	375万吨
1994	Ispat Sibdbec	加拿大第4大钢厂	板材/长材	直接还原铁/电炉	155万吨
1995	Ispat Hamberg	德国	长材	直接还原铁/电炉	95万吨
1995	Ispat Karmet	哈萨克斯坦	长材/板材	氧气转炉钢	500万吨
1997	Ispat Duisburg	德国	长材	氧气转炉钢	140万吨
1998	Ispat Inland	美国第4大钢厂	板材/长材	氧气转炉钢	530万吨
1999	Ispat Unimetal	法国	长材	电炉炼钢	120万吨
2001	Ispat Sides	罗马尼亚	长材/板材	氧气转炉钢	500万吨
2003	Ispat Nova	捷克	长材/板材	氧气转炉钢	300万吨
2004	Ispat Polska Stal	波兰	长材/板材	氧气转炉钢	
2005	ISG	美国第2大钢厂	长材/板材	氧气转炉钢	1500万吨
2006	Arcelor	世界第2大钢厂	长材/板材	多种	

资料来源：Annual Report of Ispat International N. V, 2003.

FORTUNE china , 2005 （4）.

1995年，LNM集团成立的当年，就开始了对苏联及东欧国家那些亏损以至濒临破产的大型钢铁企业的并购活动。先是以4亿美元收购了哈萨克斯坦的Karmet钢铁厂。米塔尔钢铁公司争取到世界银行和欧洲复兴开发银行在资金上的帮助，投资7亿美元进行技术改造和管理结构的改造，使其经营成本从每吨268美元降低到114美元，年产量从400万吨提高到500万吨。接下来是2001对年产能500万吨钢的罗马尼亚Sides钢铁厂的收购。再一个是2003年初收购捷克的Nova钢铁厂（年产能300万吨钢）。这段时间里，LNM集团还收购了欧美发达国家的几家钢铁企业。

1997年，为了资金上的需要，L.米塔尔把集团内除了苏联及东欧地区以外的企业单独组成Ispat Internationl公司，在美国纽约和荷兰阿姆斯特丹证券交易所上市。1998年，LNM集团收购了美国第4大钢铁企业Inland公司。

2004 年底，L.米塔尔把伊斯帕特国际与他的私人控股公司 LNM 合并，组成米塔尔钢铁公司（Mittal Steel Company N. V.）。

成功者名满四方，失败者默默无闻！我们不要忘记，上面列举的几个成功者的背后，不知道有多少跃进/跨国并购的失败者。

第三节　国际市场进入模式

一个企业想要向海外发展，就必须选择某种海外市场进入模式。进入模式对企业跨国经营成功与否的影响是非常巨大的，因此，这是国内企业成长为跨国公司的一个重要问题。在国际化战略方式确定之后，企业管理者必须尽可能地了解各种进入模式的功能、特点和风险，从而选择合适的国际市场进入模式。

国际市场进入模式的分类见表 5-2，我们将分别加以介绍。

表 5-2　国际市场进入模式的类别

贸易进入模式	契约进入模式	投资进入模式
间接出口 直接代理商/分销商 分支机构/附属机构 跨国电子商务 OEM/ODM 其他	许可经营 技术合作 管理合作 交钥匙合同 合同生产 其他	新建——独资 　　　——合资 并购——独资 　　　——合资 其他

一、贸易进入模式

贸易进入模式是指国内企业将该企业产品通过出口方式开拓国际市场的一种海外市场进入方式。通过出口将企业产品销往国际市场、拓展企业生存空间，无论是采用间接还是直接的贸易方式，在跨国经营的理论与实践中均被认为是比较保守、安全、低成本、高效率，以及在人员配置、产品供给和资金运用等方面便于管理的一种海外市场进入模式。同时它也是一种最迅速便捷的开拓海外市场的方式。尤其是在企业还处于规模小、资金缺乏、海外市场经验不足的情况下更是被推为首选。因此，贸易式进入模式一般被公认为既是新兴企业开始走出国门，实施跨国经营战略的第一步，又是所有企业在进入高风险以及不确定性市场时的试探性策略。

在形式上贸易进入模式可以分为间接出口和直接出口两大类。间接出口是指国内企业通过将该公司的产品销售给国际进出口贸易商，从而间接地实现该企业产品的海外销售模式。直接出口是指国内企业通过直接在海外市场拓展销售渠道来实现该企业产品海外市场销售的模式。间接出口与直接出口的根本区别在于企业是否直接与海外市场发生业务关系。间接出口与直接出口有各自的优势和劣势。虽然间接出口进入模式不失为国内企业最初"走出去"的最佳选择之一，但还是被认为是在开拓海外市场中最为脆弱的海外进入模式。直接出口较间接出口方便灵活，企业直接与海外市场发生联系，是现代企业普遍采用的一种贸易进入模式，尤其被大企业所重视（见表5-3）。

表5-3　各种渠道的出口模式、特征、优势和劣势的比较

	出口模式	特征	优势	弱势
间接出口	出口商（Export houses）	出口商有不同类型，最常见的是从制造商买产品然后用自己的账户向国外销售产品	能够处理有关出口的所有事项	无法控制海外市场和信息；销售量有限
	出口委托商行（Confirming houses）	代表国外委托人向制造商订货，只收取佣金；同时，出口委托商承诺支付担保	能够处理有关出口的所有事项并担保支付	同上
	购买商行（Buying houses）	代表客户进入百货店直接向制造厂订货	能够处理产品出口的所有事项，但制造商仅与购买商接触，不参与任何出口事宜	同上
	"挂拖车"出口（Piggybacking）	制造商通过综合商社的海外销售网络将其产品销往海外	与有实力的贸易公司合作，贸易公司也扩大了产品种类和销量	要找到合适的伙伴。容易因现有销售关系而受到影响

续表

	出口模式	特征	优势	弱势
直接出口	代理商（Agents）	代理商有不同类型：有的代理商只买一个公司的产品，有的代理商销售不同公司的产品；以佣金的方式收费	与间接出口相比，加大对海外市场的控制能力和信息的掌握；在同一市场有续存性；代理商的成本与产品销售挂钩	有可能同时代理不同公司的产品；如果终止与代理商的协议会比较困难，且代价高
	经销商（Distributors）	经销商将使用产品的名称，经销商的收入不以佣金的方式收费	比较了解当地市场，并能够提供售后服务；制造商也能够控制海外市场	与经销商终止合同的代价高
	直接销售（Direct selling）	从本国直接派销售代表到国外	对公司和产品有深入的了解；对海外市场和信息的控制能力高	缺乏当地市场知识；语言文化障碍；交易成本相对高
	专卖店（Local sales offices）	专卖店职员既可以从本国派，也可雇用当地人员	下决心发展海外市场；是国外公司更容易与制造商合作；灵活和适应能力强	选择合适的销售人员会有些困难；当地销售代表缺乏对母公司和产品的了解

资料来源：Stephen Young, etc. 1989.
鲁桐. 中国企业跨国经营战略. 北京：经济管理出版社，2003，p223-224.

在互联网环境中，跨国电子商务日益成为一种重要的贸易进入模式。跨国电子商务是指基于浏览器/服务器应用方式，跨越国界的买卖双方不谋面地进行商贸结识、商贸谈判、商贸交易以及最终在线的电子支付等方面的活动总和。[1]

跨国电子商务主要有三种模式：（1）跨国企业对东道国企业模式（Business to Business），跨国企业与东道国企业之间通过互联网进行产品、服务及信息的交换，主要活动包括：发布供需信息、获得公司信息、确认初步协议、相关票据的签发、款项的支付、物流方案的确定等。（2）跨国企业对东道国消费者模式（Business to Customer），主要有以下类型：网上大型商场、网上书店、专业化网站和品牌店等。（3）跨国

① 孙国辉，郭骁. 跨国经营战略. 北京：化学工业出版社，2013.

个人消费者交易平台（Consumer to Consumer），跨国企业建立交易平台，供不同国家的个人消费者使用，完成其交易活动。

二、契约进入模式

作为一种非股权安排，契约进入模式可进一步细分为许可证、特许经营、交钥匙工程等子模式，不同子模式的比较见表5-4。

表5-4 主要契约模式之间的一般性比较

类型	资金投入程度	风险	回报
许可证	低	低	低
特许经营	较低	适中	适中
交钥匙合同	高	高	高
合同生产	适中	低	低
管理合同	低	低	低
技术合作	低	低	低

资料来源：鲁桐等. 中国企业海外市场进入模式研究. 北京：经济管理出版社，2007.

（一）许可证进入模式

跨国经营中的许可证进入模式（Licensing），是指在一定时期内，一家企业向外国企业转让其自有的无形资产使用权，并从中按比例地提取使用费及其他补偿。更具体的，是企业以许可证方式向国外企业协议转让其专利、商标、产品配方、公司名称等使用权。

许可证进入模式的优势

与其他国际市场进入模式一样，许可证模式也有着自己的一些优点和缺点。选择这一模式可以使企业获得如下一些优势：

（1）低投入但能获取固定收益的国际化方式；

（2）海外经营风险很小的一种进入方式；

（3）推动国际间技术联盟；

（4）许可证模式可以成为其他模式先期进入手段。

许可证进入模式的弊端

（1）不同市场的进入差异性较大；

（2）许可证进入模式的盈利水平不高；

（3）对打开国际市场可能会形成一定的制约；

（4）有时因技术外溢而为自己树立新的竞争对手。

许可证模式的适用条件

（1）适宜于拥有无形资产优势的中小企业；

（2）许可证模式是为避免产能过剩的理想性选择；

（3）服务领域的企业更适合运用这种进入模式。

许可证进入模式的国际实践

在经济全球化时代的大潮下，许可证进入模式取得了快速发展。到 2004 年，全球包括国内和跨国在内的许可证交易总额达到 1753 亿美元。[①] 在各个领域中，制药行业的企业更倾向于采用这一模式进入国际市场。这一点更加证明了上述观点，即：新技术应用、巨额研发开支和产品生命周期等诸多因素对许可证模式运用的影响。在服装等消费品行业，许可证国际市场进入模式的案例也可谓比比皆是。当然，不能不特别提及的是，在所有涉及许可证国际生产进入模式的案例中，最著名、最经典的案例莫过于那个其品牌为妇孺皆知的可口可乐公司了。

（二）特许经营进入模式

关于特许经营的定义很多，国际特许经营协会（IFA）给出的最新定义是：特许经营是一种分销产品和服务的方法，它包含两个层面的内容：一是特许者（franchisor）向受许方（franchisee）转让商标、技术或统一的商业运营模式等；二是受许方按照合同在支付使用费和加盟金的条件下从事特定经营。

应该指出的是，特许经营有着与许可证进入模式的特点相同的地方。在严格意义上，特许经营实质上属于许可证进入模式的一种特殊形式，是许可证进入模式的深化与延伸。具体来说，采用特许经营进入模式可以通过如下几种方式进行：直接出售特许权、设立独资经营机构、设立分支机构、建立地区发展商、授予支持特许、建立合资合作企业等。

特许经营进入模式的优势

（1）特许经营不受特许企业资金规模的限制；

（2）有一套为受许企业较为易学的国际特许系统；

---

① License. Industry Annual Report，2005. http://licensemag.com/licensemag/.

（3）对合作企业及东道国市场有比较强的控制程度；

（4）特许经营进入模式面临的各种风险比较小；

（5）当地化的作用与效果显著。

特许经营进入模式的弊端

（1）特许期间很可能是培养未来竞争对手的过程；

（2）不同地域等综合因素限制统一的特许系统；

（3）特许经营系统容易产生负面性的连锁反应。

特许经营的国际实践

特许经营起源于 19 世纪的美国，鼻祖是美国胜家缝纫机公司。二战后，特许经营在美国已经非常普及，最著名的是麦当劳。特许经营在其他国家和地区的迅速发展开始于 20 世纪 60—70 年代。进入 20 世纪 80 年代以后，特许经营在全世界飞速发展。特许经营在许多国家都受到了鼓励性发展。也正是在这一时期，特许经营开始进入中国。1987 年底，第一家肯德基快餐店进驻中国，这是中国特许经营发展的起点。按照中国连锁经营协会不完全统计，截至 2003 年底，中国的特许经营企业在 1900 家左右，加盟店 7 万多家，涉及的行业超过 50 种，成为世界上特许经营体系最多的国家。[①]

（三）交钥匙合同进入模式

交钥匙合同（Turnkey Contracts）进入模式，是指企业为东道国工程项目进行设计与建造，并在完成并初步运转后，将该工程项目的所有权和管理权的"钥匙"，依照合同完整地"交"给对方，由对方开始经营。在交钥匙工程中，承接工程的外国企业的责任，一般包括项目的设计、建造，在交付项目之后提供服务，如提供管理和培训工人，为对方经营该项目做准备。交钥匙合同除了发生在企业之间外，许多大型工程项目，如在水利、电力、电信、交通运输、石油化工、海洋石油等领域，外国工程承包企业往往是东道国政府签订的。

交钥匙合同中的 BOT、EPC 等方式

BOT、EPC 是国际上交钥匙模式下最为流行的方式，而 EP、DB 等方式则是 EPC 方式的延伸与综合。BOT 最初是作为一个项目融资概念出现的，后来主要用于承建外国公共基础设施建设的一种市场进入模式，由东道国政府或所属机构为项目的建设和经营提供一种特许权协议作为项目融资的基础，并由当地企业或者外国企业作为项目

---

① 朱明侠，李维华. 特许经营在中国. 北京：机械工业出版社，2004.

的投资者和经营者安排融资，承担风险，开发建设项目并在有限的时间内经营项目获取商业利润，最后根据协议将该项目转让给相应的政府机构，是以银行、项目投资者、项目所在国政府在融资问题上达成契约为前提。

EPC（Engineering Procurement Construction）模式是很值得关注的一种模式，因为它代表了现代西方工程项目管理的主流。EPC 模式将承包（或服务）范围进一步向建设工程的前期延伸，甲方只要大致说明一下投资意图和要求，其余工作均由作为乙方的 EPC 承包单位来完成。EPC 模式中的 Procurement 表明在这种模式中，材料和工程设备的采购完全由 EPC 承包单位负责。它最大的特点就是确定受契约各方都欢迎的承包项目的固总价。

交钥匙合同进入模式的优势

（1）专业分工明确。

（2）企业组织结构的灵活机制。在从事 EPC 等工程项目的企业中，一般都采用矩阵式的组织结构。根据 EPC 项目合同的内容组成项目管理组，以工作组（Work Team）的模式运行，由项目经理全面负责工作组的活动。在 EPC 合同执行完毕后，工作组也随之解散。

交钥匙工程进入模式的弊端

（1）在各类契约进入模式中风险程度最高。

（2）项目协调难度大。

交钥匙合同进入模式的国际实践

交钥匙合同进入模式是在发达国家的跨国公司向发展中国家投资受阻后发展起来的一种非股权投资方式。另外，当跨国公司拥有某种市场所需的尖端技术，希望能快速地大面积覆盖市场，所能使用的资本等要素又不足时，也会考虑采用交钥匙工程方式。与其他契约进入模式相比，交钥匙工程是受全球经济景气程度影响很大的一种模式。

美国《工程新闻记录》（ENR）每年都要评世界上最大国际承包商排行榜。2003年，世界最大 225 家国际承包商的海外市场营业额总和为 1398 亿美元，比 2002 年增长 20%。在国际工程承包市场，美日欧洲垄断了相当大的市场份额。[①]

对于以利用交钥匙工程进入国际市场的中国企业而言，以劳务合作为主的建筑领

---

① ［美］Engineering News-Record. http://www.enr.com/.

域是一个比较突出的行业。尤其在进入 21 世纪以后，中国对外建筑业企业的工程总承包业务取得了突破性进展。2005 年，我国已经有 49 家建筑业企业入围世界最大 225 家国际承包商。其中，已有多家企业进入美国本土和中东等国家市场，业务由 1979 年的 3000 万美元的劳务分包发展到 2005 年的对外承包工程完成营业额 217.6 亿美元。

· 专栏 5-3 ·

中国建筑领域＂走出去＂的典范——中建总公司

组建于 1982 年，作为有中国建筑业"国家队"之称的中国建筑工程总公司，却是一家不占有国家大量资金、资源和专利，从事完全竞争行业而逐步发展壮大起来的国有企业。正是中国建筑工程总公司迈出了中国建筑企业海外经营的第一步。

20 多年来，中建总公司先后在 100 多个国家和地区承建了 4000 多项工程，有许多工程已经成为所在国和地区的地标性建筑。承建工程涉及学校、医院、工厂、水坝、电站、机场、农田灌溉、填海造地、道路、桥梁、住宅、市政设施、公共建筑等诸多领域，赢得了很高的声誉，在国际上产生了较大的影响。可以说，在竞争激烈、强手如云的国际承包市场异军突起，并连续多年迈入世界 225 家最大承包商行列。虽然中建总公司的海外营业额不足公司总营业额的 30%，但其效益比重已占到 60% 以上。

限于篇幅，中建总公司从事海外工程承包的成功经验可以简要归纳为：

1. 将诚信视为海外发展立命首义。1997 年，中建总公司承接阿尔及尔松树俱乐部喜来登酒店工程，在阿国政治局势混乱、恐怖主义猖獗、外国人员纷纷撤退的情况下，恪守合同，如期交工。

2. 重视工程质量。中建总公司在许多建筑类型的设计与建造技术上都具有很高的国际水平，这是能够恪守合同的最重要的企业所有权优势。能够说明这一问题的同样是其在阿尔及利亚。在 2003 年该国发生的一次大地震中，中建承建工程质量得到了最好的验证。当时，阿国楼宇坍塌，损失惨重，但由中建总公司建造的建筑物无一倒塌。这在客观上为中建做了最好的国际广告，从而树立了良好的国际形象。

3. 低成本竞争与扩张。"优质低价"是中国企业"走出去"初期阶段不得不普遍采用的市场策略。中建总公司通过努力降低成本，使得低价依然能够在海外获得预期的理想收益和市场扩张。成本控制的任务通过建立各项制度来完成。其中涉及预算管理、资金财务集中管理、大宗材料集中采购、劳务分包集中招标、投资管理、制止无序竞争等 30 多项制度，从而有效地制止了乱担保、乱垫资、乱借牌、无序管理企业等行为，同时还较好地避免了腐败行为，使百元收入管理费用率逐年下降，企业"跑、冒、滴、漏"现象得到有效遏制。

资料来源：（国资委网站）www. sasac. gov. cn

（四）其他契约子模式

1. 合同生产（contract manufacturing）

合同生产是指本国企业与外国企业之间签订的产品供应合同，本国企业将生产的工作与责任转移给了东道国企业，将精力集中在国际市场的营销方面。这种方式的优势是本国企业通过租赁外国企业生产能力，节约自己为生产业务而投入过多的资金。到了 20 世纪 90 年代，这种合同生产方式被越来越多的跨国公司所采用，这就是所谓的战略性外包。

伴随着经济全球化的发展，全球外包市场规模也呈现出跳跃性发展的趋势。资料表明，2004 年全球外包市场达到 6.3 万亿美元，此后以每年 20%的速度递增。预计到 2010 年将形成约 20 万亿美元的大市场。Gartner 的研究报告表明，印度是国际大企业发送外包项目的最大受益者。[1] 与印度相比，中国企业所得到的外包收入则比较有限。

这种模式同时存在如下缺点：一是有可能把合作伙伴培养成潜在的竞争对手，二是有可能失去对产品生产过程的控制，三是有可能因为对方的延期交货导致本企业的营销活动无法按计划进行。

2. 管理合同（management contract）

管理合同进入方式，是指在海外企业授权下，企业负责合同期限内的该海外企业的经营任务；作为回报，本企业根据合同提取相应管理费和相应比例的经营利润。

管理合同进入方式具有许多优点。其中，投入少是该方式最大的优点。企业向海外输出的管理技能，在不发生现金流出来获取收入，因而，企业遇到的海外风险也比

---

[1] 鲁桐等. 中国企业海外市场进入模式研究. 北京：经济管理出版社，2007.

其他契约方式要小得多。如果说企业所存在的风险，可能就是在合同范围内企业应当取得的管理业绩，并根据业绩完成情况从授权方获得的报酬方面的奖励或惩罚。

3. 技术合作

所谓技术合作，是指企业在与外国企业签订合同，向对方提供为技术进步的各种技术有偿咨询服务活动。更具体的，以技术合作进入国际市场的具体方式包括：在新产品或新工艺的开发与运用方面的咨询服务，向外国企业提供培训等。

契约模式下的技术合作已经成为一种必然的发展趋势，在 20 世纪 80 年代以来，以契约方式的技术合作呈现明显的增加趋势。从表 5-5 可见，非股权方式所占的比例从 1980 年的 53.1% 上升到 1994 年 73.3%。

表 5-5　1980—1994 年全球企业技术合作方式变化状况

年份	1980—1984	1985—1989	1990—1994
股权协议	46.9%	48.9%	26.7%
非股权协议	53.1%	51.1%	73.3%

资料来源：Narula R. & Hagedoorn J, 1999.

三、投资进入模式

投资进入模式是指企业通过对外直接投资在外国建立生产性子公司的目标国市场进入方式，即企业在别国的制造厂或其他形式的生产实体拥有实际控制权。投资进入的具体途径有收购和新建两种形式。

投资进入模式与前几种模式相区别的最大特点是进行股权参与，因而也得到了对目标国市场和生产经营活动的更大管理控制权，从而在较大程度上弥补了前几种模式的缺陷和不足。比如，缩短了生产与销售在时间和空间上的距离，减少了货运成本，能够及时获得市场信息反馈，更好地提供售后服务，能保护商标、专利、专有技术等的秘密和有限制地使用，能跨越目标国所设置的各种贸易障碍，能获得东道国政府制定的许多优惠政策等。

但另一方面，投资进入模式在增强控制程度的同时，也必然使公司动用较多资源，并由于在目标国卷入的深度和广度较前几种模式更强而具有较大的管理难度、较小的灵活性和较大的风险，如货币风险、市场风险、政治风险等（见表 5-1）。

（一）新建和并购

投资进入模式又细分为新建和并购两种方式。从一定意义上讲，新建方式和并购方式是可以相互替代的，但又是相互对立的；所以，新建方式的缺陷就是并购方式的优点；同样，新建方式的优点往往是并购方式的缺点。

（1）新建企业的特征是跨国经营企业独立地，或部分地直接进行项目的策划、建设并组织实施其经营管理运行。在新建方式下，企业所需资产可以在市场上通过多方比较后购买，其价值的评估比较准确，因此整个项目投资预算可以做得比较准确。而在并购方式下，要对被并购企业的一切资产做出准确的价值评估是困难的。因此，新建方式的一个显著优点是决策者能在较大程度上把握其风险性，并能在较大程度上掌握项目策划各个方面的主动性。

（2）新建方式可以完全根据国际企业的战略规划要求和实际经营需要来进行。如企业规模和地点、管理组织与管理制度、人员安排、业务选择等。而并购方式往往无多大的选择余地。譬如，在企业规模和地点上就很少能进行选择。

（3）从投资的成功率来看，新建方式要高于并购方式。新建方式成功率高的主要原因在于它完全根据本企业战略规划的要求和实际经营的需要进行，在新建企业里内部企业管理上的障碍较少。

（4）新建方式与并购方式相比较而言，其突出的缺点是需要从事大量的筹备和建设工作，因而速度慢、周期长（表5-6）。

表5-6　新建与并购海外企业利弊比较

新建海外企业		并购海外企业	
有利方面	不利方面	有利方面	不利方面
①东道国法律和政策上的限制较少，也不易受到当地舆论的抵制。 ②在多数国家，创建比并购的手续要简单一些。 ③在东道国新建企业，尤其是合资企业，常会享受到优惠政策。 ④后续工作比并购简单	①建设期较长，开业比较慢。 ②需新建销售渠道，进入当地市场慢	①可以获得现成的生产能力、技术和品牌，迅速生产产品。 ②可利用现成的销售渠道较快进入当地市场。 ③减少市场上的竞争对手。 ④跨行业并购，可迅速扩大经营范围和地点	①难以准确评估被并购企业的真实情况，导致购并支出超出预期。 ②受东道国法律和政策限制因素较多。 ③有时受到当地舆论的抵制。 ④并购后的整合往往难度很大

跨国并购一般是指东道国境外投资者并购东道国境内企业的股权或资产，或通过其已在东道国境内设立的企业并购其他东道国境内企业的股权或资产，以及其他获得东道国境内企业控制权的行为。与一般意义上的并购不同，跨国并购是从"母国（投资国）"与"东道国（被投资国）"的角度研究跨越国界的企业并购行为，是外国直接投资（FDI）在各国间流动的一种重要表现形式。

从价值链形成的角度看，跨国并购可以分为横向并购（Horizontal M&A）、纵向并购（Vertical M&A）和混合并购（Conglomerate M&A）三种基本形式。横向并购是指两个或两个以上的从事同类业务活动的企业之间的并购；纵向并购是生产（或经营）活动的不同阶段的两个或两个以上的企业间的并购，纵向并购又可分为向上纵向并购（即对产业组织体系中上游企业的并购）和向下纵向并购（即对下游企业的并购）；混合并购是指从事不相关类型经营活动的两个或两个以上企业之间的并购。混合并购又可分为产品扩张型并购（Product-extension M&A）、市场扩张型并购（Geographic market-extension M&A）和纯粹混合并购（Pure conglomerate M&A）。

（二）投资进入模式中的股权策略

直接投资的股权参与形式有四种类型：（1）全部控权——母公司拥有子公司股权的100%；（2）多数控权——公司拥有子公司股权的50%至99%之间；（3）对等控权——母公司拥有子公司股权的50%；（4）少数控权——母公司拥有子公司股权在49%以下。上述（1）全部控权实际上就是跨国公司的独资经营，其余（2）（3）（4）均为合资经营。股权也就是所有权，它是支配企业的关键。全部控股和非全部控股的差别在于对企业的控制程度。

所谓独资子公司，是指跨国公司拥有100%股权的子公司，公司的所有经营管理权都由母公司一家掌握，盈亏也由其负责。

所谓合资公司，是指由两家或两家以上的企业共同投资设立的子公司，各投资企业都享有对子公司的经营管理权，共担风险，共负盈亏。

对企业来讲，选择独资公司与合资公司的利弊如下：

1. 选择独资公司的利与弊。有利的方面表现在：（1）母公司拥有对子公司全部经营管理权，可以保证子公司的所有经营活动符合母公司的战略利益要求。（2）可以保证母公司转移给子公司的财产，特别是无形资产如专利技术，专有技术、管理技巧、著名商标不会流失，维持企业对上述特有资源的垄断。（3）可以保证子公司在经营目标、经营手段、管理思想、管理组织和方法上的协调和统一，避免内部矛盾和摩擦。

不利的方面表现在：（1）子公司的投资费用由本企业独家承担，财务上的压力比较大。（2）独资子公司常被东道国政府及当地社会视为外国企业，易遭排斥，面临的国家风险比较大。譬如，一旦东道国实施对外资的国有化，独资公司将首当其冲。在平时，这也会给子公司的生产经营带来微妙的不利影响。（3）由于对东道国的政治经济环境不够熟悉，在争取东道国各方面的理解与合作，处理与东道国各方面的纠纷时常常比较困难。（4）某些东道国对独资公司与合资公司实行差别待遇，往往对独资公司只给予较少的优惠，且限制也比较多。

2. 合资公司的利与弊。合资公司的有利方面在于：（1）可以降低投资风险，获取多方面的优惠。由于有东道国的合资者，子公司常被东道国政府及当地社会公众视作当地企业，在心理上和感情上比较容易被接受和认同，在各方面容易取得他们的理解与合作。东道国政府一般对合资公司会给予较多的优惠等。（2）东道国的合资者对当地的市场特点、社会关系等方面比较熟悉，有利于子公司在当地打开局面。（3）合资公司的资本由各家投资者分担，亏损也由各家分担，可以减少投资费用和损失负担。（4）如果合资伙伴在技术、管理、产品等方面具有优势的话，通过合资，本企业可以学习掌握先进的技术和管理技能，提高自己的水平。

合资公司的不利方面主要在于：（1）由于合资者之间在利益上既有共同的一面又有矛盾的一面，利益上的矛盾常常使各方在合资公司的经营目标、经营战略和手段等许多方面难以协调统一，影响公司的生产经营。（2）由于各合资者在管理思想、管理方法、管理作风等方面的不同，常常会引起各方在企业管理上的矛盾。虽然这是一种非利益性的矛盾，但对企业经营管理的效率却有很大的影响，有时这种影响还会影响合作各方的关系，甚至导致各方合作关系的破裂。利益性的矛盾和非利益性的矛盾使得合资公司成为世界上最难管理的一种企业组织形式。合资双方的关系如何对合资公司经营成败的影响比经营决策是否正确的影响更大。（3）如果企业把自己的独有技术和管理技能投入合资公司，很容易被合资伙伴所掌握，其将可能发展成为自己未来的强有力的竞争对手。（4）合资各方作为资本投入，合资公司的各项资产，特别是无形资产很难准确估价，会影响各方的利益。（5）企业在合资公司中进行转移定价时会受到其他合资伙伴的限制与阻碍。

联合国贸发会的 Masataka Fujita 针对中小型跨国公司大量调查研究的结果表明：

小公司更倾向于采用新建和合资的进入方式。①

第四节　中日企业海外发展比较

以上三节我们从一般层面介绍了企业国际化/跨国化的进程、方式和进入模式，在本节中，我们将其落实到日本企业和中国企业的实践上，通过中日企业海外发展的比较，将会更有效的掌握"从国内企业成长为跨国公司"战略行动的特点。

一、日本与中国企业海外发展概况

至今为止中国企业的海外发展仍处于初期阶段，将其与日本企业在 20 世纪 50—70 年代的海外发展（也是初期阶段）进行比较，会有很高的价值和意义。这里比较的重点是制造业企业的海外直接投资，其中经常要联系到一个参照系，即美欧国家的跨国公司先行者。

（一）二战后日本企业海外发展的进程

二战后，日本企业的对外直接投资从 1951 年开始，至 1989 年可以大致划分为三个阶段。

1. 1951—1969 年，缓慢起步期

1951 年日本政府颁布《外汇与外贸管理法》，以审批制度允许企业对外直接投资。由于外汇缺乏，对外直接投资一直受到严格限制。1951—1962 年年均投资额不足 1 亿美元，每项投资的平均规模只有 71.2 万美元；1963—1969 年间的年度投资额从 1 亿美元逐步上升到 6 亿美元。②

2. 1970—1984 年，加快发展期

从 20 世纪 60 年代中期起，日本的国际收支转为黑字，外汇储备逐年增加。日本政府自 1969 年 9 月开始采取对外直接投资自由化措施，从原则禁止转变为原则自由。1970 年对外直接投资总额上升到 9 亿多美元，1972 年达到 23 亿美元，1973 年又增至 35 亿美元，从而进入加快发展期。

---

① M. Fujita. The Transnational Activities Small and Medium-sized Enterprises. Kluwer Academic Publishers，1998.
② 日本大藏省. 财政金融统计月报，各年.

3. 1985 年以后，急速膨胀期

1985 年 9 月 "广场协议" 迫使日元大幅度升值，导致日本企业海外发展急速膨胀。从表 5-7 中可以看出，首先是对外投资规模迅速扩大，从 1984 年的 101.6 亿美元猛增到 1989 年的 675.0 亿美元；其次是海外并购件数的明显增加，从 1984 年的 44 件上升至 1989 年的 405 件，并购总额也有大幅增加。

表 5-7　日本企业的对外直接投资，1984—1989 年

年份	1984	1985	1986	1987	1988	1989
总额，亿美元	101.6	122.2	223.2	333.6	470.2	675.0
并购件数	44	100	204	228	315	405

资料来源：东洋经济统计年鉴. 东京：东洋经济新报社，1991.

（二）中国企业海外发展的进程

1949 年新中国成立后的三十年里，中国政府不允许企业到海外投资，关起门发展了一批比较大的工业企业。20 世纪 70 年代中国开始以企业为主体进行有偿的工程承包和劳务输出活动，成为中国企业走向跨国经营的前奏。这一时期可以称之为中国企业跨国化进程的 "预备阶段"。

改革开放之初的 1979 年 8 月，中国政府提出了 "出国开办企业" 的经济改革措施。迄今为止，中国企业的海外发展可以划分为三个阶段。

1. 1979—1995 年，转折型起步期

用 "转折型" 来定义中国企业跨国化的起步阶段，就是要强调其既不同于欧美的先行者们，也不同于日韩等亚洲后来者的特点，即起步阶段的主体是一些在原来 "闭关锁国" 条件下已经 "长得很大" 的企业，在对外开放后转而进行跨国化发展。这个阶段跨国经营的主力军是大中型国有企业。这类企业在计划经济体制和不开放的封闭经济环境中建立和成长，在初次跨国经营之前，它们已拥有相当的规模和实力（与其他国有企业相比较）。当国家的经济政策转为对外开放后，这类企业才开始其跨国经营。因此，我们称其为 "转折型"，主要有以下特征：（1）企业是在经济不开放的条件下建立并发展壮大的；（2）企业所在国从某个时点开始从封闭经济转向开放经济；（3）实施国家开放经济政策是企业跨国经营活动的主要动因；（4）企业开始跨国经营时，虽然规模与实力较一般企业要大得多，但既缺乏海外市

场的运作经历和经验（大多拥有产品出口经验），又缺乏国内市场上与外国跨国公司竞争的能力（大多拥有国内中外合资经验）。以首钢总公司为代表的工业企业、以中国化工进出口总公司为代表的专业外贸企业等都属于这种"转折型"跨国经营模式。

跃进是转折型跨国经营模式的主要特征。这种跃进特征主要表现在以下几个方面：(1)"无知者"特征，在跨国经营之前，这类企业缺乏或只拥有较少的海外市场运作经历和经验（最多拥有一些产品出口经验），再加上当时中国处在对外开放的初期，外国企业在中国只是试探性地投资和经营，大型跨国公司并未大规模地进入中国，它们也就未形成与外国跨国公司竞争的能力。也就是说，这类企业既不了解海外市场，也不了解竞争对手。(2)"无畏者"特征，在新建投资、合资联盟、跨国并购三种主要跨国经营方式中，这类企业主要选择了运作难度大、能力要求高的跨国并购方式。而且在具体运作跨国并购项目时，主要依靠企业自身的资源和能力（政府提供某些政策支持），而较少借助外部尤其是外国的专业并购中介机构的资源和能力。(3)"无效者"特征，自身基础条件的先天不足，再加上采取难度最大的跨国并购方式，其结果就是成效不大但付出了较高的代价或者以失败而告终。

首钢、中信总公司、中化集团等一批大型国有企业是这个阶段的主体，首钢是最典型的代表者。它们在跨国化的动因、行为方式和策略等方面，与其他类型的跨国公司都有许多差异。这个阶段中国企业对外直接投资的规模很小，年平均投资额只有1.14亿美元。[①]

2. 1996—2003 年，常规型发展期

常规型跨国公司是指那种在一个国家的国内市场产生的企业，当它们长大后"自然而然"地向国际市场扩展而成为跨国公司的类型。中国在改革开放后产生的一大批企业，当它们成长壮大后自然而然地开始了跨国化发展，因此构成了第二阶段的主体。这阶段首批中国企业的海外投资集中于 1996 年（见表 5-8）。所以我们把这个阶段的起点定在 1996 年。这个阶段的典型代表是海尔集团。

---

① 康荣平等. 中国企业的跨国经营. 北京：经济科学出版社，1996.

表 5-8　中国后发常规型跨国公司的首次海外投资

公　司	年份	地点	内容
小天鹅公司	1995	马来西亚	建家电厂
海尔集团	1996	印度尼西亚	建家电厂
海信集团	1996	南非	建家电厂
华为公司	1996	香港	建电讯项目
金城集团	1996	哥伦比亚	建摩托车厂
万向集团	1997	英国	收购 AS 公司
华源集团	1997	尼日尔	收购纺织厂

资料来源：康荣平，柯银斌. 中国企业评论. 北京：企业管理出版社，1999.

常规型成长阶段的行为主体大多是新兴的国有民营企业。与转折型不同，这类跨国经营的行为主体具有以下特征：（1）企业诞生于计划经济向市场经济的转轨过程中，是在开放经济环境下成长起来的，而不是在封闭经济环境中长大的；（2）企业的成长过程既是国内市场地位不断上升的过程，又是国际化经营/跨国经营不断演进的过程；（3）在首次海外直接投资与经营之前，企业不仅在国内市场占据较好的地位，拥有与外国跨国公司合作与竞争的经验和能力，而且产品出口及海外销售具有相当的基础，对某些海外市场有较多的了解；（4）企业的跨国经营行为是在总体战略指导下进行的，而不是由政府的政策所驱动。

渐进是常规型跨国经营模式的主要特征。这种渐进表现在两个方面：一是国际化/跨国化战略行为地位的渐进性，初期以内向国际化为主，随着企业的不断成长，国际化/跨国化的地位不断循序上升，逐渐以外向国际化为主；二是国际化/跨国化战略行为本身的渐进性。例如行为方式的渐进性表现为：在国内市场占据较好的地位之后，从产品出口开始，其中又是从间接出口到直接出口，从代理出口到自营出口，然后是在海外设立销售机构。在产品在海外市场占有一定份额的时候，开始在海外建立生产性企业，其中又是从独资/合资新建方式，再到并购海外企业。此外还有活动地理范围的渐进性、目标客户群经济文化的渐进性等。

从行业方面看，排在前面的是家用电器和自动车制造业。1997 年是中国从短缺经济转变为过剩经济的转折点，从此绝大多数产品都是供大于求。中国的家用电器和摩托车行业在 20 世纪 90 年代上半期就率先进入供大于求状况，这些行业的企业成为第一批常规型跨国发展者也就有必然性了。

3. 2004 年迄今，加速发展期

2001 年底，中国正式加入 WTO，成为欧美发达国家主导的全球经济体系中的一个成员。中国政府开始鼓励中国企业"走出去"，尤其是以海外直接投资方式走向世界。到 2004 年，中国企业的跨国并购形成了第一个高潮，这预示着一个新的阶段的到来，我们将其称为加速发展阶段。

这个阶段的国内外环境发生了本质的变化。从国外环境来看，外国跨国公司的密集度达到"空前"的程度，它们的经营活动遍及全球范围内几乎所有的细分市场，留给后来者的"利基市场"越来越少、越来越小，这些变化向跨国经营的后来者提出了严峻的挑战；同时，外国跨国公司的战略调整和重组仍在持续进行中，为了巩固自身的"势力范围"或实现战略转型，它们主动或被动地放弃非核心业务或曾是核心但未来不再具有竞争力的某些业务，这些变化又为跨国经营的后来者带来了全新的机会。

再从国内环境来看，中国开始真正地进入全球经济体系，外国跨国公司在中国市场上加强投资力度并深化经营活动；中国的市场经济体制基本形成，改革开放初期由于转轨和对外开放带来的表层性市场机会不复存在，企业之间的竞争焦点从单一要素转向全面能力，竞争范围从相对独立的国内市场转向全面开放的全球市场；企业必须具有全球的战略视野，在全球范围内配置资源（尤其是人力资源），才有可能取胜竞争对手并获得持续的成长。

前两个阶段里，中国企业的海外进入方式都是以绿地新建为主的。2001 年底中国加入 WTO 之后，中国企业面对的全球化竞争压力明显增加，迫使他们加快了跨国化的步伐。跨国并购迅速成为中国企业跨国化的重要进入方式，并在 2004 年达到第一个高潮。中国新闻社评出的 2004 年中国十大经济新闻之一就是"中国企业海外大并购——中国企业今年海外并购的数量、规模和方式都前所未有。上汽收购韩国双龙、TCL 和汤姆逊组建全球最大彩电企业等震动业内。年底，联想收购跨国公司 IBM 的 PC 业务打造全球第三大 PC 厂商，更是让中国企业的海外大并购达到了一个新高度。"从表 5-9 可以看出，中国企业对外直接投资中并购所占比重，2003 年仅为 18.0%，2004 年猛升至 31.8%，2005 年再升至 53.0%；中国企业对外直接投资总额也迅速上升。联想收购 IBM 的 PC 业务，中国蓝星集团收购罗地亚的有机硅业务和安迪苏的蛋氨酸业务，TCL 收购汤姆逊彩电业务和阿尔法特的手机业务。这个阶段的典型代表是联想集团。

表 5-9 中国对外直接投资中的新建与并购

年份	总额，亿美元	新建比重	并购比重
2003	28.5	82.0%	18.0%
2004	54.9	68.2%	31.8%
2005	122.6	47.0%	53.0%

资料来源：商务部. 2003 年度中国对外直接投资统计公报，2003；2005 年度中国对外直接投资统计公报，2005；国际经济合作，2005（3），p4.

加入 WTO，以及外汇储备的迅速增加，使中国政府对企业海外直接投资从严格审批转向积极促进。2004 年商务部颁发《关于境外投资开办企业核准事项的规定》，下放了对外投资核准权、简化了相关手续。

二、背景和条件

在日中企业比较之前，我们认为有必要先把日中企业在世界各国企业国际化进程中的某些位置，通过比较分析予以明晰。首先，纵观世界各国企业国际化或跨国公司成长的众多历程，我们认为，可以从企业开始国际化及其国际化所处的大环境的不同，把企业的国际化或跨国公司成长划分为两大类型：先发展型和后发展型。日本和中国的公司都属于后来者，虽然中国公司比日本公司更晚，但是他们都属于后发展型跨国公司。

其次，欧美发达国家创建了现代企业和市场经济体制，主宰着相关的游戏规则和商业语言。日本、中国与欧美发达国家，在语言文化上都有很大差异。这造成日本、中国的企业：（1）进入欧美国家直接投资时的文化障碍很大，即"心理距离"（Psychic distance）① 很大。（2）直接聘用欧美经理人才难度极大，从数量的角度只能靠自己慢慢培养——同样作为后来者的澳大利亚和印度企业在这方面则容易得多。

在企业海外发展的背景和条件上，与美欧企业相比，中日有很多相同之处；但中日企业之间比较，却差异很大。

---

① 这一概念最早由 W. Beckmann 在"欧洲内部贸易的距离和形式"一文中提出，载于《经济和统计评论》1956 年第 28 卷。

（一）国内市场的作用

在国内市场的大小及其对该国企业成长的作用程度上，中国大于日本，更大于韩国（中国>日本>韩国）。这一因素的差异，导致了在企业从纯本土公司成长为跨国公司的动力大小构成反比关系，即在其他条件相同时，一个国家的国内市场越大则该国企业跨国化的动力越小。具体说来，就是企业跨国化的动力：中国小于日本、更小于韩国。中国企业海外发展能有今日之业绩，很大程度上是由于下一个因素。

（二）国际经济背景的差异

中国企业开始海外发展时，正值经济全球化浪潮兴起。这是中国企业与日本企业相比，在向海外发展初期国际经济背景上的最大差异。经济全球化使大部分中国企业在国内立足未稳时，国内市场已经国际化，"中国已经被普遍认为是世界上竞争最激烈的经济体，甚至在许多观察家眼里已经属于过度竞争了"。[①] 这迫使中国企业迅速向海外发展。

（三）国际市场的空隙

比较而言，二战后日本企业海外发展时，由于二战毁坏了大批欧洲企业使国际市场出现许多空隙；当20世纪末中国企业开始海外发展时，所面对的国际市场已经大相径庭。我们用一些数字粗略地说明这方面的差异（见表5-10）。二战后日本企业海外发展的初期，我们只能找到1969年的资料——国际市场中的跨国（子）公司总数只有2.7万家，当年的全球对外直接投资总额只有120亿美元；而当中国企业海外发展时，用1995年的资料——国际市场中的跨国（子）公司总数已达27万家（是1969年的10倍！），当年的全球对外直接投资总额已达3500亿美元。打个比喻说，当年日本企业到一个海外市场时面对的竞争企业如果是3个的话，今日的中国企业将面对30个竞争企业。

表5-10　全世界跨国公司的数量发展

年份	母公司（万家）	海外子公司（万家）	FDI 流量（亿美元）
1969	0.73	2.7	120
1978	1.07	8.2	
1990	3.5	15	2250
1995	3.9	27	3500

资料来源：UNCTD, World Investment Report, N. Y., UN Pub., every year.

---

① 乔·安德森. 走出神话. 北京：中信出版社，2006.

（四）企业体制方面的差异

二战后，日本经济迅速改革为市场经济，私营企业成为主体；20 世纪 50 年代起至今，日本企业海外发展的主体一直以私营企业为主，体制上没有大的障碍。中国从 1949 年起的 30 年间实行计划经济，国有企业占绝大多数；1978 年末起改革开放，向市场经济转型，但由于政府管制等因素，走出去的主体是以国有企业为主。直至 2004 年，中国海外直接投资的主体，第一位的仍然是国有企业，占总数的 34%。[①]

（五）与日本相比，中国准备不足

纵观日本企业在 20 世纪 50、60 年代的海外发展，由于竞争对手少，可以从容进行，一些企业还有二战前积累的海外经验。反观中国企业，经过 30 多年的闭关锁国后，开始改革开放，经济转轨；市场化改造任务尚未完成，全球化、WTO 已经降临，只好仓促上阵走向海外。企业如此，政府也同样——中国政府在如何支持企业走出去方面没有任何经验，只有"摸着石头过河"制定相关政策。

还有，从技术基础，尤其是在自主创新能力方面，中国企业不如当年的日本企业。

（六）日本先走出去后引进来，中国相反

这是指政府政策导向上的差异，日本政府和经济界在二战后很长时期里抵制外国资本的进入，而积极鼓励本土企业走出去；直至 2000 年前后才开始鼓励外国企业到日本直接投资。中国在改革开放后一直积极鼓励外国企业到中国直接投资，在 2000 年以后才开始鼓励本土企业走出去。导致这些政策导向差异的重要原因之一是，中日两国企业跨国化初期的背景条件上的差异，例如，国内市场大小及担心外企占有的程度不同，以及在国际市场经验方面中国企业远不如日本企业等。

三、中日比较：进程与特点

中日企业在海外发展的具体进程中，各有哪些特点，有哪些相同或差异？

（一）中国企业跨国化的转折型起步属于"空前绝后"

中国企业在 1949 年后 30 年间在计划经济和闭关锁国的条件下成长，此后进行对外开放和渐进性改革，由此形成以国有企业为主体和跃进性步伐为特色的"转折型"

[①]　中国商务部. 2004 年度中国对外直接投资统计公报，2005.

起步阶段。这一特点是"空前"的，美、欧、日、韩跨国公司都没有。它又将是"绝后"的，具有类似条件的苏联及东欧国家，由于采取了激进型改革也就不可能出现以国有企业为主体的跨国化发展了。

（二）海外发展的阶段与速度之比较：中国企业更快

主要由于外汇短缺，中日两国都经历了20年左右的"严格审批"阶段后，才进入快速发展期。如果单从对外直接投资流量的增长这一因素看，中国企业的发展速度超过了日本企业。例如，从起步到年度投资额达122亿美元，日本用了35年，中国只用了27年。但是从"强势企业文化"的因素看，中国则落后于日本，1970年前后（从起步算大约20年）日本企业已经形成了所谓"日本经营方式"，用以整合海外企业取得良好业绩；中国企业从起步算至今已经27年，却还没有形成自己的"强势企业文化"。当然，这与前述的中国企业体制和准备不足等因素直接相关。（参见专栏5-4：联想与索尼比较）

（三）海外进入方式：从新建到并购

作为后发展型跨国公司的日本企业，在海外发展初期的进入方式上，与先发展型的美国跨国公司有明显差异，那就是偏重选用合资以及新建企业的方式。1970年底对日本60家跨国公司的562家海外企业的调查，独资仅占6%，合资则占94%。[①] 而据联合国跨国公司研究中心的数据显示：1951年以前，美国180家跨国公司海外企业中的独资比例为58.4%。[②]

同样作为后发展型的中国跨国公司，在海外发展初期的进入方式上与日本基本相同。截至1995年，中国跨国公司海外企业中的独资比例为21%，合资为79%。[③]

在海外市场进入时选择新建还是并购企业方面，由于海外并购企业方式比新建方式在经营管理能力上要求高很多，作为后发展型的日本与中国跨国公司，在海外发展初期都采取了以新建企业为主的进入方式。中日两国的企业都是在以新建企业为主要方式持续了很多年后，海外并购方式才上升为重要方式，只是在持续时间长短上略有差异——日本大约35年，中国是25年。可以认为，中国企业是由于加入WTO的全球化竞争压力而加快了海外并购方式的采用。另外，20世纪80年代以来，伴随着经

---

① 李文光等. 日本的跨国企业. 北京：中国经济出版社，1993.
② 联合国跨国公司中心. 再论世界发展中的跨国公司. 北京：商务印书馆，1982年译版.
③ 康荣平等. 中国企业的跨国经营. 北京：经济科学出版社，1996.

济全球化，跨国并购上升为世界各国对外直接投资中的主导方式，这也应该是促进中国企业加快采用海外并购方式的一个原因。

·专栏 5-4·

联想与索尼比较

联想公司 1984 年诞生于中国北京的中关村。初期，由于行政管制不许可联想生产计算机，只好到香港去开发经营计算机主板，面向国际市场获得成功后，才被政府批准生产计算机。从 1990 年起联想在国内建立起个人计算机的生产和销售网络，终于在 1996 年居中国 PC 市场第一，并保持至今。随着在国内 PC 业务的上升，联想逐渐放弃了主板的生产和国际销售。2001 年，联想采取多元化战略，仍然面向国内市场；三年后宣告多元化战略失败，裁员收缩战线。此时 IBM 找上门，希望把个人电脑部门卖给联想。联想决定一搏，2004 年底以 17 亿美元收购 IBM 个人电脑部门。

日本索尼公司于 1946 年成立，由于国内电器市场规模有限而且竞争激烈，"战后才产生的索尼在国内难以取胜"。所以从 1953 年起决定把经营重点转到国内市场，第一个目标是外销内销各占 50%；1959 年基本实现该目标后，开始海外建生产厂和销售公司。进入 20 世纪 70 年代，索尼公司在美欧各地大兴土木建工厂，逐渐形成全球生产体系。在索尼公司总销售额中海外市场的比重，20 世纪 70 年代末已达到 65%，1990 年更是达到 75%。

索尼与联想在各自国家同期的企业中，都是拥有优秀企业家和较多技术能力的佼佼者，但主要由于日本与中国国内市场规模的差异，使两者走上了不同的成长道路。索尼很早就把重点转向国际市场，并越走越坚决。联想在 20 世纪 80 年代由于行政管制被迫去开发国际市场，一旦行政批准就一头扎入国内市场，并完全放弃国际市场，即使遇到困难后仍以国内市场为目标实施多元化战略，最后是临危一搏抓住 IBM 送来的机会开始跨国化发展。不过联想的这种跨国化方式也创下了一个纪录：大型企业以大型跨国并购方式直接“走出去”，在日本企业中尚无先例。

资料来源：世界经济与政治，2007（8），74-80.

（四）海外发展的行业选择：有同有异

由于中日在行业统计上差别较大，我们选取各自的初期分别列表，进行粗略比较。

作为后发展型的跨国公司，中国和日本的企业在海外发展初期的行业选择上也有基本相同的方面。首先是商务服务业（包括批发零售）的比重很高（见表5-11和表5-12），中国已经超过36.6%，日本如果加上金融业其比重会超过25%。这可以说明“扩大对外贸易”同样是两国企业海外发展初期的重大任务，中国企业由于还同时肩负着向市场经济转型的任务，所以其比重更高。至于更深层次的原因，是后发展因素，还是中日与西方的语言文化差异因素影响更大，值得进一步研究。

表5-11　2004年中国对外直接投资存量的行业分布（非金融业）

行业	商务服务	批发零售	采矿业	运输仓储	制造业	IT业	其他
占比%	36.6	17.5	13.3	10.2	10.1	2.6	9.7

资料来源：中国商务部. 2004年度中国对外直接投资统计公报，2005.

表5-12　1972年日本对外直接投资存量行业分布（非金融业）

行业	采矿	商业	纺织	林木	机械	冶金	其他
占比%	45.9	15.2	8.4	5.9	5.5	4.9	14.2

资料来源：関口末夫等. 日本の直接投資，1974.

其次是制造业方面的相同之处，即都是劳动密集的轻工纺织行业，另外就是（获取）自然资源的诸行业。日本经济学家小岛清（K. Kojima）教授分析了这种海外发展模式的特点①：（1）日本对外直接投资以对自然资源开发获取、生产纺织品、零部件等标准化的劳动密集型行业的直接投资为中心；（2）日本对外直接投资以中小企业为主体，因而其规模也远比欧美国家小得多，转让技术也多为适用技术，符合当地的生产要素结构与水平，投资也多采用合资形式；（3）日本对外直接投资与贸易是互补

①　小岛清. 对外贸易论. 天津：南开大学出版社，1987年译版.

的，可称为顺贸易导向型的对外直接投资。

　　除了以上经济学角度的解释外，我们认为还有管理学角度的原因，那就是面对先行者的诸多优势，后来者在战略上首先要"避实击虚"才容易成功。让我们先看看先发展型跨国公司的某些特点。钱德勒（Alfred D. Chandler Jr.）曾总结1974年全世界那些雇员超过2万人的大公司（401家）分行业和分国家的分布状况。① 在那个时代里，虽然并不是所有的大企业都能发展成为跨国公司，但几乎所有的跨国公司都是从这些大企业发展而来的。换句话说，可以把这些大企业近似地看成是跨国公司，从而借此粗略地分析出先行者们的若干规律性。从这401家"跨国公司"中可以看出，绝大部分集中在资金密集度高、规模经济优势明显的化工、金属材料和机电设备行业，而在劳动密集、最佳经济规模很低的服装皮革、家具行业只占6.7%（27家）。

　　钱德勒后来在其1990年出版的《规模与范围》一书中，设立了专门的章节论述"先行者与挑战者"（后来者）问题。② 他认为先行者是在第二次产业革命中建立新产业的那批现代工业企业（跨国公司大多产生于此），它们主要来自资本密集型产业。这些先行者在制造、营销和管理三方面进行互相关联的投资，而建起了市场进入的强大壁垒。钱德勒认为，新的挑战者（后来者）几乎无法逾越这种壁垒。

　　以上的论述可以归纳为两点：（1）先发展型的跨国公司绝大多数集中于资金密集型的行业；（2）这些先行者们建起了强大的进入壁垒，后来者在这些行业中成功的几率是很小的。因此我们认为，中国和日本跨国公司早期的这种行业选择，是遵循"避实击虚"战略的一种必然结果。

　　如果仔细分析，可以看出中日两国的海外行业分布还是有一些差异的（见表5-11和表5-12）。首先，日本在资源类（矿业和林木）投资的比重远远高于中国，这是由于日本比中国更缺乏资源而致。其次，在制造业所占比重上，日本大约是28%，明显高于中国的10%。这表明中国企业能力上的差距，也许还有体制的因素。日本制造业中排首位的是纺织业，占总投资额的8.4%，③ 而中国的同比数字根据大量调研推算只有1%~2%，这其中的原因更值得深入研究。

（五）海外发展的地区差异较大

　　从表5-13中可以明显地看出，中国企业与日本企业在海外发展的地区上的差异

　　①　Alfred D. Chandler Jr. The Evolution of Modern Global Competition，1986.
　　②　钱德勒. 企业规模经济与范围经济. 北京：中国社会科学出版社，1999年译版.
　　③　関口末夫等. 日本の直接投资. 东京：日本经济新闻社，1974.

主要在美欧发达国家——日本为 41.1%，中国只有 3.8%。这一差异产生的原因，我们认为主要是中国企业在能力和经验方面的差距所导致。

表 5-13　中国日本海外直接投资存量的地区比较

	亚洲	北美	南美	欧洲	大洋洲	非洲
日本，1974 年	30.8	23.8	19.8	17.3	5.9	2.4
中国，2004 年	74.6	2.0	18.4	1.8	1.2	2.0

资料来源：日本大藏省. 我国的海外直接投资. 东京，1988；中国商务部. 2004 年度中国对外直接投资统计公报，2005.

（六）综合商社的功能与效果

日本企业在跨国化进程中，发展出一种符合本国国情的特殊的跨国公司——综合商社。综合商社属于典型的后发展型跨国公司，它在日本经济的国际化发展中起到了十分重要的作用。例如，日本中小企业的海外投资大多数是在综合商社指导下或合作进行的。中国企业在跨国化的转折型起步阶段，形成了一批国有的专业外贸公司，也试图学习日本建立中国的综合商社，结果却失败了——这些专业外贸公司在常规型发展阶段（1996—2003 年），逐渐失去外经外贸垄断权后江河日下、难以维持生计。与日本相比，在建设综合商社方面中国的失败应该是体制的问题，想用国有企业的体制建立一种为中小企业服务只挣微薄利润的跨国公司，看来是南辕北辙。

问题依然存在——后发展国家的广大中小企业走出去，谁来帮助和支持？在中国，这些中小企业绝大多数都是民营企业，问题更为突出。笔者寄希望于在已经民营化的外贸公司中产生一批综合外经贸公司承担此任。

（七）学习管理：中国企业积极

在对跨国经营管理经验的学习上，由于从明治维新到 20 世纪 60 年代，日本企业已经形成了很有特色的"日本经营方式"。此后，日本经理人固守着"日本经营方式"，无论欧美跨国公司形成了什么新的管理方式，往往不会积极地学习改动。与此不同的是，中国企业在 1949 年后移植了苏联计划经济的管理方式；改革开放后转而学习发达国家市场经济的管理方式，至今还没有形成一种稳定的管理模式。这造成中国的经理人在近 20 年来思想非常开放，非常积极学习外国先行者们的管理方式、方法和经验。对这方面，美国著名的毕博管理咨询公司（Bearing Point）的董事长 R. 麦克盖瑞指出："当我来到中国，我发现中国人的商业思维和实践与美国非常一致。相对于日本人，中国人更加有进取心，愿意很快地迎接改变。"[1] 全球著名营销顾问公司科特勒营销集团（Kotler Marketing Group）的总裁 M. 科特勒认为："中国企业在跨国并购时表现出的敏锐的战略眼光，和 20 世纪 80 年代日本进行跨国并购的一些古怪的和随意的行为形成了鲜明对比。与中国不同的是，日本人对自己的制造和科技行业以及管理风格非常自豪，这种心理使他们不能很好地与并购的企业进行合作。日本公司总是喜欢花钱在新市场上扩张和延伸它们的行业和企业。而中国公司的思想更加开放，更加注重行业的协作，它们收购的目的是为了改进企业的战略，它们会借鉴和引入当地的管理经验。"[2]

也许历史开了一个玩笑：中日两国经理人在对待西方流行的管理理论和方法的态度上，比较两国上层人士在近代史上对待西方洪流的态度上，正好相反！

五、初步的结论

通过上面的比较与分析，我们可以得出若干初步的结论。

（1）对经济社会活动进行比较研究，在比较对象的选择设计上，一定要高度关注比较对象之间的可比性因素。只有比较对象之间具有较高的可比性时，比较研究才可能具有较高价值。对于日本与中国企业海外发展的比较研究，可以认为，选择日本企业 20 世纪 50—70 年代与中国企业 20 世纪末进行比较，是可比性最大的方案（见表 5-14）。

（2）日本企业在二战后的海外发展初期具有以下特点

①由于日本自然资源高度匮乏，加上国内市场有限，致使日本企业海外发展的动力非常强。

②在 20 世纪 50—60 年代，由于欧洲企业受二战破坏，整个世界市场上空隙很大，某些区域市场甚至比二战前有更大空隙。

③由于日本企业在二战前已经积累了一些国际化经营的经验，所以，在美欧以外的后来者中，二战后的日本企业是"最"有经验的。

④日本企业在二战后的海外发展中，有足够的时间走上渐进主义道路，以最低的风险从容积累经验和培养人才。从效果看，其海外发展初期的成功率较高；直至进入大规模并购阶段，由于东西方语言文化差异等因素，才出现较高的失败率。

---

① 程苓峰. 中国企业不会重蹈日企的收购失败史. 中国企业家，2005（6）.
② 科特勒. 中国企业"走出去"的 24 个战略. 成功行销，2003（11）.

⑤组织创新。任何国家的企业海外发展中最大的难题之一是如何帮助中小企业走出去。日本在这方面进行了有效的组织创新，创建出一种新型的企业组织——综合商社，极大地促进了日本中小企业的海外发展。

（三）中国企业海外发展初期的特点（见表5-14）

（1）海外发展动力较小。在这一期间，中国成为全球发展最快的大型市场，并且在前20年里自然资源基本自给，所以中国企业海外发展动力较小。

（2）世界市场上的空隙，与当年日本企业海外发展时相比，已经很小很小；世界市场中的竞争程度更加激烈，跨国公司海外子公司的数量已经增长10倍。

表5-14　日本与中国企业海外发展相关因素比较

	日本	中国
国际化动力	大	小
国际化背景	经济全球化前	全球化兴起
国际市场空隙	大	小
国际化准备	从容准备	严重不足
企业体制	私营企业	国有占多数
出与进的关系	先走出去，后引进来	先引进来，后走出去

（3）准备不足。首先是缺乏经验，中国在1949年后的三十年里几乎处于封闭状态，导致中国企业在海外发展时的经验和人才准备不仅比日本当年差很多，而且要比绝大多数后发展国家都要差。其次是企业体制，中国从1949年起实行计划经济，国有企业占绝大多数，1978年末起改革开放向市场经济转型，至今国有企业仍占较大比例。

4. 发展速度和方式升级较快。中国企业海外发展的速度，以年度海外直接投资额计算是超过了当年的日本企业；在海外进入方式上，从以绿地新建为主发展到新建和并购方式并举，中国企业比日本企业用的时间较少。

5. 经济全球化对中国企业影响甚大。加入WTO后的中国市场已经高度国际化，中国企业面对的全球化竞争压力明显增加，迫使它们迅速向海外发展。另外，正是这些竞争压力促使中国企业大量采用最快的海外进入方式——跨国并购。

6. 差距与学习。中国至少在两个方面值得向日本企业认真学习：首先是建立具有本国特色的强势企业文化；其次是在帮助中小企业海外发展方面的组织创新。这两个方面对于中国企业的海外发展，已经是迫在眉睫需要解决的重大问题。

第六章 | 中国企业国际研发战略联盟

战略联盟是企业跨国获取创新资源、开展国际合作经营、实施国际化战略的重要途径之一（其他途径还有绿地投资和收购兼并）。在中国企业跨国成长的过程中，无论是采取利基战略、嵌入战略、承接战略，还是采取抢先战略，战略联盟都是重要的战略实施新途径。为什么说是"新"呢？因为中国企业在国际化战略实施过程中，除在中国与发达国家企业建立合资合作企业外，在跨国经营中较少采用战略联盟方式。

发达国家的跨国公司在实践中创建了多种类型和方式的战略联盟，国外学者也进行了许多专门的研究。中国企业首先要学习这些战略联盟的实践和理论。

根据第二章提出的中国跨国公司新目标是进入"全球 100 强跨国公司"，且研发密集是全球 100 强跨国公司的新趋势。因此，国际研发战略联盟在中国企业的未来发展中，将会扮演越来越重要的作用。而且相比制造联盟和营销联盟，研发联盟也是管理难度最高的。所以，本章专门讨论国际研发战略联盟，在梳理并评述国际战略联盟主流理论的基础上，提出适用于中国企业的基于位置与目标的国际研发联盟模型，并结合中国企业典型案例进行分析，归纳并总结出中国企业建立国际研发战略联盟的成功要点。

第一节 国际战略联盟主流理论

20 世纪 80 年代，美国 DEC 公司总裁简·霍兰德和管理学家罗杰·奈格尔最早提出战略联盟（strategic alliance）一词，引起了实业界和企业界的关注和重视。关于战略联盟的定义颇多，在此仅介绍有代表性的三个定义：[1]

蒂斯（Teece）认为，战略联盟是两个或两个以上的企业为了实现资源共享、优

---

[1] 孙薇. 跨国公司实施研发战略联盟的策略研究. 大连海事大学硕士学位论文，2005（3）.

势互补等战略目标，而进行的以承诺和信任为特征的合作活动。

库尔盼（Culpan）把战略联盟定义为跨国公司之间为追求共同的战略目标而签订的多种合作安排协议。

迈克尔·波特（M. E. Porter）认为，联盟是指企业之间进行的长期合作，它超过了正常的市场交易但又未达到合并的程度。

由此，我们看到战略联盟应包括以下要素：

主体——谁参加联盟？企业是主体，有时还包括大学、研究机构及政府部门。不同国家的企业作为成员的联盟称为国际或跨国战略联盟。

目的——为了获得或实现什么？即联盟成员对联盟的期望，一般目的有资源共享、优势互补和风险共担。

内容——开展什么样的活动？生产、研发还是营销？研发联盟就是指以技术与产品研发为主要内容的战略联盟。

方式——如何开展这些活动？股权式还是非股权式？包括具体的规则、程序、方式、方法以及相应的支持体系。

特征——与其他企业间关系相比较而言的特点和性质。例如，承诺和信任；超过了正常的市场交易但又未达到合并的程度。

效果——实际回报与目的之间的评估结果。

研究战略联盟的论著有很多，其中日本迈克尔·Y. 吉野与印度 U. 斯里尼瓦萨·朗甘合著的《战略联盟：企业通向全球化的捷径》较为全面和深入。该书认为，战略联盟联系着两个或多个企业商业往来的各个具体层面。实质上是一种契约性的贸易合作关系。它通过促进各方互利的技术、技能贸易以及基于这些技术和技能生产出的产品的贸易，提高参与联盟的各公司竞争战略的有效性。战略联盟必须同时具备下面三个必要且充分的条件：一是共同追求并达成一致的战略目标，联盟方保持相互独立；二是共同分享联盟带来的利益，并共同控制各方所承担的任务的绩效；三是各联盟方在一个或多个关键战略领域（如技术、产品等）连续不断地进行投入。

通常一家企业参与某个战略联盟的目的（战略目标）主要有以下四个方面：提升企业自身的价值；向对手学习，提升企业的战略竞争力；保持战略灵活性；保护核心竞争力。①

更为具体的表述，还可归纳为以下若干方面：降低风险；规模经济；双向技术流

---

① 迈克尔·Y. 吉野，U. 斯里尼瓦萨·朗甘著，雷涯邻等译. 战略联盟：企业通向全球化的捷径. 北京：商务印书馆，2007.

动；控制/降低竞争；规避人为设置的交易障碍；可以真正实现在东道国的国际扩张。[①]

基于以上概念梳理，国际研发战略联盟主流理论的主要内容可归纳如下。

（一）定义、目的与动因

国际研发联盟是由两个或两个以上的不同国家的企业之间建立的、以技术与产品研发为主要内容的战略联盟。它是战略联盟的一种类型，具有以下特征：一是国际性，即参与联盟的企业属于不同的国家，而不是在某个国家范围内；二是内容特定，即技术与产品的研发活动，而不是价值链中的其他活动。当然，与研发活动密切相关的其他价值链活动，本章也适当关注，其目的只在于更加充分地阐述研发活动。

关于国际研发战略联盟的目的与动因，学术界有不同阐述。

企业参与国际研发战略联盟的主要动因有：节约企业研发总费用；迅速攫取经营机会和战略优势；实现资源互补，塑造企业核心技术能力。[②]

跨国研发战略联盟的直接构建动机主要是基于跨国公司自身发展的四个需要：通过技术交流与合作获取技术资源，弥补"战略缺口"；建立新标准与获得标准优势；分担成本和风险；研发本地化及跨越国别障碍。[③]

以上关于研发联盟的目的与动因的研究结论过于一般化，这主要表现在以下几个方面：

（1）未区分联盟中的不同主体。实践中，不同的参与主体有着各自不同的目的与动因，当这些目的与动因之间存在互补性进而形成一个整体时，研发联盟才有可能组建成功。如果不同的参与主体有着完全相同或相近的目的与动因，它们之间将形成冲突关系，联盟也就无从组建成功。同时兼任通用电器、杜邦和花旗公司咨询顾问的塞斯·查伦（S. R. Charan）说过："建立战略联盟是为了进入一个新市场，或获得一种专门技术，或击败市场上的对手。如果联盟达不到上述目标，就不要建立。"

（2）未区分联盟的不同形式。研发战略联盟至少有三种不同的形式，即项目合作研发、研发合资企业、专利互换与交叉许可，这三种形式的目的与动因就有所不同，例如，哈默和普拉哈拉德（Hamel & Prahalad）研究发现，合作伙伴间相互学习对方

① Micheal G. Harvey，Robert F. Lusch. A Systematic Assessment of Potential International Strategic Alliance Partners，International Business Review，1995，4（2），p95-212.

② 徐雨森. 企业研发联盟三维协同机制研究. 大连理工大学博士学位论文，2006（5）.

③ 陈耀. 跨国技术与研发战略联盟动因分析. 学海，2002（1）.

的知识是企业进行合作研发的重要目的与动机。而研发合资企业拥有独立法人地位，因而拥有自身独立的目的与动机，这与作为该企业股东的联盟成员本身的目的与动机有所不同。①

（3）未区分"目的与动因"与"功能与作用"。这两者之间存在较大的差别，前者是企业组建联盟的主观追求和原因，后者是联盟客观上产生的功效。参与国际研发联盟的主要功能与作用有：①聚集更多的技术创新资源，分担技术开发费用与潜在风险。②加速技术创新与创新成果的商业化应用过程，有效地参与全球技术竞争。③相互交流在不同领域、不同产品生产及不同行业的技术知识，取长补短。④借助联合的力量协调和建立新产品或生产工艺的世界统一技术标准。⑤可为隐性技术知识的转让或传递提供一种有效的机制，通过不同组织之间的密切联系与人员之间面对面地沟通，就可以形成适当的开发体系、程序与词汇，从而鼓励有效的技术知识转让。②

为避免上述"一般化"现象，本章采取案例研究方法，以某个特定的中国创新型企业为研究对象，专门分析该企业组建的某个国际研发联盟，进而探讨其主观上的"目的与动因"与客观上的"功能与作用"，最终归纳出成功的主要因素，供中国企业参考。

（二）联盟伙伴的选择

联盟伙伴的选择是战略联盟取得成功的关键因素之一。如何选择联盟伙伴，国外学者的主要研究结论如下。③

米切尔·罗伯特（Milchel Robert）的"三不要"原则：一是不要为了仅仅弥补自身的基础不足而结盟，否则会从一开始就陷入被动的依赖关系中；二是不要与试图通过联盟弥补自身弱点的企业结盟，联盟的基础是各方都应有特定优势；三是不要与只为获得本企业独有技术的企业结盟，这样的企业会对本企业的生存造成重大威胁。这三个原则强调了联盟各成员优势相长、良性互动的内在要求，它们来源于先行者跨国公司的实践，并不适用于非对称型战略联盟（即优势差别较大的企业之间的战略联盟）。

罗仁基和罗斯的"3C"原则：兼容性（compatibility）、能力（capability）和承诺（commitment）。兼容性是指联盟伙伴在经营战略与方式、合作思路以及组织结构和管

---

① 徐雨森. 企业研发联盟三维协同机制研究. 大连理工大学博士学位论文，2006 年（5）.

② 邱立成. 跨国公司研究与开发的国际化. 北京：经济科学出版社，2001.

③ 吴兰. 跨国公司研发产学战略联盟伙伴选择影响因素研究. 河海大学硕士学位论文，2007（5）.

理方式等方面的一致性。能力是指联盟伙伴必须具备一定的能力，使其能弥补本企业的薄弱环节，即资源的互补性。承诺是指联盟伙伴有责任感，能相互承担一定的责任和义务，以弥补联盟伙伴在内部资源和经营目标上的差距。兼容性强调了一致性，能力强调了客观上的互补性，承诺强调了主观上的互补性，因此，"3C"原则适用于非对称型战略联盟。

戴维·福克纳（David Faulkner）认为，正确合作伙伴的选择需要考虑两个基本因素：一是战略协同，二是文化兼容。由此，福克纳提出了一个二维模型，即联盟伙伴战略与文化的组合矩阵。矩阵由 4 个象限组成，象限 1 是战略与文化两方面都存在严重冲突的情形，联盟很难成功；象限 2 是战略协同但文化不兼容，如对文化因素进行调整，减少冲突，则有可能保护联盟的稳定性；象限 3 是战略协同且文化兼容，联盟成功率最大；象限 4 是文化兼容但战略不协同，容易导致联盟解体。这个模型对非对称型战略联盟的有效性还有待考察。

在收集到的战略联盟文献中，很少看到针对国际研发联盟伙伴选择的实证研究。国际研发联盟作为战略联盟的一个类型，其伙伴选择既要考虑以上的一般性原则，同时还要熟练应用以下技巧：选择具有长远眼光的合作伙伴；从现有的合作伙伴中寻找联盟伙伴；关注合作伙伴的战略意图与合作经验；关注合作伙伴的业绩；灵活变通地协作。①

总之，联盟伙伴选择的确是国际研发联盟成功与否的关键因素之一。主流理论主要关注先行者跨国公司之间的联盟伙伴选择原则，而先行者与后发者跨国公司之间的联盟伙伴选择及管理很少受到关注和研究。本章试图在这个方面做些初步的探讨。

（三）联盟的类型与形式

战略联盟存在不同的类型和形式，国外学者根据不同的标准对战略联盟进行了分类（见表 6-1）。②

---

① 孙薇. 跨国公司实施研发战略联盟的策略研究. 大连海事大学硕士学位论文，2005（3）.
② 董芹芹. 企业研发联盟技术学习的理论与实证研究. 武汉理工大学博士学位论文，2009（4）.

表 6-1　企业战略联盟的分类

学者	分类标准	联盟类型
迈克尔·波特（1986）	联盟对象	纵向联盟、 横向联盟
G. Aomel & C. K. Prahalad（1995）	联盟对象	垂直联盟、 水平联盟
David Fauckner（1996）	合作范围	集中型战略联盟、 复杂型战略联盟
	股权	合资型战略联盟、 合作型战略联盟
	合伙人数量	双伙伴战略联盟、 财团型战略联盟
Shantanu & Allen（1997）	合作内容	合资联盟、 许可联盟、 营销联盟
Bernard L. Simonin	合作紧密度和合作范围	非正式合作、 契约性协议、 合资、 股权参与、 国际联合
巴兰森	联盟主体地位差异	互补型联盟、 互惠型联盟
P. Lorange（1993）	联盟组建动因	联合研制型、 资源补缺型、 市场营销型
Gulati R（1995）	是否有股权参与	股权式战略联盟、 非股权式战略联盟

从联盟成员之间的相互影响程度与冲突潜能两个维度进行划分也是一种比较典型的分类方式，按照这两个纬度可将战略联盟分为四种类型，见表 6-2。

表 6-2　战略联盟的竞争性分类

高	预竞争性联盟	竞争性联盟
冲突潜能	亲竞争性联盟	非竞争性联盟
低	低　　　　组织间相互影响的程度　　　　高	

四类战略联盟的主要特征如下：

（1）亲竞争性联盟：跨行业的垂直价值链关系，如制造商与供应商或分销商之间的联盟。

（2）非竞争性联盟：同一行业内不存在任何竞争关系的公司之间的联盟。

（3）竞争性联盟：在合作活动上与非竞争性联盟非常相似，合作方很容易在最终产品市场上成为竞争对手。

（4）预竞争性联盟：主要是把不同行业的公司联系到一起共同从事明确的活动，比如共同进行新技术的研发。

还有必要强调一下战略联盟的另外两类形式：一是非传统合同关系，包括联合研发、联合产品开发、长期外购协议、联合生产制造、联合市场营销、共享分销与服务、标准设置或合作研究；二是股权安排关系，包括创建新的实体和没有形成新的实体。[①]

结合上述分析，国际研发联盟作为战略联盟的一种类型，它具有以下多方面的特征：是横向联盟而不是纵向联盟；是水平联盟而不是垂直联盟；可以是集中型或复杂型，合资型或合作型，可以是双伙伴型或财团型；可以是合资型或许可型但不是营销型；可以是国际联盟而不是国内联盟；可以是互补型或互惠型；可以是联合研制型或资源补缺型但不是市场营销型；可以是股权式或非股权式；可以是竞争性或预竞争性联盟，但不是亲竞争性和非竞争性。

在企业实践中，国际研发联盟主要采用以下三种形式：合作研发、研发合资企业和专利互换与交叉许可。合作研发针对特定的技术领域，通过与该领域领先企业合作，提升本企业在此领域的技术水平，双方投入资源但不组成法律实体。研发合资企业是一种建立在股权合资基础上的，以特定市场领域、产品为导向的联盟方式。专利互换和交叉许可是研发战略联盟的高级形式，只有当企业地位受到同业认可且在专业领域获得大量专利积累的情况下，才能够加入某个专利联盟。

（四）基于位置与目标的国际研发联盟模型

在以上战略联盟及国际研发联盟的文献梳理中，无论是概念定义、目的与动机，还是联盟伙伴的选择，以及类型与形式，都存在以下两个问题：一是忽视了联盟主体所处的技术位置即起点，没有区分处在不同技术位置上的联盟主体所采取的不同联盟类型和形式；二是忽视了联盟主体所追求的市场范围即目标，仅关注到联盟本身的目标，而没有把联盟目标与目标市场联系起来。实际上，联盟主体所处的技术位置决定了伙伴选择及联盟的形式，而联盟主体所追求的市场范围为联盟效果的评估提供了重要的"座标"。因此，从实践角度来看，尤其对作为后发者跨国公司的中国企业而言，技术起点与市场目标这个问题都是至关重要的，只有认清了起点与目标，企业所采取的行动才是有效的。

对某个特定的企业而言，当它考虑采取国际研发联盟这种方式时，它第一个应该思考的问题是：在全球同行业企业中，本企业的技术实力处在一个什么样的位置上？

---

① 迈克尔·Y. 吉野，U. 斯里尼瓦萨·朗甘著，雷涯邻等译. 战略联盟：企业通向全球化的捷径. 北京：商务印书馆，2007.

这个位置大致上可分为三种类型:一是后发者,与全球同行企业相比,本企业的技术实力处在较为落后的位置上;二是追赶者,与全球同行企业相比,本企业拥有一定的技术实力,既不处在较为落后的位置上,也不处在行业领先的位置上;三是领先者,本企业的技术实力在全球范围内处在领先位置,属于第一阵营。

同时,它还要思考第二个问题:组建的国际研发联盟主要服务于哪部分目标市场?目标市场的划分应根据企业具体情况而定,但大致上可分为三个层次:本国市场、多国市场和全球市场;或者划分为三个板块:本国市场、发展中国家市场和发达国家市场。

结合技术位置与目标市场两个维度,我们可构造出一个国际研发联盟的模型,见图6-1。

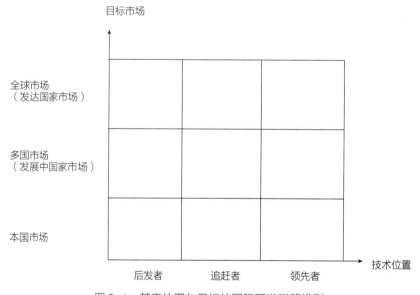

图6-1 基于位置与目标的国际研发联盟模型

从逻辑上讲,图6-1中的九个方格表示该企业可能采取的国际研发联盟的具体行动,每个方格中的行动取决于该企业所处的技术位置和追求的目标市场。但在实践中,有些方格中的行动并不存在,如"后发者/全球市场"方格。

在下文,我们以此模型为分析框架,选择了三家处于不同技术位置的中国企业,来分析它们是如何组建国际研发联盟的,以及这些联盟取得了怎样的市场效果。

第二节　潍柴、海尔和华为的国际研发联盟案例

这三家中国企业分别是潍柴动力股份有限公司（以下简称"潍柴"）、海尔集团公司（以下简称"海尔"）和华为技术有限公司（以下简称"华为"）。为什么选择这三家企业？主要原因在于它们在全球同行企业中的位置不同，正好分别处在后发者、追赶者和领先者的位置上，具有非常典型的代表性。

（一）潍柴：服务于本土市场的后发者

2003 年，潍柴与奥地利李斯特内燃机及测试设备公司（简称"AVL 公司"）建立合作研发关系。在此之前，潍柴通过引进技术并改进，生产出的符合欧Ⅰ、欧Ⅱ标准的柴油机发动机产品在国内市场一直处于领先地位，但与国际先进的欧Ⅲ、欧Ⅳ标准的产品相比仍然处在落后位置。潍柴通过与世界顶级企业的合作研发形式，成功地开发出欧Ⅲ、欧Ⅳ标准的产品，继续保持了国内市场的领先地位。不仅如此，潍柴还在研发战略联盟的基础上，联合零部件供应商和整车制造商组建了价值链联盟，进一步巩固了自身在国内市场的领先地位。

1. 建立研发战略联盟的背景与动因

1984 年，潍柴引进了当时世界先进的奥地利斯太尔 WD615 发动机，并于 1989 年实现量产。20 世纪 90 年代，潍柴的斯太尔 10 升、12 升系列发动机产品应用在重卡、工程机械、船舶、发电、客车等动力领域，国内市场销量领先。

此后，潍柴对斯太尔发动机进行了百余项国产化改进和技术改造。基于引进的斯太尔发动机技术，2001 年，潍柴成功开发并推出了达到欧Ⅰ标准的 WD615 及 WD618 系列柴油发动机，比国家规定的实施欧Ⅰ标准的时间点提前了两年。2002 年，潍柴再次改良 WD615 系列柴油发动机后，达到欧Ⅱ标准，这次又比国标提前了两年。通过提前进行技术革新，潍柴产品继续保持着行业领先地位。

但是，与全球同行企业相比，潍柴的技术与产品处在后发者的位置上，技术实力落后于世界同行业先进企业。当潍柴基于引进技术开发出欧Ⅰ、欧Ⅱ标准发动机产品时，世界先进企业已经在从事欧Ⅲ、欧Ⅳ标准发动机产品的研发并推向市场。与欧Ⅰ、欧Ⅱ标准相比，欧Ⅲ、欧Ⅳ标准发动机的研发，技术要求更高，难度更大。潍柴

起初尝试仿效当年引进斯太尔发动机的模式，与沃尔沃、MAN 等几大外国发动机厂商接触，准备引进这些厂商的欧Ⅲ发动机技术。这几家厂商虽同意向潍柴转让欧Ⅲ发动机产品，但输出的产品却都是在欧美市场即将淘汰的产品。而潍柴则期望在引进新产品的基础上，研发下一代的发动机产品，因而需要的是有升级潜能的新型欧Ⅲ产品。因此，潍柴决定放弃通过引进技术获得新产品的老路子，选择一条自主研发的道路。

相比引进外国的成熟技术与产品，自主研发是一条更为艰难的道路，需要投入大量的人力、物力，并存在极大的不可测风险。这对当时的潍柴来说，由于尚不具备独立从事研发的能力，因而无法完成这项任务。在这样的背景下，潍柴选择了一条特殊的自主研发之路——通过与世界级的同行联盟，以研发战略联盟的形式，进行新产品的自主研发。

2. 与奥地利 AVL 公司建立研发战略联盟

当决定以研发战略联盟形式来完成欧Ⅲ、欧Ⅳ标准发动机产品的研发任务时，潍柴瞄准了在全球发动机技术上处于领先地位的欧洲。作为世界三大内燃机研发中心之一的 AVL 公司，代表世界的最先进水平，是一家为业界提供最新发动机技术的专业公司。此前，AVL 公司已为沃尔沃、MAN、卡特彼勒、康明斯等公司开发了欧Ⅲ标准发动机产品。

AVL 公司由奥地利机械工程专家汉斯·李斯特教授于 1948 年创立，总部位于奥地利格拉茨。AVL 公司创始人李斯特教授在创立该公司前便与中国结下了不解之缘。早在 1926 年，李斯特教授就来过中国。他在中国生活了 6 年，并在上海同济大学执教。改革开放后，当绝大部分外国企业仍对中国改革开放持有怀疑态度的时候，AVL公司已经主动来到中国，成为为数不多的、首批进入中国的外国企业之一。AVL 公司与中国企业、高校积极展开技术合作，为中国培养出一批一流的科技人才、支持中国发动机事业的独立发展。因此，中国的发动机行业一直把 AVL 公司亲切地称为"李斯特研究所"，言意之中即认为 AVL 公司是一个发动机研发、人才培训的基地。

对潍柴来说，AVL 公司是理想的合作伙伴。2003 年，潍柴以联合研发欧Ⅲ发动机为目标，投资 1 亿多人民币在奥地利格拉茨与 AVL 公司联合建立了"潍柴——AVL欧洲研发中心"（简称"欧洲研发中心"，非独立法人地位），正式宣告潍柴与 AVL 公司长期战略合作关系的开始。潍柴因此成为中国柴油机发动机行业首个进入世界技术前沿的企业。

潍柴与 AVL 公司共建的研发中心并非简单的"有钱出钱、有力出力"。在资本投入上，潍柴在欧洲研发中心先后投入了 4 亿元人民币，作为欧 Ⅲ 产品研发的经费；AVL 公司则提供最前沿的技术支持、最先进的产品开发平台和规范、成熟的国际化设计标准。在人员结构上，AVL 公司拥有的数以千计的专家，对联盟伙伴潍柴全部开放，成为欧洲研发中心强大的技术后盾。同时，潍柴也有 20 多名工程师常驻中心，且每年都会选派新的技术人员去学习与交流。

潍柴首先对产品提出明确的开发目标，中欧双方技术人员通过讨论、研究，共同参与设计开发。例如，在产品功率确定上，潍柴先提出将发动机功率设计为最大 480 马力，AVL 公司则从技术角度提出，可将最大功率设计为 520 马力。潍柴并没有放弃自己的主张，而是根据市场需求调研结果说服了 AVL 公司。在中国市场，使用柴油发动机的重卡的使用趋势是，10 升、12 升的发动机最大功率 480 马力已经足够。若将马力提升至 520 马力，对产品的材料和工艺要求都将有很大提高，且市场上也没有很大的需求。最终，欧洲研发中心推出的新产品是最符合市场需求的最大功率 480 马力发动机。

合作过程中，潍柴选派了超过 200 多名技术人员赴欧洲研发中心参与产品研发，他们有机会参与开发、设计的各个过程，在产品研发过程中熟悉了 AVL 公司国际化的开发流程和理念，并且充分参与技术攻关，共同完成新产品的研发。

潍柴吸取了以往中国企业在新产品开发中遇到的产品设计受制于现有设备和产能的教训，在新产品开发的进程中，建设新的生产基地。2004 年 8 月，潍柴启动了工业园建设项目。该工业园占地 1466 亩，新建厂房 40 万平方米，基地根据新产品设计来规划生产设施和布局，专供新产品的生产，年产能力达到 25 万台。

2005 年，欧洲研发中心开发的蓝擎 WP10 系列发动机问世。该发动机排量为 10 升，是一款符合欧 Ⅲ 标准、并具有欧 Ⅳ 潜力的节能环保柴油机发动机，填补了中国大功率发动机领域的一项空白。

2006 年，欧洲研发中心研发的第一台中国自主知识产权的 12 升、功率达到 480 马力的 WD12 发动机问世。这款具有低油耗、大排量、低排放、大扭矩四大显著特性的发动机，是潍柴专为中国重型商用汽车市场的新一轮功率升级换代而设计的。

对潍柴来说，通过与 AVL 公司建立研发战略联盟，企业所获得的并不仅仅是一个领先国内市场的新产品，还培养出了一支国际化的研发团队，使企业自有研发能力实现了飞跃式的进步。潍柴研发人员学到了世界先进公司发动机设计的精髓——国际化思维方式和规范化的产品开发过程。如今，潍柴在加工工艺、铸造等方面的近20名设计骨干，均在欧洲研发中心工作过。通过研发战略联盟，潍柴把技术的引进、消化、吸收和创新结合起来，充分利用国外先进技术资源和平台，培育了一批自主研发人才。2008年，潍柴研发团队在10升、12升蓝擎发动机的基础上，独立自主地成功开发了6升级欧Ⅲ标准的发动机。

3. 从研发联盟到价值链联盟

联合研发"蓝擎"发动机，是欧洲研发中心成立之初制订的目标。成功完成研发任务后，欧洲研发中心并没有因此而解体，不仅继续以研发战略联盟形式存在，而且同时加入价值链战略联盟中。

2006年4月，来自三个国家的四家企业（福田汽车、潍柴动力、博世公司、AVL公司）在北京签署了战略联盟协议。根据协议，潍柴动力和福田汽车将共同开发专为福田重卡配套的新型柴油发动机产品，并将使用由双方共同注册、共同拥有的"潍柴欧V动力"品牌。AVL公司和博世公司的加盟，将为"潍柴欧V动力"在各方面提供必要的技术及资源支持。"三国四方"合作剑指欧V发动机，是"蓝擎"发动机的下一代柴油发动机产品，也是欧洲研发中心承接的新研发任务。在潍柴与AVL公司建立的研发战略联盟基础上，联合上游零部件供应商（博世公司）和下游整车制造商（福田汽车）的价值链联盟开始建立起来。

2006年7月，福田汽车的欧系顶级重卡欧曼ETX隆重上市。与此同时，该车型搭载的中国国内第一款针对整车量身打造的专用发动机"潍柴欧V动力"也随之问世。该发动机具有排量大，扭矩大的特点，使得重卡的传动效率大幅提高，油耗大幅下降。而这款发动机的问世，标志着潍柴又一次通过研发战略联盟取得了好的市场业绩。

（二）海尔：服务于全球市场的追赶者

2006年，海尔与日本三洋电机（以下简称"三洋"）在日本大阪建立研发合资企业，这是国际研发战略联盟的形式之一。在此之前的2002年，海尔与三洋建立了以营销、生产、零部件供应为主要内容的非研发战略联盟；在此之后的2007年和2011年，海尔逐步收购了日本三洋。研发合资企业这种国际研发战略联盟形式，在海尔与三洋合作历史上，发挥了重要的"承上启下"的作用。

1. 2002 年海尔与三洋建立非研发战略联盟

海尔从 1998 年开始进入国际化经营阶段。到 2000 年，海尔电冰箱、空调等在中国市场上的份额排名第一。同时，海尔也基本站稳欧洲与北美市场。海尔在欧美 31 个国家拥有当地法人，生产和销售本公司产品，在美国小型电冰箱市场的份额已经超过了 30%。

但是，在国际市场颇有斩获的海尔，却迟迟不能进入日本市场。日本是世界家电强国，对产品要求异常苛刻，同时又由于文化等原因，非日本家电产品往往很难被日本消费者接受。因而海尔的国际化经营战略，在日本并没有取得成效。

2001 年 9 月，三洋董事长井植敏第一次访问海尔。一个多月后，海尔首席执行官张瑞敏访问三洋。

2002 年 1 月，海尔与三洋在大阪共同宣布：两家企业结成战略伙伴关系。合作内容主要包括：三洋利用海尔的销售网络，在中国销售三洋品牌的产品；在日本大阪，海尔与三洋合资成立"三洋海尔股份有限公司"，帮助海尔品牌的冰箱和洗衣机等家电产品进入日本市场；推进双方在生产基地方面的相互合作；扩大三洋零部件向海尔的供应及技术协作，在技术和人员交流上进行合作。

海尔总裁杨绵绵曾表示，海尔与三洋之间的全面竞合是基于市场互换、资源互换、发展双赢的新型合作关系。海尔与三洋合作，将共同为全球用户创造其他竞争对手所创造不了的价值，更加快速地满足用户的个性化需求。

此项合作内容涉及营销、生产和零部件供应，但没有涉足研发活动，主要是一个营销联盟，而不是研发战略联盟。之所以比较详细地介绍这一情况，是因为海尔与三洋的研发战略联盟正是建立在这个非研发联盟基础上的。

2. 2006 年海尔与三洋建立研发合资企业

2006 年 10 月，海尔与三洋共同在日本成立合资企业——海尔三洋株式会社（以下简称"海尔三洋"）。海尔和三洋分别占合资企业的 60%、40% 股份。海尔以现金入股，三洋以电冰箱事业研发业务投入。海尔三洋致力于面向全球市场的冰箱新产品研发，知识产权归合资企业所有。这是一家以产品研发为主要经营活动的合资企业，是国际研发战略联盟的一种形式。

这个时候的海尔电冰箱产品在中国市场已多年占据第一的位置，在全球市场于

2005 年产销量达到第一。在大型电冰箱领域，海尔虽然拥有一定的技术实力，但还是逊色于西门子等世界名牌，仍然处于追赶者的位置。

2006 年底，海尔推出的第一代六门冰箱新产品，正是来源于海尔三洋。之后的第二代六门冰箱上市后，受到了消费者的极大欢迎。上市当年在同类型号中的市场份额一度超过 90%。

2010 年 9 月，在德国柏林举办的国际消费电子展（IFA）上，海尔推出了多款最新的六门冰箱（第三代）。据权威调查机构 GFK 统计，2009 年在德国多门冰箱领域，海尔以 75.9% 的份额位居第一。由海尔三洋研发的六门冰箱引领海尔品牌走向全球市场的第一阵营。

3. 海尔分三步收购日本三洋

2006 年海尔三洋的建立是收购的第一步。由于海尔掌握合资企业的控制权，三洋的电冰箱事业开发业务与团队整体进入合资企业，这种合资实际上是海尔收购了三洋的电冰箱研发业务，海尔三洋致力于面向全球市场从事冰箱新产品研发。同时，三洋在日本的冰箱制造业务转到海尔在中国的生产基地，借助海尔在成本、质量、效率方面的制造竞争力，解决三洋制造成本高的难题。在收购的同时，双方又进一步在产品制造上加强了合作。

收购第二步发生在 2007 年的泰国，海尔收购三洋在泰国的电冰箱生产工厂，这是三洋全球最大的电冰箱工厂，每年的冰箱产量在 100 万台左右。2007 年 6 月，双方正式完成交易，海尔成为三洋泰国工厂的大股东，三洋泰国工厂易名为"海尔电器（泰国）有限公司"，三洋以原设备制造商身份委托海尔泰国公司生产三洋品牌冰箱，供应日本和海外市场。同时，海尔以该公司为桥头堡，大举进军东南亚市场。

第三步发生在 2011 年的日本，海尔从松下电器手中收购三洋在日本、东南亚的白色家电业务。松下电器于 2009 年 12 月底，以 46 亿美元的优先股转换，获得三洋 50.27% 的股权，三洋成为松下电器的控股子公司。2011 年 7 月，海尔和松下电器就海尔或其控股附属企业意向收购三洋，在日本、印度尼西亚、马来西亚、菲律宾和越南的洗衣机、冰箱和其他家用电器业务签署了备忘录。2011 年 10 月，双方正式签署收购协议，海尔出资 100 亿日元（约合 1.28 亿美元）收购三洋的上述家用电器业务。

此次交易的主要标的包括：一是三洋所持有的研发、生产及销售家用和商用洗衣机的"三洋 AQUA 株式会社"以及生产洗衣机的"Konan Denki 株式会社"的股份；

二是三洋所持有的设计与开发家用电冰箱的"海尔三洋电器株式会社"，以及生产家用电冰箱的"海尔电器（泰国）有限公司"的股份；三是在东南亚生产及销售家用电冰箱和洗衣机等家电业务的"三洋 HAAsean 有限公司（越南）""三洋印度尼西亚有限公司""三洋印度尼西亚销售有限公司""三洋菲律宾公司"以及"三洋销售及售后服务有限公司（马来西亚）"；四是海尔可以在一定期限内在越南、印度尼西亚、菲律宾、马来西亚销售"SANYO"品牌的冰箱、洗衣机、电视、空调等家用电器产品；五是上述家用电冰箱、家用和商用洗衣机的相关专利、设计和注册商标转让。

从非研发联盟，到研发合资企业，再到"渐进"收购，可以看到研发合资企业的"承上启下"作用：非研发联盟是研发合资企业成功组建的基础条件；研发合资企业的新产品带来了研发能力的提高和良好的市场效果；在研发能力提升的基础上，海尔才有能力整合逐步收购三洋电冰箱及其他家用电器的制造和营销业务。[①]

（三）华为：服务于全球市场的领先者

1997 年，华为正式启动国际研发战略联盟。通过与世界一流企业成立联合实验室，获得某个领域的某项新技术；2003 年开始，与世界一流企业组建研发合资企业，共同开发新技术和新产品；2009 年，以自身的技术积累进入"强者俱乐部"，与行业巨头们签订专利互换和交叉许可协议，巩固领先者的地位，成为全球通信设备制造商第一阵营的成员。

在技术落后的位置上采取建立联合实验室来获取新技术，在拥有一定技术优势的基础上组建研发合资企业，在技术领先的位势开展专利互换与交叉许可，华为向我们展现了一个渐进的国际研发战略联盟的"完美"案例。

1. 联合实验室：技术落后位置的合作研发

1997 年，华为推出无线 GSM 解决方案。尽管华为已在中国本土市场崭露头角，但是华为当时的研发能力较之摩托罗拉、爱立信、西门子等国际巨头仍落后了近 20 年。为获得新技术，缩小与国际巨头的技术差距，华为每年将销售收入的 10%以上投入研发。同时，华为研发系统决定采取"拿来主义"，学习美国公司的联合策略，在其他公司的技术成果上加快产品的推出速度。

自 1997 年起，华为分别与德州仪器（TI）、摩托罗拉、IBM、英特尔、Agere Systems、SUN、Altera、高通、Infineon 和微软等成立了联合实验室。截至 2005 年 6 月，

---

① 柯银斌，康荣平. 跨国并购交易的"海尔方式". 第一财经日报，2012-4-6.

华为与这些跨国公司共建了 10 个联合实验室。这些实验室为华为引进西方巨头的技术提供了保证，使得华为的产品能够同步应用世界最新最先进的研究成果，促进了华为技术的整体进步。

（1）华为—德州仪器联合实验室提升数字信号处理技术

1997 年，华为—德州仪器联合实验室成立，主要从事通信产品的数字信号处理的硬件和软件开发。德州仪器向联合实验室提供最新的半导体技术和应用，同时派出强大的技术与市场队伍，与华为的工程师一起从事技术研发，为客户提供及时有效的技术支持。通过这家联合实验室，华为的工程师对数字信号处理芯片的开发应用能力大大提高，快速催生了华为在多媒体领域里的新技术应用。

2002 年，华为与德州仪器的第二家数字信号处理联合实验室在北京成立，双方在以太网交换器、VoIP 网关、新型无线通信系统等合作项目取得了成功。在此过程中，德州仪器为华为培养了许多数字信号处理方面的研发人员，进一步提升了华为的技术研发能力。

（2）华为—英特尔联合开发中心提升芯片技术

2000 年 4 月，华为与英特尔签订了合作备忘录。内容涉及开发、合作和技术资源共享三大领域，旨在促进中国开发基于英特尔 IX 架构的通信解决方案。同时，双方在深圳建立一个联合开发中心，以全力支持 IX 架构的重要设计方案。

在英特尔 IX 架构下，华为的芯片开发跨上了一个新的台阶，并迎来了产品的升级加速。华为产品也基本告别落后技术，并日趋赶超同行。此后的几年，华为升级的产品不仅在中国市场拥有明显的竞争优势，而且逐步进军海外市场。2001 年华为海外销售超过 3 亿美元，2004 年海外销售额迅速增长到 22.8 亿美元。

（3）华为—SUN 联合实验室提升通信网络应用技术

2000 年底，华为与美国 SUN 公司共同宣布，在深圳建立华为—SUN 联合实验室。联合实验室由华为提供实验室场所和办公环境，SUN 公司提供服务器、工作站及相关硬件设备、操作系统，应用软件、开发仿真工具、编译器等软件。该联合实验室依托 SUN 公司在系统解决方案和网络软硬件平台方面的优势，和华为在通信产品设计方面的领先开发能力，针对通信网络应用中出现的需求和问题，承担业务支撑平台、负载均衡式高可用性集群技术、分布式数据库、JAVA 在电信领域的应用研究等项目。

（4）华为—摩托罗拉联合实验室共同研发 3G 技术

2002 年，华为与摩托罗拉正式开始移动通信方面的合作。摩托罗拉在无线通信领域强劲的基站系统和薄弱的交换系统正好与华为形成互补，促成了双方联合开发（WCDMA）3G 产品。在华为与摩托罗拉的联合研发中，摩托罗拉根据自身的研发目标，以及整个 3G 战略构想，对华为提出具体要求，以 OEM 方式购买华为的产品和技术（GSM、GPRS、WCDMA 等），以补充产品线和降低研发成本。华为则通过 OEM 出口更多的产品，分摊 3G 研发的巨大投入，通过研发互动提升了自己的技术能力和水平。

2006 年，华为与摩托罗拉展开进一步的合作，在上海组建联合主攻 3GUMTS（WCDMA）产品解决方案和高速分组接入方案（HSPA）的研发中心。双方将共享研发中心的产品，中心集合双方在 UMTS 领域的技术优势，使摩托罗拉和华为更好地满足移动运营商当前及未来的需求，使双方拥有把握市场先机的优势。研发成果将为运营商在全球范围内迅速、成功地部署高质量、高性价比的 UMTS 和 HSPA 解决方案提供强有力的支持，增强其市场竞争力。

2. 研发合资企业：拥有一定优势后的技术追赶

凭借研发成本优势和连续大规模研发投入，以及与跨国巨头的研发合作，在某些技术领域，华为的技术水平与跨国巨头日益缩小，并拥有一定的优势。2001 年起，华为开始分别与 NEC、松下、赛门铁克、摩托罗拉、西门子等跨国公司组建了多家研发合资企业。这类合资企业以新技术和新产品研发为主要经营活动，成果由双方共享，使华为的技术积累达到了与跨国巨头不相上下的程度。

（1）与 NEC、松下合资的宇梦通信

2002 年 6 月，华为与 NEC、松下宣布成立上海宇梦通信科技有限公司。公司注册资本 800 万美元，出资比率为 NEC47%、松下通信 47%、华为 6%。合资公司主要从事第三代移动通信（3G）终端的研发，并将作为 NEC 与松下合作开发 3G 终端技术的基地，向全球客户提供 NEC 和松下的 3G 技术。公司业务不仅限于中国，而且还面向全球。

与 NEC 和松下的合作，推动了华为 WCDMA 技术的发展。2003 年底，华为独家承建的阿联酋电信 WCDMA 3G 网络正式投入商用，这是中东地区及阿拉伯国家中第一个推出 WCDMA 3G 商用服务的运营商，也是华为在 3G 领域的第一个正式投入商用的 WCDMA 3G 网络。此后，华为在中国香港、毛里求斯、马来西亚的 WCDMA 3G 网络陆续投入商用。此间，华为还获得阿尔及利亚、突尼斯等非洲国家的 WCDMA 3G 订单。

2004 年，华为与荷兰移动运营商 Telfort 签订承建荷兰全国 WCDMA 网络的协议，这也是华为首次在 GSM、WCDMA 发源地承建的 3G 网络，标志着华为已全面掌握 WCDMA 核心技术，在 WCDMA 技术地位上已向爱立信等国际电信巨头看齐。

（2）与 3COM 合资的华三公司

2003 年，华为遭遇思科知识产权诉讼案不久，便与美国 3COM 公司宣布组建研发合资公司（简称华三公司）。创立于 1979 年的 3COM 是一家企业联网解决方案供应商，主要产品包括网络交换机、路由器、无线接取器、IP 语音器和入侵预防系统。当时，3COM 在该领域与华为的规模与实力接近，并同样面临思科的竞争压力，经营较困难。因而双方的合作也是一拍即合。

华为将所有企业级的数据通信业务（包括技术、营销团队以及知识产权）注入合资公司并占 51% 的股份，3COM 则投入 1.6 亿美金加上中国和日本的业务占有 49% 的股份，并负责发达国家市场开拓。合资公司生产企业数据网络设备（转换器和路由器等，面向企业市场的以太网交换机及基于互联网协议的路由器），以及视讯、语音网关等设备，提供端到端的语音、数据、视讯三网合一解决方案。

华三公司针对中国市场的同时，也是华为技术出口的一个重要平台。借助 3COM 在北美和亚太的影响，华为将其技术和产品通过华三公司这个平台推向海外市场，尤其是华为最大竞争对手思科强势占领的北美市场。2005 年该公司销售额近 100 亿元人民币，全球市场仅次于思科。

（3）与西门子合资的鼎桥通信

2003 年，华为和西门子共同出资 1 亿美元成立合资研发企业——鼎桥通信技术有限公司，双方分别持股 51% 和 49%。主要生产和销售 TD-SCDMA 无线网设备，主要针对中国市场。

在 3G 研发上，华为最初投入的是 WCDMA 标准研发，也一直是 WCDMA 3G 标准的拥护者。当时的华为已全面掌握 WCDMA 核心技术，成为全球少数几个能够提供全套商用系统的厂商之一。1998 年华为全力投入 WCDMA 3G 研发后，失去了小灵通、CDMA 在中国发展的最佳时机，在中国市场被中兴通信赶超。尽管此后华为在海外市场披荆斩棘，但在本国市场的发展势头却有所逊色。为了不再重蹈在中国市场"丢失小灵通的覆辙"，也出于对本国市场的重视，华为全力投入、三种国际标准（WCDMA、CDMA2000、TD-SCDMA）同步开发。

TD 标准尽管在海外的应用前景不如 WCDMA，但在中国电信市场有很大的潜力，且华为在国内的最大竞争对手中兴通信，在 TD 标准上有较大的投入。为避免再犯一次同样的错误，TD 无疑是华为需要"恶补"的一块。因此，早在 1998 年就开始了TD 技术研发的西门子成为华为的最佳合作伙伴。截至当时，西门子累计在 TD 研发的投入已投资 1.7 亿美元，拥有一系列 TD 核心知识产权。

合资企业中，西门子投入了 TD 全球业务相关的技术、产品以及 200 名员工，华为投入中国市场资源和 100 名员工，以及 TD 领域的相关专利和技术成果。通过该合资公司，西门子意在利用华为在中国的强大市场网络以及营销能力，共同缔造 TD 在中国市场的成功。实现西门子能够为中国运营商同时提供 TD 和 WCDMA 两种技术的目标，成为中国市场的领导者。对华为来说，与西门子共建合资公司能快速达到推出商用化 TD 解决方案的目的，同时能有效地降低双方的研发成本。通过与西门子合作，华为不仅节约了在 TD 标准上的巨额投资，而且能够继续集中资源和精力投入WCDMA 的 3G 标准上来，从而形成完整的 3G 产品线。

3. 电信巨头俱乐部：专利许可与交叉授权

专利许可和交叉授权是指两方或两方以上的权利人基于谈判，将特定技术领域中各自拥有的专利权相互有条件或无条件容许他方使用的情况。通过专利许可和交叉授权可以促进技术传播，避免企业之间发生诉讼所导致的高额诉讼费用。同时，相关企业可以以最低的成本付出获得相关技术领域更多的专利使用权。而在高科技行业中，只有实力相当的企业，才能进入专利许可和交叉授权的"强者俱乐部"。

随着 3G 时代的到来，华为在全球市场的地位不断提高。从 2003 年打入电信巨头爱立信的腹地——欧洲地区后，华为在全球的增长势头锐不可当。2005 年，华为海外销售首次超过国内销售。2006 年销售额 110 亿美元，海外比重突破 65%。2007 年销售额 160 亿美元海外比重 72%。2008 年销售额 233 亿美元海外比重 75%。2009 年华为成为仅次于爱立信的全球电信行业第二大企业。此时的华为，无论在市场份额还是技术上，都已进入了全球电信巨头的行列，同时也成为电信专利许可和交叉授权"强者俱乐部"的常客。

2009 年 2 月，华为加入 WiMAX 通信技术的 OPA 开放专利联盟（Open Patent Alliance，OPA），与发起方英特尔、思科、三星、阿尔卡特·朗讯、Sprint、Clearwire 六家公司，以及同时加入的以色列奥维通公司一起成为 WiMAX 专利联盟的许可方。

WiMAX（World Interoperability for Microwave Access）是一种可同时提供无线宽带上网及语音服务的技术，是下一代通信网中最具发展潜力的接入技术之一。美国、日本、俄罗斯、印度、中国台湾地区是此技术的主要市场，在发展中国家也有良好的发展空间。在 3G 技术上趋于成熟的华为，同步开始后 3G 技术的研发，包括 WiMAX 通信技术上的投入。

仅 2008 年上半年，华为在全球取得了 29 件 WiMAX 商用网订单，此外还有 35 件 WiMAX 测试网订单。然而，华为在发展 WiMAX 技术过程中，很难突破英特尔等 OPA 联盟企业已有的专利壁垒，从而使其业务成本大幅上升、失去竞争力。

加入 WiMAX 技术 OPA 专利联盟后，华为作为专利联盟许可方，可以自身核心专利与其他各方形成交叉许可，突破了专利壁垒，为产业发展和收益提供了空间和保证，从而进一步推动企业在 3G 时代的高速发展。

目前，华为是业界仅有的能够提供端到端移动 WiMAX 解决方案的几家厂商之一。华为移动 WiMAX 解决方案采用先进的 MIMO、OFDMA 技术，并与未来 LTE/AIE（4G）共享平台，确保更高的流量、更远的覆盖范围。

4. 华为：国际研发战略联盟的"完美"案例

1997 年，成立仅 10 年的华为还是中国本土一家新兴电信设备生产商。作为国际电信市场的后发企业，技术相对落后的华为，通过立足中国农村这个庞大的市场发展壮大起来。但此时的华为，无论是在市场地位还是技术实力上，都无法与跨国巨头们同日而语。

1997 年起的五年内，华为在国际市场尚未具备足够的竞争实力。尽管期间对海外市场有过一些"试水"，但主要还是完成了其在中国电信市场"农村包围城市"的转型。这期间，华为主要通过联合实验室的形式，学习德州仪器、英特尔、SUN 和摩托罗拉等优秀跨国公司的先进技术，不断提升自身研发实力。而这些跨国公司看中的，正是中国这个大市场以及华为在中国本土市场的影响力。

在夯实技术实力、站稳本国市场后，华为也开启了与同行间的合资研发。在与 NEC、松下、3COM、西门子等企业的合资研发中，合作双方都能优势互补。华为也从一个学习者、后发追赶者，发展为与同行们共同竞赛的赶超者。且华为凭借低成本、高效率的研发，在竞合的关系下不断追赶同行，逐渐显现出其在技术研发上的优势。

与此同时，华为也于 2002 年开始了大规模的海外扩张，其中也包括通过合资公司将其产品推向国际市场。在海外市场开拓中，华为也采用了"农村包围城市"的战略，首先在俄罗斯、印度、巴基斯、北非等西方巨头涉足相对较浅的发展中国家市场发力。2005 年，海外合同销售额首次超过国内合同销售额，主要归功于华为在发展中国家市场的增长。

2008 年，华为被美国《商业周刊》评为全球十大最有影响力的公司。而在此之前，华为已凭借丰富的知识产权积累，成为同行中的佼佼者。频频参与交叉授权，加入专利许可联盟，印证了华为在行业中的领先地位。

2009 年，华为成为仅次于爱立信的全球电信行业第二大企业。华为不仅在中国本土和发展中国家市场稳健发展，而且在爱立信、诺基亚、西门子等电信巨头具有传统优势的欧洲市场也收获颇丰，并进一步在北美市场崭露头角。

华为在不同的技术位置上采取了不同的研发战略联盟形式。作为一个后发者，通过建立联合实验室向先行者学习，稳固其在本国市场的优势地位；作为一个赶超者，通过与同行共建合资研发企业强化自身技术研发优势，逐渐延伸其在多国市场（主要是发展中国家市场）的优势地位；作为一个领先者，通过与同行巨头间的专利许可和交叉授权，最终进入发达国家市场，在全球市场占据优势地位。

第三节　国际研发战略联盟的成功要点

在战略联盟文献梳理中，很难分清作者是从哪个联盟成员的"立场"来看待和分析问题；而以上三个案例的分析则仅从中国企业的"立场"来描述与讨论有关问题。这两种方法都存在不足之处。因此，有必要把文献梳理与案例分析结合起来，归纳总结一下国际研发联盟的成功要点。

（一）基于位置的研发联盟形式选择

从企业实践中，我们把国际研发战略联盟分为三种基本形式：合作研发、研发合资企业和专利互换与交叉许可。不同形式的研发战略联盟有着不同的能力要求、不同的行为特征，其可实现的具体目标也有不同。那么，如何选择研发战略联盟的形式呢？

从上述三个案例来看，可以得出以下的初步结论：

（1）当企业自身的技术实力相对于世界一流企业处在落后的位置上时，企业只能选择"合作研发"这种联盟形式。潍柴与奥地利 AVL 公司合作成立研发中心，华为与若干外国跨国公司合作建立联合实验室，就是属于这种情形。

（2）当企业在某个技术领域拥有一定的实力和优势时，企业既可选择"合作研发"，也可选择"研发合资企业"，其中建立研发合资企业的形式更为有效。海尔与三洋在大阪成立研发合资企业，专门致力于新产品研发；华为与多家外国跨国公司建立研发合资企业，就是属于这种情形。

（3）当企业自身技术积累达到世界一流水平时，企业就可以"长袖善舞"，根据具体情形选择三种形式。对本企业技术成长而言，其中的"专利互换与交叉许可"形式更为有效。能够采取这种形式本身就是企业处于领先者位置的标志，加入某个专利联盟之后，由于专利互换与交叉许可的"马太效应"，企业将继续保持领先者的地位。在中国创新型企业中，能够达到这个位置的企业极少，华为是其中之一。

这个初步结论说明，中国企业在选择国际研发战略联盟方式时，首先要对自身的技术实力进行评估，并与世界一流企业的技术水平进行比较。由于普遍存在的后发者特征，绝大多数中国企业处在落后的位置上，因此必须从合作研发开始起步，随着技术位置的上升，再采取研发合资企业和专利互换与交叉许可这两种形式。

（二）与世界领先企业结成研发战略联盟

文献梳理中关于联盟伙伴的选择，虽有诸多的原则，但没有明确的伙伴选择范围。在三家企业案例中，中国企业所选择的联盟伙伴大多是世界领先的企业，例如，潍柴选择的奥地利 AVL 公司是世界一流的柴油发动机研发企业，华为选择的诸多联盟伙伴大多是某个技术领域中居世界一流阵营的企业，只有海尔选择的日本三洋电机没有达到世界一流。

这表明，中国企业虽然是后发者，但选择世界领先企业作为联盟伙伴还是有可能的。由于缺乏这些外国跨国公司做出加入研发战略联盟的决策过程资料，对于它们为什么同意加入中国企业倡导的研发战略联盟也无从知晓。但是，从企业发展的一般逻辑来看，以下因素应该是至关重要的：

一是中国市场的吸引力。自 20 世纪 90 年代开始，尤其是进入 21 世纪之后，中国市场对外国企业而言的重要性日益上升。如何进入、扩大并巩固中国市场，逐渐成为外国企业的主要战略决策。中国市场的吸引力使得中国企业有可能从外国企业获得新技术和技术能力。实践证明，单纯的技术引进方式无法使"市场换技术"，而国际研发战略联盟这一方式却是可以做到的。外国企业拥有新技术和新产品，中国又有较大的市场需求，它们为了找到新市场，必须关注中国，这是必然的，只是存在时机与条件是否成熟的问题。而这又取决于中国企业的表现和外国企业自身的认知。

二是中国企业的优异表现。无论是潍柴，还是海尔、华为，它们都是中国企业中的佼佼者，在中国市场上有非常优异的表现。这是吸引外国企业加入联盟的重要前提因素。这说明，除少数的天生国际化企业外，中国企业必须在国内市场上练好功夫，以其优异的表现引起外国企业（尤其是世界领先企业）的关注。通过自身的表现，让潜在合作伙伴相信，加入中国企业倡导的研发战略联盟，有助于实现合作伙伴的战略目标。

三是外国企业的自身特性与困难。奥地利 AVL 公司本身就是一家柴油发动机研发企业，潍柴与其结成研发战略联盟，在它看来也是增加了一家新客户，它当然会愿意加入其中。这说明，当中国企业所选择的世界领先企业是研发型企业时，双方建立研发战略联盟的可能性将大大提高。还有，三洋之所以同意与海尔建立战略联盟，其中一个原因在于，三洋的经营遇到了困难，三洋认为建立联盟可以摆脱自身的困境。美国 3COM 公司与华为建立研发合资企业也有类似原因。

以上三类因素是中国企业建立国际研发战略联盟谈判时的重要筹码或关注点。中国企业应做到"知己知彼"，方能争取谈判的主动权，在满足潜在伙伴期望的同时，实现自身的战略目标。

（三）面向目标市场设定联盟的具体目标

在战略联盟的文献中，作者们主要关注联盟本身的具体目标。在三家企业的案例中，不仅可以看到国际研发战略联盟的具体目标，而且还看到了当时企业的目标市场，以及联盟目标与目标市场的关系。因此，成功的研发战略联盟必须面向目标市场来设定联盟的具体目标。

潍柴与 AVL 公司的合作研发，面向的目标市场是中国国内市场。所以，在合作设计研发的新产品中，潍柴从目标市场角度提出的功率要求是 480 马力，而 AVL 公司从技术角度提出 520 马力。潍柴的方案被最后采纳，而之后中国市场的良好反应证明了潍柴决策的正确性。

海尔与三洋的研发合资企业，新产品目标是六门电冰箱，这是海尔面向全球市场所做出的决定。德国市场的良好表现也证明了海尔决策的正确性。

华为的研发战略联盟目标与目标市场的关系虽然较为复杂些，但存在明确的相关性。联合实验室形式的合作研发主要服务于中国国内市场，专利互换与交叉许可形式的联盟主要服务于发达国家市场。在研发合资企业中，有的面向外国市场（如宇梦通信），有的面向国内市场（如鼎桥通信），有的同时面向国内外市场（如华三）。

以上分析说明，在进行国际研发战略联盟决策时，企业应根据目标市场的要求来设定联盟的具体目标，否则就会产生"为联盟而联盟"的情况。

（四）把研发联盟置于企业整体成长过程中

国际研发战略联盟是战略联盟的一种类型，战略联盟又是企业整体成长的重要方式之一，它们相互之间存在密切的关系，在实践中是不可能独立运行的。但在学者的论著中，它们往往被分隔开来，这是分科研究传统与表述方式所致，企业实践者务必注意。

案例是最有效的学习对象和方式。在潍柴案例中，潍柴一方面与 AVL 公司合作研发柴油发动机新产品，另一方面在国内建设新产品的生产基地，使新产品研发与生产两个价值链节实现"无缝对接"。此外，潍柴在合作研发取得成效之后，又组建了包括零部件供应商和整体制造商的战略联盟，进而推动企业的整体成长。

在海尔案例中，研发合资企业的联盟形式既是建立在之前的非研发联盟基础上的，又为之后的跨国并购交易奠定了基础。

在华为案例中，重点是要关注不同技术位置所采取的不同研发战略联盟形式。实际上，华为的研发战略联盟与自主研发的关系非常密切。

因此，中国企业在进行国际研发战略联盟决策时，必须将其与其他联盟类型统一考虑，从企业整体成长战略的高度来设计国际研发战略联盟。

第七章

中国企业的
"一带一路"使命

　　"一带一路"是中国提出的国际合作与共同发展的倡议，是共同现代化的创新实践。[①] 从 2013 年习近平主席提出"一带一路"构想至今，以 2017 年 5 月"一带一路"国际合作高峰论坛召开为界，可分为两个阶段：前一阶段的工作重点是中国政府颁布若干"顶层设计"文件，向全球进行传播，以及与外国政府、国际组织之间的交流与合作协议签署。这个阶段取得了超过预期的效果。后一阶段将是行动和实践为主，跨国公司与国际资本为主力，切实地依照"一带一路"精神和原则开展国际合作，谋求共同发展。中国企业（尤其是中央企业）已率先参加"一带一路"建设，中国民营企业也在参加中或准备参加。

　　本章中，我们将专门关注在"一带一路"建设的"场景"中，探讨"一带一路"倡议对中国企业的新要求或使命，以及为实现使命，中国企业必须或应该采取的行动，其中包括"一带一路"建设先行者的经验总结，和中国企业未来发展所需要的关键性行动。

第一节　"一带一路"倡议及对中国企业的新要求

　　2013 年，习近平主席提出"一带一路"倡议。2015 年 3 月 28 日，国务院授权发布《推动共建丝绸之路经济带和 21 世纪海上丝绸之路的愿景与行动》[②]，这是"一带一路"倡议的官方核心文件。

---

① 柯银斌、乔柯."一带一路"与共同现代化. 一带一路百人论坛研究报告，2017-3-28.
② 授权发布：推动共建丝绸之路经济带和 21 世纪海上丝绸之路的愿景与行动，http://news.xinhuanet.com/world/2015-03/28/c_ 1114793986.htm.

该文件明确指出：要充分发挥市场在资源配置中的决定性作用和各类企业的主体作用。那么，中国企业的主体作用是什么呢？如何发挥这种主体作用呢？

为回答这些问题，我们首先需要准确理解"一带一路"倡议对中国企业的新要求或使命，以区别于之前的"走出去"；其次，设计出有助于实现使命的行动并实施。

一、"一带一路"企业的使命

"一带一路"官方文件发布之后，尤其是 2017 年 5 月"一带一路"国际合作高峰论坛召开之后，中国企业参加"一带一路"建设受到更多地关注和重视。这表明发挥企业主体作用的意识开始形成，但是，关于企业参加"一带一路"建设的标准是什么，即什么样的项目和企业可标记为"一带一路"项目和企业，却并没有受到应有的关注和研讨。从目前的情况来看，人们通常把中国企业在"一带一路"沿线国家的贸易和投资项目列为"一带一路"项目，把开展这些项目的企业列为"一带一路"企业。

我们认为，这种仅以地域为范围来界定"一带一路"项目和企业既不符合"一带一路"官方文件的要求，也不利于"一带一路"的可持续发展。这是因为：（1）地域范围是在不断扩展中，从初期的沿线国家，到相关国家，再到世界各国，地域作为标准已经失去判断的意义；（2）仅以通常的贸易和投资项目为内容，这就与"一带一路"倡议提出之前的中国企业"走出去"没有本质区别，无法体现"一带一路"倡议的原则和要求；（3）中国政府颁布的若干"一带一路"文件已提出了对中国企业的要求①，只是这些要求并未受到企业界人士和专家学者的普遍关注和重视，因而未成为中国企业参加"一带一路"建设的规范和指导。

因此，我们有必要依据"一带一路"官方文件的内容，整理出其中对中国企业的新要求，并归纳为中国企业参加"一带一路"建设的使命。再以此来分析和判断中国企业是否在参加"一带一路"建设，以及贡献程度。也就是说，如果中国企业的行动有助于这些使命的实现，我们就认为该企业在参加"一带一路"建设；反之，该企业只是从事通常的贸易和投资业务，虽然这些业务是参加"一带一路"建设的基础，但绝不是参加"一带一路"建设本身。如果中国企业的行动对这些使命的实现贡献大，

---

① 标准联通"一带一路"行动计划（2015—2017），http://www.xinhuanet.com/politics/2015 - 10/23/c_128348462.htm.

我们就认为该企业参加"一带一路"建设的贡献大;反之,就是贡献小。

众所周知,"一带一路"是中国政府提出的、邀请世界各国共同参加的合作倡议,其主要内容是:坚持"共商、共建、共享"原则,以"五通(政策沟通、设施联通、贸易畅通、资金融通和民心相通)"建设为重点内容,进而探索国际合作和全球治理的新模式,以构建人类命运共同体为最高目标。

上述内容具体到中国企业身上,即"一带一路"倡议对中国企业的新要求如下:

(1)坚持"共商、共建、共享"原则,与世界各国的企业、政府、社会组织等机构开展交流与合作,以实现共同发展;

(2)在政策沟通中要发挥支持和协助作用,在设施联通、贸易畅通、资金融通建设过程中要发挥其主体作用,在民心相通建设中要发挥主体、支持和协助的多重作用,促进"民心相通";

(3)在企业层面探索国际合作和全球治理的新模式,为构建人类命运共同体做出贡献。

这些新要求界定了中国企业"走出去"与参加"一带一路"建设的区别。[①]

我们把以上新要求归结为中国企业参加"一带一路"建设的三重使命:

(1)共同发展

企业层面的共同发展不仅是指企业自身的成长和利益相关者的共同发展,而且包括企业成长环境及资源的可持续发展。由于利益相关者的国际性和环境资源的有限性,企业在成长过程中必须做好跨文化的合作经营,必须在东道国切实履行企业社会责任,通过合作经营推进共同发展。

(2)民心相通

民心相通既是"五通"建设的内容之一,又是"一带一路"建设者的目标之一。对不同行业的企业而言,它们分别是设施联通或贸易畅通或资金融通的主体。同时,它们又都是政策沟通的支持者和协助性,都是民心相通的主体或支持者或协助者。为实现民心相通,企业除切实履行社会责任外,还需要积极主动地开展公共外交。

(3)全球治理

全球治理是一个多层次、多领域的体系,其中经济治理是基础层次,治理规则是核心内容。企业作为全球治理的参与者,主要是参与其中的经济治理,而参与经济治

---

① 柯银斌. 中国企业参加"一带一路"与"走出去"有何区别? 丝路瞭望,2018(1).

理的方式主要体现在行业规则和技术标准的制定上。因此，为参与全球治理，企业要把标准国际化作为重要的战略行动之一。

二、实现使命的主要战略行动

为实现"一带一路"倡议赋予中国企业的上述三重使命，中国必须采取相应的战略行动。具体而言，中国企业在参加"一带一路"建设中，需要（1）开展合作经营推进共同发展；（2）开展公共外交促进民心相通；（3）开展标准国际化参与全球治理。

（1）开展合作经营，推进共同发展

根据企业成长理论，企业成长一般有三种方式：内部成长、收购兼并和战略联盟。其中，战略联盟就是合作经营的主要方式。

合作经营是相对于单独经营而言的，主要是指两家或两家以上的企业通过合作关系开展经营活动，而不是单凭企业自身的资源和能力。这种合作经营是推进企业共同发展的主要战略行动。

具体到"一带一路"建设中，合作经营存在两种类型：一是合作型企业参加"一带一路"建设，即在"一带一路"倡议提出之前，这类合作型企业已经存在，它们在"一带一路"倡议提出之后，把经营业务拓展到"一带一路"沿线或相关国家；二是企业为参加"一带一路"建设而建立的战略联盟，而不论其在"一带一路"倡议提出之前是否在其沿线或相关国家从事过经营活动。

（2）开展公共外交，促进民心相通

"公共外交就是为争取他国民心而采取的各种公关活动"①。这表明，公共外交是实现民心相通目标的主要手段和行为。这就要求，所有的"一带一路"建设者都需要开展公共外交活动，以实现民心相通，奠定"一带一路"建设的社会基础。

企业（尤其是跨国公司）不仅是"天生的"的公共外交行为者，而且是拥有"双重属性"的特殊行为者。"天生的"是指跨国公司的成长过程就是其公共外交功能发挥的过程，"双重属性"是指跨国公司既是母国公共外交的行为者，也是东道国公共外交的行为者，这是其他机构所不具有的特殊性。

公共外交是中国企业的战略行动。这一点，并未受到中国企业的普遍关注和重视。在参加"一带一路"建设中，中国企业必须把公共外交列在战略议程中，并与企

---

① 曲星. 公共外交的经典含义与中国特色. 国际问题研究，2010（6）.

业社会责任、国际公共关系有机地结合起来。

（三）开展标准国际化， 参与全球治理

企业参与全球经济治理的主要方式是掌握行业规则和技术标准的制定权。这是中国企业与欧美发达国家企业之间差距最大的领域，中国是世界各国中唯一的拥有联合国产业分类标准中所有产业的国家，中国制造的产品有 120 多种，占据世界第一的位置，中国领先企业的技术实力（以专利为标准）和品牌也开始赶上世界先进水平，成为世界知名品牌。但是，中国企业在全球技术标准制定上，远远落后于欧美发达国家企业。中国主导制定的国际标准仅占国际标准总数的 0.5%，"中国标准"在国际上认可度不高。[1]

标准国际化将是中国企业的重要战略行动，这不仅是企业全球竞争力的核心内容（遗憾的是，我们在谈论企业全球竞争力时，往往忽视了这一点。）。而且还是企业参与全球经济治理的主要内容和方式。通过标准国际化，中国企业可逐步掌握国际标准的制定权，同时，其积累的经验和能力有助于行业规则的制定。进而，中国企业将在参与全球经济治理中发挥其作用。

三、从行动到使命：中国企业"一带一路"建设路线图

为实现上述使命，中国企业必须在其战略议程和实施过程中，采取或加强相应的战略行动。企业采取的战略行动与其实现的使命之间的逻辑关系见图 7-1。

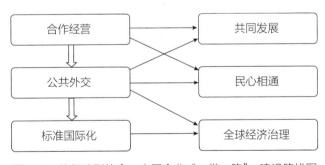

图 7-1　从行动到使命：中国企业"一带一路" 建设路线图

为了更准确地把握战略行动与"一带一路"使命之间的逻辑关系，提升战略行动对相应使命的贡献程度，我们需要重点关注以下几个议题。

———————————

[1]　国务院关于印发深化标准化工作改革方案的通知，http://www.gov.cn/zhengce/content/2015-03/26/content_9557.htm.

（一）战略行动的属性及其战略意义

战略行动是指对企业成长具有战略性（全局性的、重大性的和长远性的）作用的行动。它通常是企业有意识地采取的某类行为，企业决策者对其有预期的目标，并需要相应的资源和能力与其匹配。因此，我们在采取战略行动的过程中，必须了解战略行动的属性及其对企业成长的战略意义。

合作经营、公共外交和标准国际化是中国企业参加"一带一路"建设的三类战略行动，它们具有不同的属性。

1. 合作经营的市场战略属性

合作经营是企业成长过程中，与其他企业或机构存在合作关系的经营活动。它既不是企业内部的活动，也不是企业与其他企业或机构之间的交易性活动。内部活动、交易活动和合作经营共同构成企业的全部活动。

合作经营涉及两个或以上的合作方，各个合作方对合作标的有其预期目标，并且持续投入资源，以实现目标和利益。

合作经营是市场环境中业务如何发展的市场战略行动。市场环境包括企业的运营环境、产业环境以及宏观环境中的经济和技术环境，其中的利益相关者包括股东、员工、竞争者、债权人、供应商、销售商、消费者等。市场战略就是企业在市场环境中业务竞争的战略，业务竞争追求效率和效益，其本质是企业产业链和价值链管理效率的竞争，经济和技术是决定竞争优势的主要影响因素。①

因此，合作经营是市场环境中企业竞争力的战略行动，其主要功能是提升效率和效益，赢得市场竞争力，打造企业可持续发展的市场优势。

2. 公共外交的非市场属性

早期的公共外交的行为主体是国家政府，主要交往对象是外国公众。在全球化日益发展的今天，公共外交的行为主体已扩展到跨国公司、媒体和非政府组织。

从跨国公司视角来看，当它作为公共外交的行为主体时，其主要交往对象是外国的政府、媒体、非政府组织、社区和公众，以及国际组织（政府间和非政府间）等。由于交往对象存在不同程度的重叠关系，我们可以把企业社会责任和国际公共关系纳入企业公共外交的范畴。

企业公共外交是非市场环境中组织如何发展的非市场战略行动。非市场环境包括

---

① 蔡曙涛. 企业的非市场环境与非市场战略. 北京：北京大学出版社，2013.

企业宏观环境中的政治和社会环境，其中的利益相关者包括国家机关、地方社区、社会公众、非政府组织、大众传媒等。非市场战略就是企业在非市场环境中组织竞争的战略，企业之间的组织竞争追求合法性，其本质是企业为获取、维护和修复组织合法性而在彼此之间进行的竞争，政治、法律和社会因素是决定竞争优势的主要影响因素。①

因此，公共外交是非市场环境中组织竞争的战略行动，其主要功能是维护和提升组织合法性和竞争力，打造企业可持续发展的非市场优势。

3. 标准国际化兼具市场与非市场双重属性

"标准是一国创新能力中的一项关键的决定性因素，……对于政府政策和企业战略而言，标准化已演变成为国际经济外交中的一个颇受争议的领域。"② 此处的"标准化"正是我们所讲的"标准国际化"。

标准国际化是指一国的国家标准被他国采纳、成为他国的标准，或者被国际标准组织采纳成为国际标准的过程和行为。前者是两国之间的标准联通，后者是某国与国际标准组织之间的标准联通。无论何种标准联通，都需要制定国家标准的企业、该国的标准化组织，以及国际标准组织之间的有效的交往。

标准国际化的基础是"标准"，它集中体现了企业所拥有的技术实力和水平，这属于市场环境中的市场战略行动及成果；标准国际化的过程是"国际化"，它是国家标准制定企业和/或该国标准化组织与他国标准采纳企业和/标准化组织、国际标准化组织之间沟通、交流、解释、说明、说服等过程和行为，这属于非市场环境中的非市场战略行动。因此，标准国际化兼具市场与非市场的双重属性。

标准国际化的主要功能是通过掌握国际标准制定的话语权，参与全球经济治理。同时，企业获得最高层次的竞争力，成为全球市场中的领导者。

（二）战略行动的功能及对使命的贡献

上述每类战略行动大多具有多重功能，其功能的发挥过程就是对"一带一路"各项使命做出贡献的过程。战略行动与使命之间并不是简单的一对一关系，而是多对一或一对多的非线性关系。

---

① 蔡曙涛. 企业的非市场环境与非市场战略. 北京：北京大学出版社，2013.

② 迪特·恩斯特著，张磊、于洋等译. 自主创新与全球化：中国标准化战略所面临的挑战. 北京：对外经济贸易大学出版社，2012.

合作经营的主要功能是实现企业与其合作伙伴的共同发展。"一带一路"倡议希望参与其中的国家获得共同发展，这是"一带一路"倡议不同于许多国际合作倡议的主要特征。这种国家层面的共同发展是以企业共同发展为基础的，而企业的共同发展客观上要求企业之间建立各种类型和层次的合作关系。这些合作关系的建立就是商业共同体（或商业生态系统）的形成，众多的商业共同体将是人类命运共同体的重要组成部分。

合作经营还具有公共外交的功能。不同国家人员之间的人际交往，是公共外交的方式之一。具体到企业合作经营层面，其经营参与者就是不同国籍的人员，这些人员在合作工作的过程中，就是在无意识中产生了公共外交功能，即让外国人了解、认识、理解、认同、喜欢本国的文化、政策和国家形象，进而促进两国人民的友谊。同时，合作经营的成果（产品和服务）也是公共外交的载体。因为，产品和服务的消费者及市场环境中的其他利益相关者形成的品牌形象和企业形象，正是该企业母国国家形象的组成部分。

公共外交的主要功能是实现企业与其交往对象之间的有效交往和合作，这些对象就是非市场环境中的利益相关者，主要包括东道国的政治机关、非政府组织、大众传媒及社区公众，以及国际政府组织或非政府组织。依据对象的不同，企业公共外交的功能可分为两种：一是以东道国政治机关和非政府组织、大众传媒及社区公众为对象的公共外交，其主要功能是通过履行企业社会责任、开展公共关系活动实现民心相通（民心相通是"一带一路"倡议提出的新要求和目标，之前的公共外交目标主要集中于提升国家形象），进而有效降低非市场风险，保护企业的合法权益；二是以国际政府组织或非政府组织为对象的公共外交，其主要功能是通过技术标准和行业规则的制定，参与全球经济治理。

标准国际化的主要功能是实现参与全球经济治理的目标，该功能的发挥需要企业公共外交能力作为支撑，并且有助于合作经营的发展。

综上所述，中国企业如果在其跨国经营中根据实际情境采取合作经营、公共外交和标准国际化的战略行动，那么，"一带一路"倡议中提出的共同发展、民心相通和参与全球治理的使命就能够一步一步地实现。

接下来，我们将结合中国企业的实践经验，更加具体详细地分析和讨论国际合作经营和企业公共外交。因笔者能力所限，标准国际化这个重大议题留待今后探讨。

第二节　开展国际合作经营、 推进共同发展

在工商管理教科书中，"竞争"是一个热词。竞争、竞争力、竞争战略、竞争优势等词汇高频率地出现，而"合作"则被人们所忽视或关注度低。我们很少看到以合作、合作力、合作战略、合作优势为关键词的著作、论文和论坛，即使出现这些词汇，有些时候也只有其形而无其神。深入探讨其中的原因，是一个极有价值的研究课题。但这超出了本书的研究范围和作者的视野和能力。

中国国家领导人和中央政府对"国际合作"高度重视。习近平主席提出的"一带一路"倡议和人类命运共同体理念中，合作是主导的实现方式；"一带一路"倡议的官方文件中，"合作"是一个高频出现的词汇。仅在《推动共建丝绸之路经济带和21世纪海上丝绸之路的愿景与行动》中，"合作"一词就出现了43次；2017年5月召开的"一带一路"国际合作高峰论坛，在之前是"一带一路"国际高峰论坛，文件中有"国际"无"合作"。相比之下，我国学术理论界、企业界和传媒界却远远落后，在许多"一带一路"的研究与传播论著、文章中，"合作"并没有受到应有的关注和重视。有些论著和文章虽然使用了"合作"一词，但并没有反映出"合作"的真正含义。例如，有人经常使用"贸易合作""投资合作"，认真思考和细看其内容，我们不难发现：（1）大多数的国际贸易只是普通的"交易"关系，而不是"合作"关系。只有长期性的、双方不断投入资源和努力的"交易"才是"合作"；（2）投资合作是存在的，但是有些人使用该词时，其含义等同于普通的对外直接投资，并没有特指的"合作"内容。

这种状况在普通的国际贸易和对外直接投资中，是可以理解和接受的。但是，如果把上述情形用在"一带一路"建设中，就是非常不妥当甚至错误的。因为，普通的国际贸易和对外直接投资难以进行国际合作新模式的探索，无法实现"一带一路"倡导的共同发展目标。

鉴于上述议题的研究成果极少，作者大胆在此提出"一家之言"，还望各位专家批评指正。从实践经验和逻辑推导两个方面来看，中国企业采取国际合作经营方式参加"一带一路"建设主要有两种情形：一是行为主体视角，现有的合作型企业到"一

带一路"沿线/相关国家开展跨国经营；二是行为方式视角，中国企业为参加"一带一路"建设而建立战略联盟。

一、合作型企业开展跨国经营

此处的"合作型企业"主要是指中国企业主导的、中外企业参与的、相互之间存在某种合作关系的企业或联盟或联合体。它们在"一带一路"倡议提出之前已经存在，主要类型有中外合资合作企业、国际战略联盟和境外经济贸易合作区，它们拥有参加"一带一路"建设的"先天优势"，即具备国际合作和跨文化管理的经验和能力。它们参加"一带一路"建设就是利用这种"先天优势"，到"一带一路"沿线/相关国家开展跨国经营活动。具体而言，中外合资合作企业需要"走出去"，国际战略联盟需要扩展范围，境外经济贸易合作区需要加深合作。

（一）中外合资合作企业需要"走出去"：昆明安特钢结构有限公司

中国的中外合资合作企业总数近 40 万家。根据《中国外商投资报告 2016》，[①] 1979 年至 2015 年，中国累计吸引外国直接投资 16423.19 亿美元（不含金融业），外资在中国建立了 836404 家企业，其中中外合资企业 316803 家，占比 37.88%；中外合作企业 60662 家，占比 7.25%。

中外合资合作企业参加"一带一路"建设具有先天的优势：（1）合资合作企业是企业国际合作的主要模式之一，合资合作各方拥有一定的合作经验，可在此基础上把合作经验推广到"一带一路"沿线/相关国家，探索国际合作的新模式，例如，中外两方合资合作企业可引入"一带一路"沿线/相关国家的企业为合作方，拓展成为中国的中外外三方合资合作企业或东道国的合资合作企业，进而把中外共同发展延伸为中外外共同发展。（2）跨文化合作的经验有助于企业到"一带一路"沿线/相关国家开展经营活动。中外合资合作企业是跨文化交流与管理的重要载体，其人员拥有较丰富的跨文化交流与合作的经验。这些经验及其原则可帮助企业到"一带一路"沿线/相关国家开展经营活动，因为跨文化交流与合作的基本原则在不同的文化环境中是有相通之处的。这不仅可以提升市场环境中的业务竞争力，而且有助于非市场环境中组织合法性。

但是，中外合资合作企业并未成为"一带一路"建设中的主要企业类型。根据国

---

① http://wzs.mofcom.gov.cn/article/ztxx/201612/20161202436400.shtml.

家信息中心发布的《"一带一路"大数据报告2017》，^① 在影响力较大的"一带一路"企业（50家）中，只有2%即1家企业是中外合资企业。

中外合资合作企业在中国对外直接投资中的占比也较低。根据中华人民共和国商务部、国家统计局、国家外汇管理局发布的《2016年度中国对外直接投资统计公报》^②，截至2016年末，在对外非金融类直接投资11800.5亿美元存量中，国有企业占54.3%；非国有企业占45.7%，其中有限责任公司占17.8%，私营企业占8.7%，股份有限公司占8.6%，外商投资企业占3.5%，港澳台商投资企业占3.5%，股份合作企业占0.7%，集体企业占0.3%，其他占2.6%。

拥有一定总量和天然优势的中外合资合作企业，目前仅在中国对外直接投资中占有较低的位置，参加"一带一路"建设更少。其中的原因是什么？如何发挥它们的优势作用？这是一个值得分析和探讨的新课题。从媒体报道中，我们发现了1个案例。

昆明安特钢结构有限公司是由中国昆明吉轩金属结构工程有限公司、德国布雷纳钢结构有限公司、德国IPK工程设计咨询有限公司、德国FRTG集团合资创立的钢结构加工及建筑工程承包的中德合资企业。德国莱歇（Loesche）集团是专业从事辊式立磨研发、设计、制造及技术服务的世界龙头企业，在粉磨煤、水泥生产、水泥熟料、水泥添加料等辊式立磨领域处于国际领导地位。

2016年初，德国莱歇集团相关人员找到德国布雷纳钢构董事长马蒂亚斯·伽布乐，表示他们中标了巴基斯坦政府在卡拉奇投资的一座水泥厂，希望布雷纳公司承建该项目的重型设备钢结构支架部分，约需用钢构件5500吨。伽布乐先生向莱歇集团推介了昆明安特钢结构（布雷纳是昆明安特的股东之一），因为昆明安特的产品质量同德国布雷纳不相上下，但价格却要优惠许多。2016年3月22日，莱歇集团同昆明安特签约，由昆明安特提供卡拉奇水泥厂需要的钢结构支架产品，工程量为5500吨。

昆明安特的产品按照德国标准建造，生产规模是德国布雷纳公司的三倍。巴基斯坦项目于2016年4月29日开工，德方莱歇集团等伙伴提供原始设计，中方进行最终设计。产品制造在中国昆明于2016年10月完成。云南新丝路快铁班列有限公司负责运输，金属构件的25个货柜从昆明王家营中心站出发，通过点对点班列运到广州黄

① 国家信息中心."一带一路"大数据报告2017.
② http://hzs.mofcom.gov.cn/article/date/201803/20180302722851.shtml.

埔港，然后铁路箱换成海运箱，运往巴基斯坦卡拉奇港。陆上行程 1573 千米，耗时 3 天，海上行程 6800 海里，需 14 天。全部构件于 2017 年 1 月完成交付。

这是一个双重合作的案例，很有启发意义。昆明安特是中德合资企业，自身就是合作型企业；在巴基斯坦项目中，昆明安特的德方股东布雷纳公司建立了这个合作关系；昆明安特又是与德国莱歇集团合作完成该项目的。据报道，昆明安特与德国伙伴还将共同参与到科特迪瓦的项目中。

中外合资合作企业拥有国际合作和跨文化管理的优势，利用这些优势"走出去"，必将成为"一带一路"企业中的重要主体之一。虽然目前情况并非如此，但这必将是中外合资合作企业发展的新阶段。

（二）国际战略联盟需要扩展范围：三一重工与帕尔菲格的战略联盟

此处的国际战略联盟是指中国企业与外国（主要是发达国家）企业之间建立的战略联盟。主要有股权式和契约式两种类型，前者包括中外合资合作企业和少数股权投资，后者包括价值链各环节的合作关系，例如合作研发、合作制造、合作营销等。

与中外合资合作企业一样，国际战略联盟参加"一带一路"建设同样具有天然的优势（内容同上文）。2013 年之前，中国企业建立的国际战略联盟虽然不是"一带一路"建设的主要力量，但是从 2015 年开始，中国企业越来越多地采取国际战略联盟方式参加"一带一路"建设（下文详述）。

中国企业主导或参与的国际战略联盟，除其中的中外合资合作企业外，我们暂未收集到相关的总体数据和资料。因此，我们只能以个案方式进行分析和探讨。

三一重工股份有限公司（以下简称"三一重工"）与奥地利帕尔菲格集团（以下简称"帕尔菲格"）之间的战略联盟堪称中国企业国际战略联盟的"标杆"。两者之间建立了三种形式的战略联盟："双胞胎"合资企业、交叉持股和跨国技术合作，每个战略联盟都实现了预期的目标，并共同助力三一重工朝着"全球合作、全球市场、全球制造"的方向前进，进而实现"品质改变世界"的使命。

在实践中，一家企业与多家企业之间建立双方或多方的某种形式的战略联盟关系较为常见，而与某家企业之间建立多种形式的战略联盟关系则较为少见。三一重工正是后者。

1. 联盟双方：三一重工与帕尔菲格

三一重工由三一集团投资创建于 1994 年。目前，三一重工是全球装备制造业领先企业之一。三一重工的主要产品包括混凝土机械、挖掘机械、起重机械、桩工机械、筑路机械、建筑装配式预制结构构件，其中泵车、拖泵、挖掘机、履带起重机、旋挖钻机、路面成套设备等主导产品已成为中国第一品牌，混凝土输送泵车、混凝土输送泵和全液压压路机市场占有率居国内首位，泵车产量居世界首位。

帕尔菲格成立于 1932 年，位于奥地利萨尔茨堡。拥有 0.9 吨米到 116 吨米共 150余款随车起重机产品，在全球 11 个国家拥有 15 家工厂，在超过 180 个国家拥有超过1500 个销售和服务网点，年产能达 30000 台。核心产品折叠式随车起重机在全球市场占有率超过 30%，是世界领先的液压起重、装载、搬运设备制造商，是液压折臂起重机技术的领导者。

2."双胞胎"合资企业（见图 7-2）

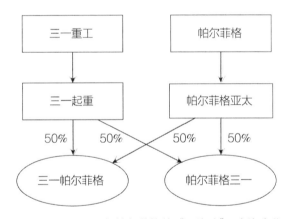

图 7-2　三一重工与帕尔菲格的"双胞胎" 合资企业

2012 年 2 月 28 日，三一重工下属全资子公司三一汽车起重机械有限公司（以下简称"三一起重"）与奥地利帕尔菲格集团（Palfinger AG）子公司帕尔菲格亚太（Palfinger Asia Pacific Pte. Ltd）签订合资协议，分别在中国成立"三一帕尔菲格特种车辆装备有限公司"（以下简称"三一帕尔菲格"）、在匈牙利成立"帕尔菲格三一汽车起重机国际销售公司"（以下简称"帕尔菲格三一"）。双方共同出资，各持有 50%的股份。三一帕尔菲格注册资本为 3 亿元人民币，总部设在中国长沙，针对中国和全球市场，研发、生产和销售随车起重机等特种车辆装备；帕尔菲格三一总部设在奥地利萨尔茨堡，在欧洲、独联体国家及美洲分销三一轮式起重机。

这是战略联盟中的合资企业形式，也是三一重工第一次采用合资企业形式开展国际合作，我们称其为合资企业"双胞胎"模式：出资者是两个相同的企业或其全资子公司；出资比例相同，各占50%；两家合资企业同时成立，分别在两个股东所在国；两家合资企业的核心业务相同，经营范围可能有所差异。

3. 交叉持股：互持对方10%股份（见图7-3）

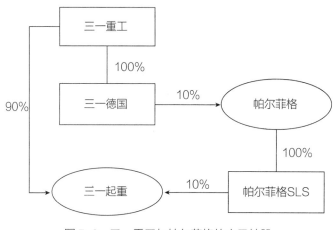

图7-3　三一重工与帕尔菲格的交叉持股

2013年9月30日，三一重工与帕尔菲格就进一步拓展双方战略合作伙伴关系签署一份合作备忘录。

2013年12月10日，三一重工与帕尔菲格及其股东Hubert Palfinger一世等相关方签订正式框架协议，主要内容如下：

三一重工将通过一家直接或间接全资子公司认购帕尔菲格发行的5%新股1 863 258股，另外直接向Hubert Palfinger一世等购买其合计持有帕尔菲格5%的现有股份1 863 258股，累计3 726 516股，每股价格为29欧元，共计1.08亿欧元。交易完成后，三一重工通过直接或间接全资子公司将持有帕尔菲格10%的股份。

帕尔菲格将通过其全资子公司Palfinger SLS Holding Pte Ltd出资109 977 562欧元增资三一汽车起重机械有限公司（以下简称"三一起重"）。交易完成后，帕尔菲格将间接持有三一起重10%的股权。

这正是战略联盟的交叉持股形式：联盟各方均在对方或其全资子公司拥有少数股权。

4. 跨国技术合作从油缸领域开始

2014年10月，三一重工再次携手帕尔菲格，在油缸领域展开技术合作。双方各自选派 3 名技术工程师前往对方公司学习，通过对标分析确定双方在工艺、制造、质量体系方面的最佳实践，然后相互提出建议和帮助对方的工厂实施这些最佳实践。

据了解，油缸是工程机械产品的核心零部件，过去中国全部依靠进口。三一重工在进入工程机械领域后，一直致力于研发具有自主知识产权及具有世界先进水平的油缸，引领中国油缸行业标准。目前，三一中兴公司已是中国最大的液压油缸生产基地。

此外，三一重工与帕尔菲格还在供应链系统开发等方面开展了深入的合作。通过整合三一和帕尔菲格的供应链，降低双方的采购成本，将带来巨大的经济效益。

这类国际战略联盟如果把联盟范围扩展到"一带一路"沿线/相关国家，就是利用其"先天优势"，参加到"一带一路"建设中，成为"一带一路"企业中的重要成员。

（三）境外经济贸易合作区需要加深合作：柬埔寨西哈努克港经济特区

境外经济贸易合作区是指在中华人民共和国境内（不含香港、澳门和台湾地区）注册、具有独立法人资格的中资控股企业（以下称实施企业），通过在境外设立的中资控股的独立法人机构（以下称建区企业），投资建设的基础设施完备、主导产业明确、具有集聚和辐射效应的产业园区。

根据中国商务部发布的《中国对外投资合作发展报告 2017》①，截至 2016 年底，中国企业共在 36 个国家建成初具规模的境外经贸合作区、工业园区等各类境外合作区 77 个，累计投资 241.9 亿美元，入区企业 1522 家，创造产值 702.8 亿美元，上缴东道国税费 26.7 亿美元，为当地创造 21.2 万个就业岗位。2016 年，对 77 个境外合作区新增投资 54.5 亿美元，占境外合作区累计投资的 22.5%，入区企业达 413 家，创造产值 387.5 亿美元，上缴东道国税费 5.7 亿美元。根据商务部、财政部出台的《境外经济贸易合作区考核办法》，截至 2016 年底，通过确认考核的合作区共计 20 个。

境外经济贸易合作区是多主体多方式合作才能建成并运营的联合体。首先是企业与政府的合作，具体表现为实施企业与中国政府、建区企业与东道国政府之间的政策和法律支持；其次是建区企业股东之间的合作，即中国实施企业与东道国政府或企业共同投资成立建区企业，设立管理委员会等机构，共同承担园区治理职责；再次是建区企业或园区运营公司与入区企业之间的服务合作，根据中国商务部 2015 年 8 月颁布的《境外经贸合作区服务指南范本》②，建区企业应为入区企业提供信息咨询、运

① http://fec.mofcom.gov.cn/article/tzhzcj/tzhz/.
② http://hzs.mofcom.gov.cn/article/zcfb/jwjmhz/201511/20151101153854.shtml.

营管理、物业管理和突发事件应急服务；最后是入区企业之间的合作，具体表现为价值链各环节的业务合作。

因此，境外经济贸易合作区的发展和深化合作是推进"一带一路"建设的战略性工程。其发展思路有二：一是现有的境外经济贸易合作区如何深化合作；二是中国优秀的园区投资者和运营者到境外新建经济贸易合作区。

在深化合作方面，有以下几个方向值得努力：（1）实施企业与中国政府的合作，以通过中国商务部和财政部的确认考核为目标。目前的 77 个境外园区只有 20 个通过确认考核，还有 57 个境外园区需要努力。（2）建区企业与东道国政府的合作，获得东道国政府的批准是前提，协助东道国政府建立园区法律和政策体系是合作的最高层次。（3）建区企业的股东之间的合作，这方面潜力巨大。目前，建区企业的股东构成有单一中国企业、多家中国企业、中国企业与东道国政府或企业三种情形。努力方向是多家中国企业、东道国政府或企业、第三国企业共同投资建区企业。（4）建区企业或园区运营企业与入区企业之间的合作，这是未通过中国商务部和财政部的确认考核的境外园区需要重点努力做好的工作。（5）入区企业之间的国际合作，境外园区作为中国企业抱团走出去的主要方式，其入区企业中，中国企业占有相当大的比重。其努力方向是扩大东道国企业、第三国企业在入区企业中的比重，加强入区企业之间的国际性业务合作。（6）入区企业与区外企业或机构的合作，尤其是中国企业与东道国企业、第三国企业之间的业务合作，也是境外园区深化合作的方向之一。（7）境外园区之间的合作。例如，2017 年 4 月，"一带一路"国际产能合作园区联盟在天津"一带一路"中国境外合作区高峰论坛上成立，该联盟由国家发展改革委员会国际合作中心发起，创始成员包括"一带一路"沿线的 16 个境外合作区。

柬埔寨西哈努克港经济特区[①]（以下简称"西港特区"）倡导的"八方共赢"目标正在通过深化国际合作方式来实现。西港特区提出的"八方共赢"是指公司与股东、员工、顾客、供方、合作伙伴、政府、环境、社会（社区）八方建立共赢关系。主要行动包括：

（1）中柬企业联合开发，优势互补，与合作股东共赢。西港特区有限公司于 2007 年成立，主要股东有：中国红豆集团附属企业——江苏太湖柬埔寨国际经济合作区投资有限公司和柬埔寨国际投资开发集团有限公司。西港特区是由中柬企业共同投

_____

① http://www.ssez.com/.

资建设和运营的，不同于仅由中国企业投资建设和运营，也不同于中国企业与东道国政府合作。如果股东中还有第三国企业，那其国际合作就更有深度。

（2）西港特区是中柬政府支持及双边合作的成果。西港特区是中国商务部和财政部共同确认考核的首批境外经济贸易合作区之一，获得中国政府的大力支持。2010年12月，中柬两国政府签订《中华人民共和国政府和柬埔寨王国政府关于西努哈克港经济特区的协定》，并在协定框架下成立了西港特区副部级协调委员会。据了解，近几年来，西港特区协调委员会分别于2012年12月和2014年1月在无锡和金边，举行了两次协调推进会议，旨在研究解决制约西港特区发展的"短板"，共襄拓展招商引资大计。同时，柬埔寨发展理事会（洪森首相兼任理事会主席）、海关、商检、商业部、劳工局、西哈努克省政府入驻西港特区办公，为入园企业提供投资申请、登记注册、报关、商检、核发原产地证明等"一站式"行政审批服务。如此多重且良好的政企关系在中国境外经济贸易合作区中并不多见。

（3）提供优良的软硬件环境，单独或合作提供多项服务，与园区企业共赢。西港特区正在成为一个"国际园区"。在116家园区企业之中，有十多家来自第三国（中国和柬埔寨之外的国家），包括了美国、法国、澳大利亚、日本等。西港特区为园区企业提供的服务共有11项，其中和其他机构合作提供的服务项目包括：

①与当地大专院校对接合作，向园区企业推荐适用的管理人才，并建立劳动力市场，定期在区内举办人力资源劳工招聘会，协助企业招工。

②与无锡商院共同开展培训工作，为园区企业培养储备适用的产业工人。先后主办12期，已有2.55万人次接受培训，不少人经培训由一线操作工升任班（组）长、指导工、翻译和中层管理岗位。

③引进金融机构和法律服务平台，为企业搭建融资平台及提供各类金融服务和专业法律服务。例如，西港特区公司联合江苏漫修律师事务所搭建法律咨询平台，提供专业法律咨询服务；不定期邀请相关单位举办法律咨询会、税收政策解读会等，为园区企业传达柬埔寨相关法律法规及手续办理流程，引导园区企业遵守法律法规，严格执行柬埔寨政府规定的企业员工应当享有的社会福利政策，做负责任的国际企业，确保职工享有合法权益。

（4）通过提供就业岗位，主动履行社会责任，与员工和当地百姓和社会共赢。一方面，通过发展经济，拉动就业。目前，仅属地波雷诺县就有70%的家庭在西港特区工作。这份工作提高了就业者的生活水平，员工家庭年收入由以前的一年挣回一头牛到现在每月就能挣回一头牛；另一方面，西港特区主动履行社会责任，包括 2008 年捐资 25.4 万美元为当地修建学校；每年都向柬埔寨红十字会捐款，救助社会弱势群体；向属地灾民及贫困百姓捐水、捐米；捐资助学，向品学兼优学生捐赠书包，发动员工开展"一对一"帮扶贫困学生。同时，成立柬中友谊公益志愿者联盟，发动更多的人参与到公益慈善活动中。

（5）积极保护当地生态环境，建设绿色环保园区，与自然和谐共赢。西港特区在发展过程中，一方面，坚持开发与生态并举，维护绿色环境。在开发过程中，尽可能维护生态环境、原有的植被和水资源，逐步推进生态建设。另一方面，坚持建设与环保并举，打造绿色产业园区。在前几年污水处理尚未达标的情况下，坚决禁止产生污染源的重、化工企业入区。在园区建设雨、污分流排放管渠，对生活污水进行处理后再排放，维护周边水源的生态安全。现在，西港特区又建了柬埔寨最大的标准污水处理厂，确保园区污水达标排放，保护环境，得到了当地政府部门的高度认可。

以上行为奠定了西港特区未来发展的基础。我们有理由相信，通过深化国际合作，"八方共赢"目标将逐步实现，西港特区将会拥有美好的未来。其他已建成和在建的境外经济贸易合作区应以深化国际合作为努力方向，实现"一带一路"倡议中的共同发展。

同时，在新建境外园区方面，中国政府应特别重视和支持中国优秀的园区投资者和运营者及其合作伙伴到境外建设园区，这是提升境外园区成功率的重要条件。例如，新加坡《联合早报》2017 年 11 月 27 日报道[①]，正在北京访问的新加坡财政部长王瑞杰说，新加坡与中国合作的苏州工业园区可在推动"一带一路"沿线国家基础设施建设上发挥作用，并且将园区的经验应用到这些国家。2018 年 3 月"两会"前夕，新加坡驻华大使罗家良在接受记者采访时表示[②]，苏州工业园是一个比较成熟的项目，已经有 20 多年的历史。对于它今后的发展，我们正在探讨新中两国是否能够结合"一带一路"倡议，利用在苏州的合资公司到"一带一路"沿线的第三方国家发展项目。我们期待这种境外经济贸易合作区新模式早日出现！

---

① 新加坡财政部长王瑞杰. 苏州工业园区经验可应用在"一带一路"沿线国家基建. http://sg.mofcom.gov.cn/article/zhengt/201711/20171102676364.shtml.

② 新加坡驻华大使. 打造四平台支持"一带一路"发展，2018-03-13，中国一带一路网公众号.

二、为参加"一带一路"建设建立战略联盟

中国企业参加"一带一路"建设日益成为重要的议题和课题。但是，目前所见的报道、文章和研究报告中，中国企业参加"一带一路"建设主要是指中国企业与"一带一路"沿线/相关国家之间的贸易往来和开展跨国经营活动。我们认为，这仅是中国企业参加"一带一路"建设的初级方式，是中国企业"走出去"在"一带一路"沿线/相关国家的落实。虽然这种初级方式是必须的和必然的，但我们需要提醒和重视的是，中国企业不能止步于这种初级方式，而是应该主动遵照"一带一路"精神和原则来开展跨国经营活动，这就是与东道国企业、第三国企业建立各种形式的战略联盟，打造商业共同体，实现共同发展。

从逻辑上看，中国企业为参加"一带一路"建设而建立战略联盟主要有股权式联盟和契约式联盟两种形式，前者包括"双胞胎"合资企业和三方合资合作企业或联合体，后者主要包括中国企业与发达国家企业共同开展的第三方市场合作。

（一）　"双胞胎"合资企业：三一帕尔菲格与帕尔菲格三一

引进发达国家的产品、技术、资本和管理，是后发展国家现代化进程中的必选战略措施。其中，后发展国家企业与发达国家企业共同建立合资合作企业是重要的方式。这是所有后发展国家现代化的经验和规律。

中国作为后发展国家，中国企业的自身成长与中外企业的合作竞争是同一进程的两个方面。外商投资企业（包括中外合资合作企业外商独资企业）不仅是中国企业群体中的"三分天下"之一（另两类是国有企业和民营/私有企业），而且其与国有或/和民营企业之间的竞争与合作更是中国企业与外国企业共同成长的内容和方式。

但是，从遵照"一带一路"的精神和原则来看，现有的中外合资合作企业模式（双方为主、在中国、外方为发达国家企业）必须"升级"。升级方向主要有两个：一是中国企业与"一带一路"沿线/相关国家企业共同建立"双胞胎"中外合资合作企业；二是发达国家企业、中国企业和"一带一路"发展中国家企业共同建立三方及多方合资合作企业。

中外合资合作企业如果符合下述全部条件，就是"双胞胎"合资企业：（1）中外投资者是两个相同的企业或其全资子公司；（2）中外投资者同时成立两家合资企业，分别在中国和外国投资者所在国；（3）出资比例相同或对称，即中国企业在中国合资

企业中所占投资比例与外国企业在外国合资企业中所占比例相同；(4) 两家合资企业的核心业务相同，经营范围可能会有所差异。

"双胞胎"合资企业的优势高于传统的合资企业。传统合资企业通常是两个投资者在某个国家建立一家企业，或在中国或在外方所在国；其主导权往往由出资比例最大的投资者掌握，该投资者难免以自身利益最大化来管控合资企业；拥有产品和技术优势的投资者希望合资企业扩大其市场份额，另一方主要希望获得先进技术和管理经验，机会主义行为在所难免，同企不同心现象普遍存在。由于合作更加深入，"双胞胎"合资企业不仅可巩固和扩大传统合资企业的优势，而且能够避免其劣势。

"双胞胎"合资企业是"走出去"和"引进来"的有机结合。在中国的中外合资企业是"引进来"方式之一，中国企业到外国建立合资企业是"走出去"方式之一。通常，这两者是分离的，比如某家中国企业一方面引进某家发达国家企业在中国成立合资企业，另一方面去到某国，与该国企业建立合资企业，两个外国合作伙伴是不同的。由于合作伙伴是同一家企业，"双胞胎"合资企业能够把"走出去"和"引进来"有机地结合起来。

基于以上特性，"双胞胎"合资企业将是"一带一路"建设的最佳行为者之一。在此，我们以中国三一重工与奥地利帕尔菲格的合资企业为案例①（只是时间为 2012 年，早于 2013 年"一带一路"倡议提出）。

2012 年 2 月 28 日，三一重工下属全资子公司三一汽车起重机械有限公司（以下简称"三一起重"）与奥地利帕尔菲格集团（Palfinger AG）子公司帕尔菲格亚太（Palfinger Asia Pacific Pte. Ltd）签订合资协议，分别在中国成立"三一帕尔菲格特种车辆装备有限公司"（以下简称"三一帕尔菲格"）、在匈牙利成立"帕尔菲格三一汽车起重机国际销售公司"（以下简称"帕尔菲格三一"）。双方共同出资，各持有 50% 的股份。三一帕尔菲格注册资本为 30 000 万元人民币，总部设在中国长沙，针对中国和全球市场，研发、生产和销售随车起重机等特种车辆装备；帕尔菲格三一总部设在奥地利萨尔茨堡，在欧洲、独联体国家及美洲分销三一轮式起重机。

在协议签订现场，帕尔菲格监事会副主席 Hubert Palfinger Jr. 把一个水晶龙送给了三一重工董事唐修国。他说："今年是中国的龙年，三一也是一家龙头企业。两家合资公司的成立，是我们在国际化战略上的大步迈进。帕尔菲格拥有全球主要市场的制

---

① www. sanygroup. com/.

造和装配工厂，三一重工不仅是世界上增长最快的公司之一，而且符合我们对高品质的追求。中国将成为我们的第二个国内市场，而我们在海外市场的销售渠道及合作伙伴也将增强三一产品在海外的销售。"

三一帕尔菲格公司董事唐修俊说："这两个合资公司，将拥有无与伦比的优良基因。他将继承帕尔菲格 80 年深厚的优秀管理经验和行业领先的技术优势，更将继承三一人勤奋务实、开拓创新的精神，必将把握机遇，创造出不俗的成绩。"

三一重工董事长梁稳根表示："三一重工与帕尔菲格的密切合作是进军全球市场和随车吊领域的重要一步。我们期待双方的合作，帕尔菲格是技术和市场的领先者，我们坚信，这两家合资企业将迅速取得成功，从而为三一持续、快速发展做出重要贡献。"

两家合资企业成立及经营情况如下：

1. 帕尔菲格三一：在欧洲、独联体国家及美洲市场销售三一轮式起重机

2012 年 9 月 4 日，帕尔菲格三一在奥地利萨尔茨堡成立。

帕尔菲格三一总经理 Michael Gruboeck 表示，合资公司将通过帕尔菲格的全球销售渠道，销售三一轮式起重机产品。"帕尔菲格三一公司的成立，有助于大幅提升合资双方拓展国际市场的速度，而且合资双方优势互补，能为客户提供更加优质的产品与服务。"

谈到合资公司今后的发展规划，Michael Gruboeck 胸有成竹地说："运用本土化产品，打开当地市场。我们的产品绝对符合当地客户的需求。"就在 8 月，50 台三一起重机已经进入俄罗斯市场。

帕尔菲格三一董事长戚建介绍道，进入欧洲和俄罗斯市场面临的最主要的问题，就是产品本地化的问题，要满足法律法规的认证要求。在欧洲，汽车起重机要通过 CE 和 TUEV 认证，在俄罗斯则要通过 GOST 认证。"进入俄罗斯市场的三一汽车起重机，均已获得 GOST 认证。其他市场的认证工作也即将完成。"

2. 三一帕尔菲格：生产、销售随车起重机等特种车辆

2012 年 9 月 5 日，三一帕尔菲格正式开业。董事长克里斯托夫·卡尔玛与三一起重总经理戚建共同为新公司的成立剪彩揭牌。

据了解，两家公司自合作启动以来，就进行了深入的技术交流和整合。三一帕尔菲格在针对中国市场进行深入考察和了解后，自主研制了直臂吊 SPS20000、直臂吊 SPS30000、折臂吊 PK32080 三款全新的产品。

戚建认为，依托帕尔菲格的技术品牌优势，结合三一的市场营销网络，三一帕尔菲格快速进入中国随车吊市场，定能改变中国随车起重机行业的市场格局。

三一帕尔菲格规划在长沙宁乡建设 300 余亩的产业园，分两期建成，一期工程将于 2013 年底投产，产能目标 5000 台/年。二期工程将于 2015 年底投产，产能翻番。预计到 2016 年，有望实现销售 20 亿元，成为中国第一。

2014 年 11 月 28 日，三一帕尔菲格的生产工厂在江苏省南通市三一如东工业园正式投产，计划 5 年内形成 1 万辆特种车辆的年生产能力，实现年产值 30 亿元，利润 2 亿元。

12 月 4 日，三一帕尔菲格举办合资公司企业文化研讨会。三一帕尔菲格总经理王新友、副总经理 Eric Kluver 等二十余名中高层管理人员参加。会上，三一帕尔菲格董事长 Kaml Christoph 通过视频，介绍了帕尔菲格的企业文化。他强调，三一帕尔菲格必须汲取三一与帕尔菲格企业文化与价值观的精华，然后共同商讨并建立合资公司自己独特的企业文化，这样才能为未来的成功奠定厚重的文化根基。

研讨会之前，三一帕尔菲格对全部 250 名员工进行了企业文化问卷调查，并在管理层确定价值观之前，公布了调查统计结果。

在员工调查和中高层管理人员研讨的基础上，三一帕尔菲格运用"企业类型指标"工具，最后确定"尊重、责任、合作"为其核心价值观，并在 12 月 8 日企业文化研讨会成果汇报会正式公布。同时，为了更好地贯彻实施核心价值观，三一帕尔菲格成立了文化委员会，并指定具体责任人负责总体监督、协调与推动。

2014 年 12 月 24 日，三一帕尔菲格同三一汽车制造有限公司密切联合，凭借优越的产品性能与品牌优势，在委内瑞拉招标项目中一举中标 200 台折臂随车起重机和 100 台高空作业车订单，项目总值达 3.4 亿元。

2015 年，三一帕尔菲格全年利润 4500 万元，位居行业第一；市场占有率接近 10%，位居行业第三。

2016 年初，三一帕尔菲格研发制造的我国第一台具有自主知识产权的低温油田吊下线，并出口俄罗斯。全年出口量超过 400 台（套）。到 2016 年，三一帕尔菲格产品出口地已经从原先的南美地区扩大到东南亚、中东、俄罗斯和非洲等地区，独立开发国际销售代理商达 40 家。

在做好随车起重机系列产品研发生产的同时，从 2016 年起，三一帕尔菲格还新增了智慧城市专用车系列,已经成功推出了环卫、市政等 30 多款特种车辆新产品。截至 2017 年,产品已经形成六大系列、100 多个型谱,主要包括随车起重机、高空作业车、拉臂钩、环卫车、清障车等各类特种专用车。已上市直臂式、折臂式随车起重机共 160 余款机型,吨位覆盖 6T. M 至 65T. M。年产能达到 5000 台,是中国随车起重机系列产品覆盖最全、吨位覆盖最广的企业。

2017 年,三一帕尔菲格市场占有率超过 16%,稳居行业第二。其中国内市场销售量较 2016 年实现翻番;国际市场开拓稳步前行,销售台数较 2016 年上升 30% 以上;大客户及特种行业也取得突破性进展。三一帕尔菲格已在中国设立了 100 多个销售网点、60 多个服务网点及配件中心,形成了一个覆盖全国的销售服务网络,可为客户提供及时、高效的优质服务。同时,依托三一集团和帕尔菲格两大母公司的海外经销网络,三一帕尔菲格产品覆盖了 100 多个国家和地区。

(二)三方合资合作企业或联合体:几内亚赢联盟

三方合资合作企业是指由来自两个或三个国家的三个或以上投资者共同建立的合资合作企业。在中国合资合作企业中,三方合资合作企业数量很少,主要是中中外、中外外方式。例如,早在 1986 年,信华精机有限公司由日本信和株式会社、惠州市华阳集团有限公司和香港金山集团共同投资和经营。注册资金 930 万美元,投资总额 1860 万美元,中方占 30% 的股份。该公司专业制造家用/汽车音响机芯、WALKMAN 机芯、线路板、镭射头、镭射机芯、投影机、CD 转换器、VCD、DVD 等影视音响产品;普通电话、无绳电话和集团电话、电脑 USB 转换器等系列产品,是世界最大的汽车/家用音响机芯、CD/DVD 镭射头(CD-ROM 机芯)生产基地之一。

本书中的三方合资企业或联合体特指由中国企业、发达国家企业、"一带一路"发展中国家企业共同投资建立的合资合作企业或联合体(可称其为 LCD 模式,L 代表"一带一路"发展中国家企业,C 代表中国企业,D 代表发达国家企业),无论其注册所在地、出资比例和经营业务及范围。如果注册地为"一带一路"沿线发展中国家,我们认为,这类企业就是参加"一带一路"建设的理想行为主体。其主要理由如下:(1)产业依梯度从发展水平较高的国家转移到发展水平较低的国家是世界经济发展的普遍现象。通常的产业转移呈现出历时性的特点,即产业从水平高的 D 国转移到水平中的 C 国,经过一段时间之后,再从 C 国转移到水平低的 L 国。在全球化日益深入的今天,由于中国拥有特殊的"枢纽"地位和作用,产业转移可呈现出同时性的特点,即产业从 D 国转移到中国（C）再转移到 L 国在同一个时间内发生。三方合资合作企业适应并将推动这个新的产业转移趋势。（2）三方优势互补，有利于经营成功。一般而言，发达国家企业（D）拥有标准规则制定权、核心技术、全球化管理等优势，中国企业（C）拥有成本创新、生产制造、工程施工等优势，发展中国家企业拥有当地市场经验、熟悉当地文化、劳动力成本低等优势。基于以上优势互补结构建立的三方合资合作企业或联合体，其经营成功的可能性更大，尤其是发达国家与发展中国家在历史上曾有过宗主国与殖民地关系的。当然，这类合资合作企业或联合体的管理复杂性和难度也高于通常的合资合作企业。（3）通过国际合作实现共同发展。三方合资合作企业或联合体的股东或成员来自不同发展阶段的三个国家，其国际合作程度较通常的合资合作企业或联合体要深。只要管理得当，发挥各方潜在的优势，三方合资合作企业或联合体定能取得经营成功。这种商业经营成功，不仅使三家企业获得共同成长，而且有利于三家企业所在国（尤其是该合资合作企业或联合体的注册地国家）的共同发展。这正是"一带一路"倡议所要求的方式和目标。

通过网络搜索和中国知网查找，我们只发现一个非常合适的案例——"几内亚赢联盟"[①]，这是一个由三国四家企业组成的联合体，其中包括两家三方合资企业。

"几内亚赢联盟"（SMB WINNING CONSORTIUM）是由新加坡韦立国际集团（WINNING INTERNATIONAL GROUP）、中国山东魏桥创业集团旗下的中国宏桥集团、中国烟台港集团、几内亚 UMS（United Mining Supply）（法国在几内亚投资企业）4 家企业组成的联合体。其本身不是一个经济实体，而是企业间的一个联盟组织，于 2014 年在几内亚博凯矿区成立。

四家成员企业拥有各自不同的优势。新加坡韦立国际集团是一家总部设在新加坡，专注于提供海运、物流方案，为中国有色金属等行业提供专业化服务的海运企业；中国宏桥集团是魏桥创业集团的关联企业，是中国最大的民营铝电集团，坐落于中国山东省滨州市。宏桥集团是集热电、氧化铝、液态铝合金、铝合金锭、铝合金铸扎产品、铝母线、高精铝板带箔、新材料于一体的铝全产业链企业；中国烟台港集团拥有中国主要大型港口、铝土矿接卸港口，位于渤海湾，山东半岛北岸，地理位置优越，接近主要氧化铝生产企业；几内亚 UMS 公司，全称"联合矿业供应公司"，其创始人和总裁瓦兹尼先生（Mr. Fadi Wazni）是几内亚知名的企业家，2016 年 10 月底曾

---

① 赢联盟几内亚开发铝土矿历程纪实. http://www.sohu.com/a/142634294_ 716522,2017-05-22 17:44.

作为随行企业家代表团成员陪同孔戴总统访华。

这四家企业还是铝产业链上重要环节的关键企业。几内亚 UMS 公司是铝土矿开采企业，韦立国际集团是铝土矿石专业运输企业，烟台港是铝土矿专业码头运营企业，宏桥集团是中国最大的铝土矿用户企业。并且，它们分别属于不同发展阶段的国家。几内亚 UMS 公司虽为几内亚企业，但其股东来自法国。韦立国际集团来自新加坡，与中国有色金属企业有多年的合作关系。宏桥集团与烟台港同为中国企业，前者为民营企业，后者为国有企业。

因此，这四家企业组成"几内亚赢联盟"，堪称完美的组合。

为开展经营活动，赢联盟联合体按照几内亚共和国的法律程序，遵照企业法和矿业法，在几内亚注册成立了两家几内亚法人企业，分别为：（1）赢联盟博凯矿业公司（Société Minières de Boké，SMB）；（2）赢联盟非洲港口公司（Winning Africa Port，WAP），分别承担矿山开采建设、港口建设运营以及社区建设管理工作。尽管每家企业的股东信息不详，但其股东至少为联合体中的 3 家企业。这就是本书所讲的三方合资企业。

"几内亚赢联盟"的潜在优势在其合作经营中得以充分地发挥。2015 年 7 月 20 日经过 100 天的建设，卡徒古玛港口（Koutougouma）投产运营，赢联盟举行了盛大的几内亚铝土矿首装船仪式。SMB 的铝土矿，经由陆路运输，从矿山运送到码头堆场，用拐手装船机装运到驳船，沿着诺尼兹河由拖轮拖带到博凯外海锚地，用浮吊 BOKE WINNING STAR 号，装上韦立信心（WINNING CONFIDENCE）轮。由此开创了把几内亚铝土矿用海岬型大船运送到中国的先河，具有划时代的意义。几内亚总统、多名几内阁部长、中国和各国驻几内亚大使、赢联盟的高层领导、项目的建设者们、当地社区和博凯区域的人民，亲临现场，见证了这一历史性的时刻。2015 年 9 月 25 日，韦立信心轮载运首船 18 万吨几内亚铝土矿离开博凯港，于 11 月 14 日抵达烟台港。烟台港举行盛大的庆祝仪式。中国有色协会、几内亚政府代表、山东烟台、滨州市政府、重要港航企业、赢联盟代表，共襄盛举。

2015 年和 2016 年，赢联盟的几内亚铝土矿装运量分别在 100 万吨和 1100 万吨左右。2017 年达到 3200 万吨，2018 年计划供应 4000 万吨，并开始向市场销售 500 万~800 万吨铝土矿。

"几内亚赢联盟"短短三年的经营，就有效地实现了多方共同发展。赢联盟对于几内亚社会经济发展的贡献主要表现在以下几个方面：（1）示范带动作用。赢联盟是在埃博拉疫情肆虐的 2014 年进入几内亚的，并在 2015 年开始建设。彼时，多数外资企业撤离几内亚，外部投资望而却步。赢联盟的进入，给几内亚国家和人民带来了希望，起到了无可比拟的领头羊作用。（2）赢联盟矿业、港口及物流项目的成功运营，给几内亚国家创造了税收来源，依法缴纳矿业资源税，每年为几内亚上缴巨额美元税费。（3）赢联盟矿业项目带动国家 GDP 的增长，根据国际货币组织的估计，对几内亚 GDP 的贡献率达 5%。（4）赢联盟项目带动直接和间接就业 10000 人，根据几内亚政府部门的评估，一个在赢联盟就业的几内亚人，可以支撑起 10 至 15 个几内亚人的生计，因此，赢联盟项目为 10 万~15 万几内亚人提供了生活保障，是几内亚最大的劳动就业项目之一。（5）赢联盟创造了稳定的美元税收，改善了几内亚的外汇收支状况，拉升了几内亚货币几郎的币值，增强了国际组织对于几内亚经济和外汇收入的信心。（6）赢联盟的成功，吸引和带动更多企业和投资者进入几内亚，从事矿业、基础设施建设、农业等领域，为几内亚经济发展注入了动力。

赢联盟项目对于中国有色金属行业的发展也具有重大的意义。这主要表现在：（1）开辟了新的铝土矿资源供应，实现了铝土矿资源供应的多样化，摆脱了对于少数资源富有国家的过度依赖，具有战略性意义。（2）搭建起双向物流通道，为中国企业进入几内亚提供便利的物流运输服务。赢联盟已经在为中水电、澳信、河南国际等中资企业的大型项目提供物流服务，为在几内亚经商的中国人提供一般商品海运物流服务。（3）赢联盟是个三国四方的合作项目，它的成功也为不同国家、不同所有制、不同行业的企业，不同国籍的人士在经济不发达国家的合作，探索出一种新的模式。而这种国际合作模式正是"一带一路"倡议所需要的。

值得关注的是，据总部在日内瓦的《非洲财经通讯社》（Agence Ecofin）2017 年 6 月 14 日报道，法国 AMR 矿业公司 14 日与几内亚赢联盟达成合作协议，联手合作开发几内亚的铝土矿。此外，赢联盟还将借鉴中国、新加坡成功的经济特区、工业园模式，在几内亚建设博凯经济特区，利用几内亚的区位和关税优势，开展加工生产，行销发达国家，带动几内亚的工业化发展和经济增长。另据法国杂志《青年非洲》2017 年 12 月 4 日报道，几内亚赢联盟计划在几内亚博凯矿区投资建设一座氧化铝厂、配套的火电厂，并建设一条铁路。三个项目计划投资总额约 30 亿美元。我们期望，这种国际合作模式更加完善和有效。

（三）第三方市场合作：　政府双边推动，　中央企业主导

第三方市场合作主要是指中国与有关发达国家一起开发作为第三方的发展中国家市场。这不仅是投资合作的创新方式，而且是"一带一路"建设中最合适的国际合作方式，尽管在实践中存在较大的难度，但中国政府已向多个外国政府提倡这种方式，并且与法国、加拿大、韩国、澳大利亚政府签署了合作协议。在中外政府的推动下，中央企业成为第三方市场合作的主导力量。

1. 中国与外国政府的合作

2015年6月29日至7月2日，应法国总理曼努埃尔·瓦尔斯邀请，中国国务院总理李克强对法国进行正式访问。中国政府和法国政府共同发表《关于第三方市场合作的联合声明》。该文件指出："中法愿鼓励和支持两国企业在第三方市场开展或加强合作。"并强调："第三方市场合作应遵循以下原则：①企业主导，政府推动。企业是在第三国开展贸易和工业合作的主体，应遵循有关国际法、国际惯例、商业原则及中法两国和第三国法律法规。政府可向两国企业提供支持，发挥引导协调作用，为企业合作创造良好环境和有利条件。②平等协商，互利共赢。中法希望帮助建设对地方经济具有支柱性作用的项目，促进互联互通，支持区域一体化。重点推动能够发挥专业能力和保障融资、对当事国或地区有重大影响的大规模项目。双方将充分尊重有关国家和地区的自身特点、发展需要和经济发展战略及目标。中法合作项目应符合第三国确定的优先事项。坚持"三国共同选择，第三国同意，第三国参与，第三国受益"，提高本地化程度。重点推动涉及当事国和地区重要民生需求、支持就业和经济增长的项目。还将鼓励有助于全球应对气候变化的项目。③互补、互利、开放、包容。中法将充分利用各自在生产、技术和（或）资金等方面的优势互补开展合作，鼓励双方企业以组建联合体投标、联合生产以及联合投资等新型合作代替传统分包的模式。除了私营部门外，参与方还可包括官方和半官方融资机构、公共经营者。对其他国家、国际和地区组织参与持开放态度，可在世界各地寻找合作机遇，重点放在亚洲和非洲。之后，2016年11月14日上午，在第四次中法高级别经济财金对话期间，在中国马凯副总理和法国财长萨班的见证下，国家发展改革委员会王晓涛副主任与法国财政总署署长奥蒂尔女士分别代表中法双方签署了《关于设立中法第三方市场合作指导委员会的谅解备忘录》。

2015年10月31日至11月2日，李克强总理访韩期间，《中国国家发改委和商务

部与韩国企划财政部和产业通商资源部关于开展第三方市场合作的谅解备忘录》等合作文件签署。根据该文件，两国政府主管部门将加强合作，为两国企业开展第三方市场的合作提供政策、信息、资金、机制等方面的支持。双方将在信息通信、钢铁、航空、基础设施建设等领域结合两国各自的比较优势以及两国在第三国市场开展合作的可行性，共同开拓第三方市场。双方将积极引导两国的金融机构，同时积极探讨利用亚投行等多边金融机构，必要时探索以共同的资金支持方案，来向两国企业共同开拓第三方市场提供支持。中韩将通过共同开拓第三方市场司局级联合工作组等工作机制，对相关工作进行指导和支持。

2015 年 11 月，第六次中日韩领导人会议发表了《关于东北亚和平与合作的联合宣言》，一致同意继续加强在第四方市场加强产能合作。

2016 年 9 月 21 日至 24 日，应加拿大总理贾斯廷·特鲁多邀请，中国国务院总理李克强于对加拿大进行正式访问。中国政府和加拿大政府共同发表《关于开展第三方市场合作的联合声明》。该文件指出："在中国和加拿大经济结构高度互补、两国企业合作潜力巨大的背景下，中加双方鼓励和支持两国企业基于共同感兴趣的商业机会在第三方市场开展经济合作，双方认识到可从获取第三方市场商业机会所需的投资合作与能力建设中获益。"并且强调："中加双方对第三方市场合作的支持基于下列基础之上：①中加双方欢迎两国企业在共同感兴趣的第三方市场中寻求商业机会，开展具体项目合作。②中加两国企业正在第三方市场核能和太阳能领域开展有意义的合作，在交通领域的合作机会正在显现。中加两国政府已对两国企业在这些市场中的合作给予支持。③在适当情况下，中加两国政府可对两国企业在第三方市场及其他领域开展互补性合作给予支持。④两国认识到扩大第三方市场合作范围、采取互利合作方式的重要性。⑤两国对探讨第三方市场投资合作的益处表示兴趣，支持企业加强能力建设以把握第三方市场的经济机遇。

2016 年 12 月，在东京举办的首届中日韩经济与产能合作论坛上，三方在建立第四方重点国别项目信息库和企业库、共同拓展第四方市场等合作达成积极共识。

2017 年 7 月 G20 汉堡峰会期间，在与德国默克尔总理共同会见记者时，中国国家主席习近平强调了中德双方要坚持走开放、创新、共赢的合作之路，并表示两国将合作推进"一带一路"建设，以开拓第三方市场为抓手，共享亚欧互联互通带来的巨大市场机遇。德国总理默克尔在 G20 新闻中心举行记者会时也表示，德国和中国在第三方市场的合作潜力巨大。更值得关注的是，习近平主席同默克尔总理共同见证了一系列双边合作文件的签署，其中就包括第三方市场合作的内容。

2017年9月16日，在第三次中澳战略经济对话期间，国家发展改革委员会与澳大利亚外交和贸易部签署了《关于开展第三方市场合作的谅解备忘录》。双方将鼓励和支持两国企业在能源资源、基础设施、农业和食品、服务业、先进制造业等共同感兴趣的领域开展第三方市场合作。

2018年4月8日，在李克强总理与新加坡李显龙总理的见证下，新加坡国家发展部长兼财政部第二部长黄循财代表贸工部，与中国国家发改委副主任张勇签署第三方市场合作的谅解备忘录。根据谅解备忘录，新加坡贸工部、中国国家发改委和新加坡企业发展局（Enterprise Singapore）将联合组建工作小组，确认两国可共同开发的市场和领域。双方也将定期举办企业配对交流活动和论坛，协助新中企业在“一带一路”沿线开展合作。两国也将同商业和政策性银行、保险公司和金融机构合作，支持两国企业在开拓第三方市场时的融资和项目策划需求。

2018年4月15日，中国商务部长钟山、国家发改委副主任张勇分别同日本经济产业大臣世耕弘成单独举行双边会谈，双方就推动两国企业携手在第三国家开展业务合作达成了一致。

2. 中央企业成主导力量

与“双胞胎”合资企业、三方合资合作企业不同，通过网络搜索，中国企业采取第三方市场合作的方式参加“一带一路”建设的新闻报道颇多，中央企业是其中的主导力量，但正在探讨合作的企业占多数，已经采取行动的企业并不多。在此，仅选两个案例进行说明。

（1）中国港湾与法国企业合作，在喀麦隆运营集装箱码头

2016年9月26日，喀麦隆总理菲勒蒙·扬签署了关于克里比深水港集装箱泊位运营商中标结果的总理府公告，正式将克里比深水港集装箱泊位的特许经营授予中国港湾、法国博洛雷（BOLLORé LOGISTICS）、法国达飞海运集团（CMA-CGM）联合运营体和喀麦隆当地企业。2018年3月2日，喀麦隆克里比深水港集装箱码头开港运营。

中国港湾①（全称为中国港湾工程有限责任公司，英文缩写CHEC）是中国交通

---

① 中国港湾. http://www.chec.bj.cn/.

建设股份有限公司的全资子公司，业务主要集中在交通基础设施建设领域，涵盖 70 多个国家和地区，采取设计总承包、工程建造总承包、BT、BOT、EPC、MPC 等多种方式。克里比深水港集装箱码头项目由中国港湾通过 EPC 模式建设，2011 年 6 月开工，2014 年 6 月竣工，合同额约为 4.98 亿美元。

在码头建设过程中，中国港湾为贯彻落实中国交建集团的"五商中交"战略，就在为码头运营做准备。2014 年 1 月 28 日，中国港湾与喀麦隆政府在签署了克里比深水港二期 EPC 总承包商务合同的同时，还签署了中国港湾参与项目部分投资及运营的合作框架协议。这为中国港湾进入运营业务奠定了坚实基础。此后，喀麦隆政府在克里比深水港二期项目的国际招标文件中明确了一项条款："任何运营商获得喀麦隆政府授标，都必须与中国港湾建成联营体，共同运营。"

但是，中国港湾缺乏港口运营的经验，无能力单独从事运营业务，必须寻找、选择合适的合作伙伴。最后，中国港湾选择法国博洛雷公司和达飞海运集团为合作伙伴。这是因为：①这两家法国公司在非洲已经经营了很长时间，有丰富的管理经验，尤其是和当地人打交道的经验，值得中国港湾学习。②这两家企业都是港口运营价值链中的世界级公司，法国达飞海运集团是世界排位第三的集装箱全球承运公司。博洛雷公司是全球最大的物流公司，在 46 个非洲国家设有 250 家办事处，拥有 280 座仓库，是业界在非洲拥有最庞大的综合性物流网络的公司。③喀麦隆政府也希望中国港湾与博洛雷公司合作。

2014 年 9 月 1 日，中国港湾与法国博洛雷和达飞海运集团组成的联合体中标克里比深水港集装箱泊位 25 年特许经营权。

（2）国机集团与美国通用电气合作开发非洲清洁能源市场

国机集团①（全称为中国机械工业集团有限公司，成立于 1997 年 1 月）是一家多元化、国际化的综合性装备工业集团，主要业务围绕装备制造业和现代制造服务业两大领域，发展装备研发与制造、工程承包、贸易与服务、金融与投资四大主业，涉及机械、能源、交通、汽车、轻工、船舶、冶金、建筑、电子、环保、航空航天等国民经济重要产业，市场遍布全球 170 多个国家和地区。

2015 年 9 月 16 日，国机集团与通用电气（GE）公司在京签署战略合作谅解备忘

---

① 国机集团. http://www.sinomach.com.cn/.

录。双方将联手推动非洲地区的清洁能源项目，帮助非洲撒哈拉以南地区实现用电人口翻一番的目标，支持中国政府"一带一路"倡议和美国政府"电力非洲"计划。

根据协议，国机集团和 GE 将着重在三个方面开展合作：一是对非洲的清洁能源项目进行联合开发、投资和融资，加强双方在能源领域的合作；二是在特定的能源合作项目中，协助对方获得和优化第三方长期融资，或提供开发资金；三是将肯尼亚凯佩托 102 兆瓦风电项目作为双方长期合作的试点工程。这是美国政府"电力非洲"的项目，GE 公司利用国际融资渠道优势，引荐国机集团参与项目建设，并以此为契机扩大双方在非洲的合作。

这只是国机集团与 GE 合作开发第三方市场的一例。事实上，GE 与国机集团的合作时间长、有着良好的基础，双方曾经共同为亚洲、非洲和拉丁美洲建设过多个基础设施项目，合作内容主要是把 GE 的燃气轮机、风力发电机等先进设备与国机集团的工程建设和项目管理能力相结合，合作目标是为遍及全球的清洁能源项目提供可靠的保障。

关于双方合作的意义，国机集团董事长任洪斌说："近年来，国机集团以技术和管理创新为核心，加快'走出去'步伐，推进战略转型，实现了从传统国有企业到具有国际竞争力的现代企业转变。在中国'一带一路'战略推动过程中，我们与 GE 公司扩大合作，为非洲和其他新兴市场进行电力建设，充分体现了中美两国企业互利互惠共同开拓第三方市场的新思路、新模式，也是国机集团'合力同行，创新共赢'理念的最好诠释。"

GE 全球高级副总裁、中国总裁兼首席执行官段小缨说："GE 是中国基础设施装备'走出去'值得信赖的合作伙伴。我们与国机集团的合作充分体现了 GE'源中国，汇全球'的战略支柱，其核心就是与中国企业一起开拓全球市场，GE 将向国机集团和中国的海外工程承包企业提供先进技术、全球资源以及管理经验，通过技术互补、能力互补，带动两国更多的企业走上全球发展和创新合作之路。"

初步观察，中央企业与外国企业合作开发第三方市场的战略行动具有以下共性：（1）外国企业大多数是全球领先的欧美跨国公司，多年来，它们一直是中国企业的学习标杆。今后，在"一带一路"建设中，中国企业与它们建立起合作伙伴关系。（2）今天的合作关系是历史上双方交流与合作的延续。在"一带一路"倡议提出之前，中国企业早已与今天的合作伙伴有过交流、学习和合作关系。不同的是，之前的目标市场主要在中国，今天的目标市场主要在第三国。

第三节 发挥公共外交功能、促进民心相通

民心相通既是"一带一路"建设的合作重点内容之一，又是"五通"建设中其他"四通"的社会基础。与其他国际合作倡议相比较，民心相通还是"一带一路"倡议中的创新之处，因为大多数国际经济合作的倡议和规则往往忽视民心相通的内容。由此，我们对民心相通的认识和理解更需要全面和深入。

在"一带一路"倡议的指导和要求下，我们认为，民心相通应作为中国公共外交的新目标。这与中国公共外交的传统目标——提升中国国家形象既有联系又有区别，其主要联系在于民心相通与中国国家形象互为促进关系，主要区别在于要实现民心相通，其受众更加广泛，沟通程度更加深入，其难度和作用更大。

民心相通目标需要各类国际行为体的共同努力方能实现。其中，中国企业是主要的行为体之一。中国企业以非市场利益相关者为对象的交流、沟通、交往和合作行为，就是企业公共外交行为。公共外交是中国企业的"新课程"，许多中国企业必须补上这门课。

中国企业首先要有公共外交意识，把公司外事工作"公共外交化"，然后积极主动开展多种形式的公共外交活动，把国际公共关系、企业社会责任、海外企业文化建设纳入公共外交总体框架中，最终为民心相通目标实现做出实际贡献。这就是中国企业从公共外交到民心相通的行动路线图。

一、民心相通：中国公共外交的新目标

民心是指一国民众具有相似或相同的习俗、宗教信仰、生活方式等。若将这些内容进行升华，可抽象内化为民众的共同思维，指导民众的行为。相通是指在相互接触、相互了解的基础上，相互借鉴、相互包容、相互理解。所以，民心相通就是"一带一路"沿线国家人民在相互接触、相互了解的基础上，实现相互融通、求同存异、深化感情、和谐相处。[①]

① 当代世界研究中心. 一带一路热点问答. 北京：学习出版社，2015.

我们认为，民心相通有两种涵义：一是作为目标要求的民心相通；二是作为行为方式的民心相通，也就是广义的公共外交行为。

（一）民心相通的目标层次

民心相通作为目标，是指各国人民（行为者）之间的一种心相通、行相连的状态，其最终目标是"为深化双多边合作奠定坚实的民意基础"。

民心相通的目标状态可分为四个层次：

（1）相互知悉与了解（相知），双方知晓对方的基本信息并有初步的了解；

（2）相互认识与熟悉（相识），双方在了解的基础上形成交往关系，相互熟悉并形成一定的态度；

（3）互相理解与友好（互友），双方在交往基础上相互理解，友好往来机制化；

（4）互相支持与合作（互持），双方在友好往来基础上互相支持（加持）对方的行为，并共同投入资源开展各项合作。

第一层次是起点，一切交往都是从相知开始的；第四层次最高，实现互持目标的交往是最高追求。

从第一层次到第四层次，是一个逐步递进上升的过程，也是一个内容范围和行为者数量不断缩小的过程（见图7-4）。

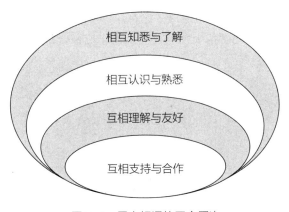

图7-4　民心相通的四个层次

（二）"一带一路"公共外交行为

民心相通作为行为，是指能够实现民心相通各个层次目标的国际交往行为，即公共外交，这种交往行为由以下要素组成：目标、行为者、内容、方式、效果。

根据国家发展改革委员会、外交部、商务部联合发布了《推动共建丝绸之路经济带和 21 世纪海上丝绸之路的愿景与行动》，"一带一路"公共外交行为的各要素内容如下。

（1）目标：相知、相识、互友、互持。

（2）行为者：中国与各国人民。从其工作领域包括科技、教育、文化、体育、旅游、学术、传播、卫生医疗等多个领域的机构和工作者；从其身份和机构包括青年、妇女、人才、志愿者、民间组织（NGO）、立法机构、政党、议会、城市、智库等。

（3）内容：其核心是传承和弘扬丝绸之路友好合作精神。从行为者工作领域来看，包括各个方面的内容，例如教育领域的学术往来、互派留学生、合作办学；文化领域的互办文化年、艺术节、电影节、电视周和图书展等活动，合作开展广播影视剧精品创作及翻译，联合申请世界文化遗产，共同开展世界遗产的联合保护工作；旅游领域的互办推广周、宣传月等活动，联合打造国际精品旅游线路和旅游产品，提高签证便利化水平，推动邮轮旅游合作等；体育领域的交流活动，以及申办重大国际体育赛事等；卫生医疗领域的在传染病疫情信息沟通、防治技术交流、专业人才培养等方面的合作；科技领域的共建联合实验室（研究中心）、国际技术转移中心、海上合作中心，科技人员交流，合作开展重大科技攻关等；立法机构、主要党派和政治组织的友好往来；城市之间的互结友好城市等；智库之间的联合研究、合作举办论坛等；民间组织之间的交流合作，开展教育医疗、减贫开发、生物多样性和生态环保等各类公益慈善活动等；文化传媒的国际交流合作等。

（4）方式：信息传播是指各个领域及其工作机构和成果信息的双向传播，可分为关于国家信息的大众传播和关于专业领域信息的定向传播；交流活动是指交往双方的人员交流、共同举办（参加）各类论坛会议等活动；友好往来是指交往双方签署交流合作协议，并机制化地执行该协议；项目合作是指交往双方共同投入资源、设定目标，开展各类项目合作或共同组建新的机构。

（5）效果：就是目标实现的程度，可分为三个层次：一是单个行为的效果；二是某个领域内多个行为的效果，例如卫生医疗领域要"提高合作处理突发公共卫生事件的能力"，科技领域要"共同提升科技创新能力"，民间组织交往要"促进沿线贫困地区生产生活条件改善"，文化传媒交流合作要"塑造和谐友好的文化生态和舆论环境"；三是某国别民心相通的总体效果。

需要特别关注的是，上述官方文件中并没有把中国企业作为民心相通的行为主体之一。究其原因，也许是因为中国企业尤其是跨国公司已经成为中国公共外交的重要行为主体之一而不必再言；也许是因为政府部门对企业作为公共外交行为主体缺乏认识而被忽视。

实际上，无论从发达国家企业的经验来看，还是从中国企业的实践来看，跨国公司都是公共外交的重要行为主体之一，尽管专家学者之间对此还存在争议。再从"一带一路"建设的目标和内容来看，我们更应该有此认识，并在实际工作中，充分发挥中国企业尤其是跨国公司在公共外交与民心相通中的独特和更大的作用。

（三）中国公共外交现状与实现民心相通新目标的差距

民心相通目标需要各类公共外交行为主体共同努力方能实现。那么，中国公共外交的现状如何？与"一带一路"提出的民心相通新目标之间还存在怎样的差距？我们认为，中国公共外交现状与民心相通新目标在主体、对象、内容、方式及评估等方面存在较大的差距（表7-1）。

表7-1 中国公共外交与"一带一路" 新要求的差距

	中国公共外交现状	"一带一路" 的新要求
目标	树立国家形象	推进民心相通
主体	政府为主	城市/企业/社会组织
对象	发达国家特定群体	沿线国家智库/普通民众
内容	中国文化符号/中国国情政策	"一带一路" 倡议及其进展
方式	单一/单向	多元/双向
评估	较少进行	不断进行

1. 目标：树立国家形象与推进民心相通

在"一带一路"倡议提出之前，中国"开展公共外交的目的是提升本国形象，改善外国公众对本国的态度，进而影响外国政府对本国的政策。"[①] 树立和提升国家形象更多地关注单方向的形象塑造，关注于我国在他国人民心目中的形象如何。从某种意义上来讲，这种公共外交还没有完全摆脱对外宣传思维，是对外宣传的延伸和拓展。

"一带一路"为公共外交提出了明确的目标，即促进我国和沿线国家民心相通。在"五通"之中，民心相通是"一带一路"社会建设的根基，它不仅是其他"四通"的基础，而且还是其他"四通"的保障。一方面来讲，任何政策对接、基础设施、金

---

① 赵启正. 公共外交与跨文化交流. 北京：中国人民大学出版社，2011.

融合作和国际贸易都要以互信为基础；另一方面讲，互信的建立可以减少合作的风险和成本，促进合作顺利进行。

民心相通更加注意双方的理解，这就需要更加注重平等的交流与互动。民心相通之道，不只是加强相互了解，更在于创造共同历史记忆、共同身份、共同的辉煌。①

2. 主体：政府为主与城市、企业和社会组织为主

虽然有学者认为，中国"公共外交的行为主体包括政府、社会组织、社会团体、社会精英和广大公众等多个层面。"② 但在实际工作中，中国公共外交的政府主导性非常明显。

"一带一路"官方文件虽然没有直接提及公共外交一词，但推进"一带一路"建设工作领导小组办公室负责人在答记者问时，明确提出"加强公共外交。加强沿线国家之间政治团体的友好往来。开展城市外交，欢迎沿线国家重要城市之间互结友好城市。支持沿线国家智库之间开展联合研究、合作举办论坛等。加强社会组织交流合作，重点面向基层民众，广泛开展各类公益慈善活动，促进沿线贫困地区生产生活条件改善。"③ 也就是说，除政治团体外，城市、智库、社会组织是"一带一路"公共外交的主要行为主体。（这里，也未提及企业）

3. 对象：发达国家特定群体与沿线国家社会组织/普通民众

欧美发达国家一直是中国公共外交的重点区域。由于中国在现代化进程中的后来者角色，改革开放以来，我们一直在学习发达国家的技术、管理和经验。因此，我们对发达国家的了解、研究较多，投入的公共外交资源也多，研究发达国家的公共外交成果也多。

"一带一路"公共外交的目标是实现民心相通，其主要受众群体首先就是沿线国家的社会组织和民众。但是，我们对"一带一路"沿线国家，特别是其中的发展中国家缺乏了解，对其民众的风俗、宗教信仰、生活方式缺乏了解，也缺乏相应的公共外交基础工作。也就是说，我们并不了解受众的"民心"，如何开展公共外交实现相通呢？这是"一带一路"公共外交面临的重大挑战。

---

① 王义桅."一带一路"建设的民心相通之道. http://opinion.people.com.cn/n1/2016/0805/c1003-28613917.html.2016-8-20.

② 赵启正. 公共外交与跨文化交流. 北京：中国人民大学出版社，2011.

③ 以"五通"打造利益共同体责任共同体命运共同体. http://news.xinhuanet.com/2015-03/29/c_1114795525.htm.2016-8-20.

4. 内容：中国文化符号/中国国情政策与"一带一路"倡议及其进展

我们之前的公共外交工作，一直将很多精力放在一些具有中国特色的文化符号的传播上，比如武术、中医、京剧、杂技等，总体来讲，更加注重形式。对于接受国民众来讲，表演性质更强，与他们的实际生活相关性不大。政府主导的公共外交主要内容集中在中国政策和国情上。

"一带一路"公共外交的主要内容应集中在"一带一路"倡议及其进展上，我们应更多关注沿线各国普通民众对于"一带一路"倡议的看法，更加关心每一个建设项目对他们生活质量的影响。我们要向沿线国家民众说明"一带一路"的目标是建立一个开放共享的机制，这一机制不仅有利于沿线各国的共同发展，而且也有利于各国民众生活水平的提高。

5. 方式：单一/单向与多元/双向

推进公共外交的方式直接与主体相关。政府一直是中国公共外交的主力军，因此，政府的对外宣传是我国公共外交的主要形式。即使社会组织参与公共外交活动，也大多是政府主导或仿效政府行为。公共外交方式的单一性和单向性特征明显。

"一带一路"公共外交要求更加注重交流的多元性和双向性，不宜过多采用传统外宣工作"一个声音""我说你听"的方式，因为"一个声音"并不真实，"只说不听"无法实现"民心相通"。一方面，我们要向"一带一路"沿线国家解释说明"一带一路"的意图，增信释疑；另一方面，我们也要聆听他们对于"一带一路"的疑虑和担忧，并及时调整政策。特别是"一带一路"沿线国家与我国的文化差距较大，相互之间缺乏了解，这就需要我们付出更多的心思和努力，尤其在交流中注意倾听。

由受众多元性所决定，为了实现民心相通，我们要有更加多元化的渠道，包括但不限于开展文化交流、学术往来、人才交流合作、媒体合作、青年和妇女交往、志愿者服务，以及留学生交流、旅游合作、科技合作、卫生合作、社会保障交流、政党交流、社会组织交流等方面。当然，针对不同主题和受众，我们还应选择好着力点。就"一带一路"共性而言，城市外交①、企业公共外交、智库与社会组织之间的交流与合作是主要着力点。

6. 评估：较少进行与不断进行

多年以来，虽然中国在公共外交方面投入了大量的人力、物力、财力，但是公共

---

① 韩方明. 城市外交：中国实践与外国经验. 北京：新华出版社，2014.

外交的效果如何？我们这些资源投入的方向是否正确？我们的工作方式还需要做怎么样的调整？由于没有系统的评估工作，这些问题我们都无法准确地回答。可以说，效果评估一直是我国公共外交工作的难点和盲点。

"一带一路"公共外交要推进民心相通建设，这是基础性和长期性的工作。客观上需要所有行为主体和参与者切实做好公共外交效果的评估工作，以活动/项目评估为基础，做到评估制度化。具体评估工作可采取自我评估、受众评估、第三方评估等多种方式。贵在不断评估，找出差距并不断改进。

如何缩小上述差距，切实实现民心相通，是中国公共外交各类行为主体面临的新课题。在此仅就中国企业的公共外交进行分析和探讨。

二、公共外交：中国企业的"新课程"

从企业视角来看，广义而言，公共外交就是以该企业在东道国和国际社会中的非市场利益相关者为交往对象的一切交流、沟通、传播、交往和合作行为。

企业公共外交就是企业作为行为主体开展的公共外交。具体而言，跨国公司公共外交"是指跨国公司遵循本国政府政策或者实际上契合政府对外政策的精神，通过企业员工的表现、企业在他国所进行的投资经营活动，以及企业所从事的其他社会活动的方式，在向国际社会和东道国政府、民众展示企业的理念、追求企业利益的同时，自觉或不自觉地发挥了本国与世界进行交流和沟通、传播本国的文化和精神、增进双边和多边互动的功能，从而直接或间接地提高了本国在国际社会和他国民众心中的形象，营造了有利于本国的国际舆论环境，维护了本国的国家利益的对外行为。"[1]

根据笔者的初步调查和观察，公共外交对中国企业是一门"新课程"，中国企业公共外交现实状况与"一带一路"倡议精神和原则要求差距很大。

这个"新"表现在：（1）许多中国企业并不知道公共外交为何物，尽管少数企业已有较好的公共外交行为和效果。（2）为企业培养高中层管理者的商学院和管理学院，至今没有一家把《企业公共外交》列为教学或培训课程。（3）企业公共外交的研究者大多出自外交与国际关系学界，其研究成果对企业界和管理学界影响不大或没有影响。[2]

① 陈炜. 中国跨国公司公共外交. 广州：广州出版社，2017.
② 赵世人. 企业公共外交指南. 北京：外语教学与研究出版社，2015.

这个"差距大"表现在：（1）根据"一带一路"倡议精神和原则要求，民心相通是重要的内容和目标。由于官方文件在民心相通部分并未提及企业，企业可能认为这与己无关，从而继续依照传统方式开展贸易和投资，忽视开展民心相通相关工作。（2）公共外交就是实现民心相通的策略、方式、手段和方法，中国企业则是中国公共外交的重要行为主体。由于公共外交是中国企业的"新课程"，绝大多数企业并未形成公共外交意识。（3）少数优秀企业（例如华为）的实际公共外交行为虽然颇有效果，但它们很少或并不使用"公共外交"一词，对公共外交行为与民心相通目标之间的关系也缺乏全面的认识和理解。

因此，在本段中，我们将运用公共外交六要素通用框架（目标、主体、对象、内容、方式、效果）于中国企业参加"一带一路"建设的具体情境中，简要介绍公共外交这门新课程的简要内容。在下段中，我们以中国企业的现实状况为出发点，绘制出实现民心相通目标的行动路线图。

（一）目标：权益保护/形象提升/民心相通

企业公共外交的目标或预期效果是多重的。首先，企业权益保护或风险规避是企业公共外交的根本目标。权益保护与风险规避是同一行为的两个方面，也就是说，权益保护必须要风险规避，风险规避可实现权益保护。企业跨国经营的主要风险有市场风险和非市场风险两大类。市场风险通过市场、经营、法律等方式来规避，非市场风险是来自非市场利益相关者的风险，需要通过企业与其之间的交流、沟通、谈判等方式来规避，这就是企业公共外交行为。

其次，提升国家形象是企业公共外交的主要目标。[①] 这里的"国家"不仅是指企业创办和注册所在地的母国，而且应该包括企业对外投资的东道国（通常为两个或以上国家）。人们通常所讲的企业形象与国家形象的关系，主要是指企业与母国国家形象的关系。这种关系主要通过产品的"原产地"效应发挥作用。与其不同的是，提升东道国的国家形象需要企业的主动作为方可实现。在"一带一路"建设中，中国企业应积极主动地把东道国形象提升作为自身的责任，与相关机构合作，开展公共外交。

最后，民心相通是中国企业"一带一路"公共外交的核心目标。中国企业在"一带一路"建设过程中，其公共外交的目标除上述通常提及的风险规避和提升国家形象外，还必须把"民心相通"作为核心目标。这也是中国企业"走出去"与参加"一

---

① 赵启正. 跨国经营公共外交十讲. 北京：新世界出版社，2014.

带一路"建设的区别之一。"民心相通"目标的实现是以风险规避和形象提升为基础和前提的，中国企业尤其要重视提升东道国形象的公共外交，并针对民心相通中的具体问题创新公共外交的方式。

（二）主体：跨国公司及其部门

凡是从事国际化经营的中国企业都是公共外交的行为主体。其中，跨国公司是国际化程度高，在两个或以上国家从事投资与经营活动的企业，因而成为企业公共外交最重要的行为主体，以致于人们讲"企业公共外交"时，我们可以理解为其所指就是"跨国公司公共外交"。

在某个特定的跨国公司中，公共外交的行动者主要有：（1）最高领导人。与政府外交一样，企业最高领导人亲自参加的公共外交活动，其效果是最大的，尤其是拥有"明星"效应的企业最高领导人。例如，阿里巴巴集团董事长马云与美国总统特朗普的会面，是具有全球影响效果的中国企业公共外交活动。（2）外事、公共关系、社会责任、企业文化等职能部门。企业外事部门的工作内容和方式就是公共外交，北京大学袁明教授说"公共外交在中国可以理解为'大外事'"，企业及地方政府、高等院校等机构中的外事工作就是公共外交。企业公共关系中面向外国的部分即国际公共关系是企业公共外交的重要组成部分，主要以外国政府和媒体为交往对象。企业国际社会责任中的以非市场利益相关者为交往对象的部分也是企业公共外交的组成部分。企业文化必然涉及母国的国家民族文化，海外企业文化必然涉及东道国文化和母国文化，因此，企业文化也与公共外交高度相关。（3）从事国际商业经营活动的分公司、子公司、合资企业和战略联盟。这类机构在市场环境中与市场利益相关者交往，由于市场利益相关者中的某部分或某时段会成为非市场利益相关者，因此，这些机构也是公共外交的行动者。它们主要通过商业经营活动间接地发挥公共外交功能。

（三）对象：非市场利益相关者

作为企业公共外交对象（本书不使用"受众"一词，因为该词的单向性较强）的非市场利益相关者主要有国际组织、母国/东道国组织和第三国组织三大类型。国际组织包括与企业相关的政府国际组织和非政府国际组织，经济类政府国际组织、以环境保护、人权、劳工保护为活动领域的非政府国际组织是重要交往对象。母国/东道国组织包括政治组织（政党、立法机构、司法机构、政府机构等）、非政府组织、媒体机构和社区组织等，不同东道国中的不同组织的重要性亦有不同。第三国组织主要包括在东道国有较大影响力的非政府组织和媒体机构，这类组织主要来源于西方发达国家。

（四）内容：企业、母国和东道国

企业公共外交的内容是指企业向对象传递的信息、感受和体验。它取决于公共外交的特定目标和对象群体，并以某种方式传递给对象，进而在对象群体中产生某种效果。

一般而言，这些内容主要有三种来源或载体：一是来源于企业自身，包括但不限于企业提供的产品和服务、企业员工及管理者（尤其是高层管理者和核心人物）的言行、对外传播的信息，以及媒体等机构对企业的报道和评价，企业为专项公共外交活动定制的内容等。二是来源于母国的国情及投资环境、对外战略与政策、文化及价值观等。三是来源于东道国的国情及投资环境、文化及价值观、对外战略与政策等。

针对"一带一路"建设，企业公共外交至少要增加以下几个方面的内容：（1）"一带一路"倡议的核心精神和原则、重点内容、历史背景和行动计划。（2）"一带一路"倡议的进展状况，尤其是政府间合作、企业国际合作、重大项目的内容和方式。（3）世界各国各类群体对"一带一路"倡议与行动的质疑、不解、误解和歪曲、攻击等。（4）"一带一路"建设的成功案例和失败教训等。

（五）方式：三类13种

陈炜博士把中国跨国公司公共外交的活动模式（笔者认为，用"方式"一词更合适）归纳为三大类型：① （1）面向国际的公共外交，主要方式包括参与国际公共事务管理、资助国际组织、加入全球行业协会、借力国际媒体。（2）面向东道国的公共外交，主要方式包括实现本土化经营、践行社会责任、参与对东道国的援助、组织文化交流、发声当地媒体、展开政府公关。（3）在国内开展的公共外交，主要方式包括邀访中国公司、举办国际会议展览、开展"请进来"培训。

针对"一带一路"建设，中国企业除采取以上具体方式外，还可考虑增加以下方式：（1）参加"一带一路"相关的国际联盟。（2）发起成立并主导"一带一路"相关的国际联盟。

在实践中，具体方式的选择取决于企业公共外交的特定目标、对象群体的特性、内容的特点等。经验表明，目标、对象、内容和方式之间相互匹配的程度越高，企业

---

① 陈炜. 中国跨国公司公共外交. 广州：广州出版社，2017.

公共外交的效果就越好。反之亦然。

（六）效果：多维视角评估

公共外交的效果是指公共外交活动在对象群体中产生的反应，以及这些反应与行为者预期目标的差距。对公共外交的效果，中国企业应及时地采取多种维度的评估。主要评估维度包括：（1）正面/负面，当对象群体产生了行为者预期的反应时，公共外交的效果就是正面的。反之，就是负面的。（2）局部/整体，针对某项公共外交活动，其效果一般是局部的。行为者在某个时期内开展多个主题的或连续多年开展同一主题的公共外交活动时，其效果就有整体性。（3）直接/间接，有的公共外交活动的效果是直接的，也有的公共外交活动的效果是间接的。（4）短期/长期，有的公共外交活动的效果只是短期的，也有的公共外交活动的效果会是长期的。

效果评估是一项专业性较强的工作，也是目前中国公共外交的薄弱环节。企业开展公共外交效果评估具有一定的优势，因为在企业经营中，存在多种多样的评估方法。企业可借用这些方法来进行公共外交效果的评估。

除自身评估外，企业还可以聘请第三方专业机构对其公共外交活动的效果进行评估。

以上六要素通用框架是公共外交这门"新课程"的思维框架。如何运用这个思维框架指导企业的具体公共外交活动，还需要有一个清晰的行动路线图。

三、存量"公共外交化"与增量"民心相通导向"

无论你是否知道、了解公共外交，公共外交在企业中总是客观存在的，尤其在跨国公司中是普遍存在的。我们把企业对此的认识理解为"公共外交意识"，由此把现状中的企业划分为"有公共外交意识"的企业和"无公共外交意识"的企业。拥有公共外交意识的企业，可以开展"公共外交化"工作，即用公共外交理论和思维把公司外事工作"公共外交化"，把国际公共关系、企业社会责任、海外企业文化建设纳入公共外交总体框架中。在"公共外交化"的基础上或同时，企业可专门策划设计公共外关活动，在行动中提升能力。在拥有一定的能力基础上，企业以民心相通为指向，切实开展有效的公共外交活动，并评估其对民心相通的贡献程度。这就是从中国企业现实状况出发，通过存量"公共外交化"和增量"民心相通导向"两种途径，实现"一带一路"民心相通目标的行动路线图。

（一）形成"公共外交意识"

企业"无公共外交意识"的主要表现为：（1）企业中的主要行动者不知道"公共外交"一词，或者听说过但不了解其内容。（2）对公共外交知识有所了解，但认为这与本企业无关。（3）肤浅了解公共外交，但认为这是政治，企业不能参与其中。后者是笔者听到的一位中央企业中层管理者的看法，估计有这种看法的企业管理者并不是个别的。

如何改变这种状况，在中国企业（尤其是跨国公司）中普遍形成"公共外交意识"呢？（1）政府引导。如果国家领导人或部委级领导讲过"企业公共外交"，或者有关文件中提过"企业公共外交"，那么，中国企业的"公共外交意识"就会较快地形成。例如，国务院侨务办公室领导讲过"侨务公共外交"，所以，全国与"侨"相关的机构和人士就形成了"公共外交意识"。（2）智库、协会与研究机构推动。察哈尔学会于2009年成立，前五年专注于公共外交的研究、传播和行动。中国公共外交协会于2012年12月成立，各地方也成立了15家左右公共外交协会。高等院校也成立了10多家公共外交研究机构。这些机构理应成为企业公共外交的推动者。（3）企业自觉。这主要取决于企业最高领导人，以及主要行动者不断地向最高领导人建言献策。

企业的公共外交意识刚开始也许只是少数人拥有。这些少数人可利用各种场合和机会，把公共外交知识普及到主要行动者，以至全体人员。

（二）"公共外交化"

当企业主要行动者具有公共外交意识时，企业公共外交行动可进入"公共外交化"阶段或层次。所谓的"公共外交化"是指企业现实中的有关部门或企业，依其与企业公共外交关系的密切程度，从高度密切到中度再到低度密切，用公共外交理论和思维来统领其实际工作全部或主要部分。

企业外事部门（也称"国际部"）是与企业公共外交关系最密切的机构，或者就是承担公共外交职责的机构。企业"公共外交化"应从这个部门开始，全体人员学习公共外交知识，把公共外交方法具体运用到其全部工作中。

企业公共关系和社会责任部门（或承担其职责的部门）是与企业公共外交高度密切的部门。这类部门的"公共外交化"的前提是厘清公共关系与公共外交、社会责任与公共外交之间的关系。对此，学界有一些研究和讨论。例如，有"中国公共外交之父"称号的赵启正先生认为：

从企业实践角度来说，国际公共关系就是企业公共外交的重要组成部分，面向东道国非市场相关者的社会责任也是企业公共外交的组成部分。

企业文化、品牌部门是与企业公共外交中度密切的部门。这类部门的"公共外交化"的前提也是要厘清企业文化与公共外交、企业形象与公共外交的关系。对此，学界的研究并不多。

依笔者看法，企业文化是国家民族文化、行业文化和企业自身文化相融合的结果。当企业成为跨国公司时，企业文化就会与东道国文化相关。其中，最为明显的表现就是具有不同民族文化特色的人在同一公司内工作，人际交往频繁，容易产生跨文化困境甚至冲突。因此，跨文化沟通就成为企业文化建设的重点和难点，这也是公共外交的企业内部形态。①

理解企业形象与公共外交的关系，必须与国家形象相联系。企业形象与国家形象之间的关系，在国际市场营销学中有专门的探讨。主要观点是：企业形象是国家形象的一部分，两者之间存在相互提升或破坏的关系。提升国家形象是公共外交的传统目标，企业公共外交既可以通过企业形象的提升来为国家形象增色添彩，也可通过某项特定的活动直接助力于国家形象的提升。

厘清上述关系，再参考借鉴优秀企业的成功案例，这类部门的"公共外交化"就是自然而然的事情。

（三）坚持民心相通导向，提升公共外交能力

同企业任何能力必须在行动中提升一样，企业公共外交能力也必须在公共外交活动过程中提升。从活动过程中来看，企业公共外交能力包括前期的策划设计能力、中期的组织执行能力和后期的效果评估能力。

企业相关部门的"公共外交化"是其公共外交能力提升的基础和重要部分。在此基础上，企业可以通过开展新的公共外交活动来提升自身能力。这种"新"主要体现在以下方面：(1) 坚持民心相通新目标。(2) 设立公共外交新部门，或整合相关部门的职责成立，探索"企业外交官"新岗位。(3) 以"一带一路"沿线国家及其基层民众为新对象。(4) 以"一带一路"进展与案例为新内容。(5) 以国际合作为新方式。(6) 以民心相通为新指标评估其效果。

其中，国际合作新方式尤其重要。首先，国际合作是"一带一路"建设的主导方

---

① 柯银斌. SK 集团"三维"公共外交. 中欧商业评论, 2012 (4).

式，企业不仅要在市场环境中开展，而且也要在非市场环境中开展。其次，国际合作方式本身就具有公共外交功能，其活动效果将超过企业单独开展的活动。最后，中国企业以国际合作方式开展公共外交是一个行动较少、潜力较大的新领域。

那么，如何做好呢？首先要有国际合作意识，就是以上所讲的三点。其次要善于学习，向各国的优秀者学习，学习成功案例和基本知识和方法。最后最重要的是"干中学"，在具体的国际合作公共外交活动中学习国际合作，其要点在于及时总结和持续改进。

附录1 全球100强跨国公司
（非金融业）2016年

（亿美元和员工数）

排名	TNI排名	公司名称	国家	行业	海外资产	总资产	海外销售	总销售额	海外雇员	总雇员	TNI
1	38	壳牌	英国	Mining, quarrying and petroleum	3497	4112	1520	2335	67000	92000	74.3%
2	63	丰田	日本	Motor Vehicles	3036	4359	1735	2547	148941	348877	60.2%
3	36	英国石油	英国	Petroleum Refining and Related Industries	2351	2633	1406	1830	43598	74500	74.9%
4	24	道达尔	法国	Petroleum Refining and Related Industries	2332	2434	1102	1415	70496	102168	80.9%
5	20	百威英博啤酒	比利时	Food & beverages	2080	2583	395	455	163177	206633	82.1%
6	61	大众集团	德国	Motor Vehicles	1972	4318	1920	2403	346715	626715	60.3%
7	67	雪佛龙	美国	Petroleum Refining and Related Industries	1891	2600	541	1104	28704	55200	57.9%
8	68	通用电气	美国	Industrial and Commercial Machinery	1785	3651	703	1236	191000	295000	56.8%
9	79	埃克森	美国	Petroleum Refining and Related Industries	1659	3303	1218	2186	35725	71100	52.1%
10	58	软银	日本	Telecommunications	1456	2202	453	821	42032	63591	62.5%
11	23	沃达丰	英国	Telecommunications	1435	1653	446	522	75666	105300	81.4%
12	64	戴姆勒	德国	Motor Vehicles	1389	2561	1435	1695	112430	282488	59.6%

续　表

排名	TNI 排名	公司名称	国家	行业	海外资产	总资产	海外销售	总销售额	海外雇员	总雇员	TNI
13	32	本田	日本	Motor Vehicles	1300	1695	1126	1292	143424	208399	77.6%
14	86	苹果	美国	Computer Equipment	1267	3216	1399	2156	45721	116000	47.9%
15	26	BHP	澳大利亚	Mining, quarrying and petroleum	1189	1189	297	309	10993	26827	79.1%
16	42	日产	日本	Motor Vehicles	1166	1647	886	1081	87584	152421	70.1%
17	51	西门子	德国	Industrial and Commercial Machinery	1152	1403	677	883	136890	351000	65.9%
18	71	意大利国家电力	意大利	Electricity, gas and water	1112	1640	376	758	30124	62080	55.3%
19	17	长和控股	中国香港	Retail Trade	1105	1306	260	334	263900	290000	84.5%
20	57	三菱商事	日本	Wholesale Trade	1078	1408	203	593	52251	68247	62.5%
21	35	嘉能可	瑞士	Mining, quarrying and petroleum	1070	1246	979	1529	115819	154832	74.9%
22	29	西班牙电信	西班牙	Telecommunications	1067	1303	435	575	99216	127323	78.5%
23	65	埃尼集团	意大利	Petroleum Refining and Related Industries	1064	1312	355	616	12626	33536	58.8%
24	8	雀巢	瑞士	Food & beverages	1063	1294	893	908	317954	328000	92.5%
25	69	宝马	德国	Motor Vehicles	1062	1987	889	1041	36670	124729	56.1%
26	53	强生	美国	Pharmaceuticals	1042	1412	340	718	93339	126400	65.0%
27	62	德国电信	德国	Telecommunications	1021	1565	535	808	106972	218341	60.2%
28	41	Iberdrola 电力	西班牙	Electricity, gas and water	1008	1124	191	323	17992	28389	70.8%
29	70	爱力根药业	爱尔兰	Pharmaceuticals	945	1289	28	145	12237	16700	55.4%
30	1	力拓	英国	Mining, quarrying and petroleum	891	892	334	337	50531	51018	99.3%

续 表

排名	TNI排名	公司名称	国家	行业	海外资产	总资产	海外销售	总销售额	海外雇员	总雇员	TNI
31	31	菲亚特·克莱斯勒	意大利	Motor Vehicles	865	1099	1134	1228	145389	234499	77.7%
32	84	辉瑞	美国	Pharmaceuticals	859	1716	264	528	48318	96500	50.1%
33	100	法国电力	法国	Electricity, gas and water	845	2968	179	787	25142	154808	22.5%
34	87	微软	美国	Computer and Data Processing	829	1934	447	853	51000	114000	46.7%
35	40	三井物产	日本	Wholesale Trade	822	1028	221	402	34868	43611	71.6%
36	3	Altice电信	荷兰	Telecommunications	816	847	225	229	47901	49732	97.0%
37	75	Engie能源	法国	Electricity, gas and water	778	1670	461	737	80439	153090	53.9%
38	15	安赛乐米塔尔	卢森堡	Metals and metal products	751	751	557	567	118025	199000	85.8%
39	52	赛诺菲	法国	Pharmaceuticals	727	1103	285	383	59935	106859	65.4%
40	19	鸿海	中国台湾	Electronic components	707	799	1341	1351	667318	1061465	83.5%
41	45	可口可乐	美国	Food & beverages	705	872	316	418	49300	100300	68.6%
42	93	福特	美国	Motor Vehicles	701	2379	583	1518	93000	201000	38.1%
43	47	诺华	瑞士	Pharmaceuticals	674	1301	485	494	63188	118393	67.8%
44	99	中海油	中国	Mining, quarrying and petroleum	666	1792	177	677	8979	110200	23.8%
45	9	希尔制药	爱尔兰	Pharmaceuticals	666	670	113	113	18358	23906	91.9%
46	55	空中客车	法国	Aircraft	664	1171	500	736	85819	133782	62.9%
47	28	梯瓦药业	以色列	Pharmaceuticals	661	928	170	219	50097	56960	79.0%
48	25	罗氏	瑞士	Pharmaceuticals	647	754	507	513	53183	94052	80.4%
49	43	IBM	美国	Computer and Data Processing	638	1174	799	799	206862	380300	69.6%

续　表

排名	TNI 排名	公司名称	国家	行业	海外资产	总资产	海外销售	总销售额	海外雇员	总雇员	TNI
50	72	三星电子	韩国	Communications equipment	637	2177	1145	1739	228775	325677	55.1%
51	78	宝洁	美国	Chemicals and Allied Products	627	1271	382	652	51797	105000	52.4%
52	82	Orange 电信	法国	Telecommunications	626	997	242	452	58399	155202	51.3%
53	56	亚马逊	美国	E-Commerce	611	834	562	1359	250424	341400	62.7%
54	98	日本电报电话	日本	Telecommunications	604	1900	150	1051	77000	241448	26.0%
55	96	挪威国家石油	挪威	Petroleum Refining and Related Industries	589	1045	101	456	2505	20539	30.3%
56	30	葛兰素史克	英国	Pharmaceuticals	585	727	362	376	56970	99300	78.0%
57	54	巴斯夫	德国	Chemicals and Allied Products	583	806	442	636	60512	113830	65.0%
58	37	拉法基	瑞士	Stone, Clay, Glass, and Concrete Products	548	733	219	297	69074	90903	74.9%
59	97	沃尔玛	美国	Retail Trade	547	1988	1245	4858	800000	2300000	29.3%
60	10	自由全球网络服务	英国	Telecommunications	543	545	172	172	30750	41000	91.6%
61	95	通用汽车	美国	Motor Vehicles	536	2216	480	1663	101000	225000	32.7%
62	81	康菲石油	美国	Petroleum Refining and Related Industries	524	897	94	241	7772	13300	52.0%
63	22	联合利华	英国	Food & beverages	523	594	437	583	136832	168832	81.4%
64	46	博世	德国	Motor Vehicles	512	863	648	809	255307	389281	68.3%
65	21	亿滋国际	美国	Food & beverages	509	615	195	259	78000	90000	81.7%
66	2	太古集团	英国	Transport and storage	504	505	102	105	121329	121500	98.8%
67	34	阿斯利康	英国	Pharmaceuticals	498	625	136	230	52700	59700	75.8%

续 表

排名	TNI排名	公司名称	国家	行业	海外资产	总资产	海外销售	总销售额	海外雇员	总雇员	TNI
68	48	雷诺	法国	Motor Vehicles	493	1076	434	566	100473	124849	67.7%
69	50	斯伦贝谢	美国	Mining，quarrying and petroleum	485	779	212	279	62292	100000	66.9%
70	4	博通	新加坡	Electronic components	484	499	129	132	14800	15700	96.4%
71	5	英美资源集团	英国	Mining，quarrying and petroleum	482	501	201	213	78000	80000	96.0%
72	91	马来西亚石油	马来西亚	Mining，quarrying and petroleum	479	1398	464	633	10630	53149	42.5%
73	49	丸红商社	日本	Wholesale Trade	475	616	308	658	30748	39914	67.0%
74	44	西班牙雷普索尔石油	西班牙	Petroleum Refining and Related Industries	467	683	154	383	24535	24535	69.5%
75	66	英国电力	英国	Electricity，gas and water	457	822	116	195	14830	25068	58.1%
76	33	Dior迪奥	法国	Textiles，clothing and leather	454	698	378	421	81478	109435	76.5%
77	88	拜耳	德国	Pharmaceuticals	454	866	201	517	55717	115200	46.6%
78	6	诺基亚	芬兰	Communications equipment	446	473	248	261	96123	102687	94.4%
79	18	法国液化空气公司	法国	Chemicals and Allied Products	441	465	191	200	41354	66700	84.2%
80	16	英美烟草	英国	Tobacco	440	489	160	199	71891	85335	84.9%
81	85	中远集团	中国	Transport and storage	430	556	151	229	5114	82708	49.8%
82	7	SAP	德国	Computer and Data Processing	426	466	210	244	84183	84183	92.5%
83	77	联合技术	美国	Aircraft	424	897	249	572	137088	201600	53.0%
84	60	住友商事	日本	Wholesale Trade	422	694	222	368	40704	66860	60.6%
85	27	帝国烟草	英国	Tobacco	422	424	328	389	18100	33900	79.1%

续　表

排名	TNI 排名	公司名称	国家	行业	海外资产	总资产	海外销售	总销售额	海外雇员	总雇员	TNI
86	12	达能	法国	Food & beverages	418	463	218	242	90173	99091	90.5%
87	90	RWE集团	德国	Electricity, gas and water	417	805	205	482	23817	58652	45.1%
88	92	安进	美国	Pharmaceuticals	411	776	46	229	10190	19200	42.1%
89	11	施耐德电气	法国	Electricity, gas and water	410	441	254	273	142355	161768	91.4%
90	74	惠普	美国	Computer and Data Processing	402	796	305	501	98511	195000	54.0%
91	94	Alphabet（谷歌母公司）	美国	Computer and Data Processing	396	1674	474	902	17066	72053	33.3%
92	73	英特尔	美国	Electronic components	393	1133	464	593	53000	106000	54.3%
93	14	沃尔沃	瑞典	Motor Vehicles	379	440	341	352	64804	84039	86.8%
94	13	WPP集团	英国	Business Services	377	425	169	194	176999	198000	88.4%
95	89	伊藤忠商事	日本	Wholesale Trade	376	726	157	446	54910	105800	46.3%
96	76	E. ON 能源集团	德国	Electricity, gas and water	376	671	183	422	26443	43138	53.7%
97	80	索尼	日本	Electric equipment	376	1579	501	701	76300	125300	52.0%
98	39	穆勒·马士基	丹麦	Transport and storage	376	611	340	354	53990	87736	73.0%
99	83	淡水河谷	巴西	Mining, quarrying and petroleum	374	991	251	271	15527	73062	50.5%
100	59	墨西哥美洲电信	墨西哥	Telecommunications	371	733	421	522	103887	194193	61.7%

资料来源：UNCTAD，World Investment Report 2017. Annex table 24.

附录 2　中国 100 强跨国公司，2016 年

（万元）

排名	公司名称	海外资产	海外收入	海外员工	TNI（%）
1	中国石油天然气集团公司	85 850 415	68 304 475	113 281	21.69
2	中国石油化工集团公司	58 697 151	51 849 469	50 235	20.18
3	中国海洋石油总公司	49 485 959	21 456 636	6114	32.61
4	中国中信集团有限公司	49 485 037	4 832 084	19 437	10.34
5	中国远洋海运集团有限公司	33 357 334	10 223 694	9981	37.25
6	海航集团有限公司	33 000 000	2 000 000	29 000	15.43
7	中国中化集团公司	31 599 622	31 552 362	9 894	58.47
8	中国五矿集团公司	24 385 471	9 000 191	37 219	23.43
9	中国化工集团公司	21 213 075	20 432 724	55 130	57.95
10	中国铝业公司	20 896 307	1 467 837	2111	15.74
11	华为投资控股有限公司	19 963 530	31 294 440	55 800	45.33
12	广州越秀集团有限公司	19 739 692	266 040	1826	24.38
13	中国交通建设集团有限公司	17 348 427	10 710 349	25 907	18.41
14	腾讯控股有限公司	14 937 415	652 419	15 600	36.08
15	国家电网公司	14 246 652	1 245 039	2776	1.69
16	中国建筑股份有限公司	13 968 567	7 958 246	20 544	8.7
17	中国兵器工业集团公司	13 332 398	15 271 681	11 116	26.11
18	联想控股股份有限公司	13 125 278	20 922 675	33 615	52.02
19	浙江吉利控股集团有限公司	12 920 287	14 529 694	26 546	58.6
20	中国航空工业集团公司	1 1897 367	6 001 546	24 988	11.64
21	复星国际有限公司	11 282 753	2 660 529	16 160	30.71

续 表

排名	公司名称	海外资产	海外收入	海外员工	TNI（%）
22	中国电力建设集团有限公司	10 455 227	7 425 307	106 848	32. 37
23	大连万达集团股份有限公司	10 315 725	3 916 810	47 435	20. 28
24	潍柴控股集团有限公司	9 546 519	4 632 984	33 401	47. 11
25	海尔集团公司	9 000 000	5 538 455	25 792	38
26	兖矿集团有限公司	6 728 985	2 075 582	1572	15. 17
27	光明食品（集团）有限公司	6 720 655	4 839 447	25 521	25. 33
28	绿地控股集团股份有限公司	6 606 226	297 300	237	3. 7
29	北京首都创业集团有限公司	6 600 155	242 439	1732	12. 98
30	中粮集团有限公司	6 322 633	4 001 337	45 740	20. 66
31	中国联合网络通信集团有限公司	6 200 335	296 648	614	3. 55
32	中国铁道建筑总公司	5 862 452	3 322 665	9016	5. 21
33	中国华能集团公司	5 836 181	1 127 873	1555	3. 84
34	河钢集团有限公司	5 773 115	6 484 832	12 000	15. 96
35	国家电力投资集团公司	5 642 128	202 504	421	2. 6
36	中国铁路工程总公司	4 945 458	2 801 130	6136	4. 32
37	中国宝武钢铁集团有限公司	4 627 700	1 134 500	2122	3. 72
38	中国移动通信集团公司	4 531 399	1 342 991	7439	2. 05
39	中国有色矿业集团有限公司	4 457 136	3 638 875	10 509	27. 32
40	TCL 集团股份有限公司	4 379 216	4 733 385	2584	25. 82
41	金川集团股份有限公司	3 754 918	3 576 485	2123	18. 26
42	中国船舶工业集团公司	3 599 013	3 100 093	416	9. 64
43	中国通用技术（集团）控股有限责任公司	3 556 632	1 077 529	793	11. 31
44	中兴通讯股份有限公司	3 532 748	4 268 310	6197	24. 9
45	美的集团股份有限公司	3 450 000	6 610 560	20 000	26. 08
46	中国电子信息产业集团有限公司	3 330 594	7 339 125	8587	18. 56
47	中国中车股份有限公司	3 060 119	1 905 173	4808	6. 66
48	鞍钢集团公司	3 016 541	1 275 919	420	6. 18
49	中国能源建设集团有限公司	2 970 168	3 300 765	6862	9. 64
50	中国旅游集团公司	2 917 318	1 396 985	6576	19. 15
51	国家开发投资公司	2 884 073	2 890 503	12 633	19. 63

排名	公司名称	海外资产	海外收入	海外员工	TNI（%）
52	上海汽车集团股份有限公司	2 861 749	3 038 936	1778	3.58
53	常州天合光能有限公司	2 797 139	2 929 062	2172	60.71
54	济宁如意投资有限公司	2 753 325	2 383 581	8103	41.66
55	神华集团有限责任公司	2 688 722	290 084	628	1.39
56	万向集团公司	2 539 454	2 202 606	15 262	34.77
57	中联重科股份有限公司	2 505 973	216 442	246	11.35
58	首钢总公司	2 459 582	2 412 516	4649	9.18
59	广东省广晟资产经营有限公司	2 455 270	1 428 492	5300	21.66
60	中国航空集团公司	2 400 441	4 313 150	2760	16.76
61	中国黄金集团公司	2 377 872	254 211	3087	10.58
62	海信集团有限公司	2 308 583	2 344 430	1963	15.92
63	中国华电集团公司	2 248 944	250 510	1044	1.73
64	北京汽车集团有限公司	2 131 074	1 826 448	6846	5.01
65	紫金矿业集团股份有限公司	2 113 041	609 445	5912	18.79
66	三一集团有限公司	2 100 000	1 091 000	526	13.26
67	中国华信能源有限公司	2 096 287	5 160 599	1 1236	23
68	中国建材集团有限公司	2 094 772	2 618 324	2645	4.96
69	雅戈尔集团股份有限公司	1 997 120	1 852 528	21 415	36.15
70	华侨城集团公司	1 879 901	446 102	314	6.59
71	中国机械工业集团有限公司	1 873 650	6 216 221	3278	12.9
72	宁波均胜电子股份有限公司	1 737 466	1 248 660	17 766	62.59
73	中国电信集团公司	1 598 091	899 052	5212	1.81
74	新华联集团有限公司	1 569 713	3 242 016	965	20.11
75	青建集团股份公司	1 531 777	1 259 516	1137	18.94
76	江苏新潮科技集团有限公司	1 518 547	1 034 387	9036	48.1
77	浙江龙盛控股有限公司	1 265 397	720 039	1988	31.48
78	白银有色集团股份有限公司	1 198 858	208 360	2300	14.95
79	北京控股集团有限公司	1 165 754	439 384	1728	4.07
80	铜陵有色金属集团控股有限公司	1 161 929	678 867	1669	8.28
81	上海建工集团股份有限公司	1 086 943	442 504	564	3.68
82	中国大唐集团公司	1 078 216	131 998	457	0.94

续 表

排名	公司名称	海外资产	海外收入	海外员工	TNI（%）
83	奇瑞汽车股份有限公司	1 048 237	242 585	265	7.51
84	北京建工集团有限责任公司	1 017 877	251 917	378	8.68
85	广东粤海控股集团有限公司	1 017 113	205 734	570	10.01
86	银亿集团有限公司	971 245	1 016 137	6170	23.79
87	广东省航运集团有限公司	946 940	310 875	2866	60.88
88	广东省广新控股集团有限公司	946 680	808 703	6243	18.69
89	山东魏桥创业集团有限公司	887 347	616 145	4906	3.1
90	新希望集团有限公司	852 280	546 206	3172	6.75
91	晶科能源控股有限公司	848 579	1 315 160	4227	38.78
92	中国恒天集团有限公司	817 794	487 553	2832	9.22
93	正泰集团股份有限公司	771 277	631 025	633	9.99
94	徐州工程机械集团有限公司	736 321	1 013 274	3356	11.7
95	陕西煤业化工集团有限责任公司	703 726	251 123	992	1.17
96	卧龙控股集团有限公司	702 642	1 071 433	4083	29.37
97	中国重型汽车集团有限公司	700 181	777 095	253	5.83
98	安徽中鼎控股（集团）股份有限公司	651 586	489 416	3650	35.53
99	天津泰达投资控股有限公司	644 689	102 169	401	2.07
100	安徽海螺集团有限责任公司	614 667	364 835	1826	4.22

资料来源：中国企业联合会，中国企业家协会. 经济观察报 2017-9-13.

附录3　全球100强研发公司，2017年

排名	公司	总部所在地	行业	研发投入/净销售额/研发占比
1	大众（VOLKSWAGEN）	德国	汽车和零部件	136.72 亿欧元/2172.67 亿欧元/6.3%
2	ALPHABET	美国	软件和计算机服务	128.64 亿欧元/856.39 亿欧元/15.0%
3	微软（MICROSOFT）	美国	软件和计算机服务	123.68 亿欧元/853.34 亿欧元/14.5%
4	三星电子（SAMSUNG ELECTRONICS）	韩国	电子和电气设备	121.55 亿欧元/1585.71 亿欧元/7.7%
5	英特尔（INTEL）	美国	科技：硬件和设备	120.86 亿欧元/563.39 亿欧元/21.5%
6	华为（HUAWEI）	中国	科技：硬件和设备	103.63 亿欧元/539.20 亿欧元/19.2%
7	苹果（APPLE）	美国	科技：硬件和设备	95.30 亿欧元/2045.72 亿欧元/4.7%
8	罗氏（ROCHE）	瑞士	制药和生物技术	92.42 亿欧元/471.41 亿欧元/19.6%
9	强生（JOHNSON & JOHNSON）	美国	制药和生物技术	86.28 亿欧元/682.00 亿欧元/12.7%
10	诺华（NOVARTIS）	瑞士	制药和生物技术	85.39 亿欧元/468.99 亿欧元/18.2%
11	通用汽车（GENERAL MOTORS）	美国	汽车和零部件	76.84 亿欧元/1578.41 亿欧元/4.9%
12	戴姆勒（DAIMLER）	德国	汽车和零部件	75.36 亿欧元/1532.61 亿欧元/4.9%
13	丰田汽车（TOYOTA MOTOR）	日本	汽车和零部件	75.00 亿欧元/2241.51 亿欧元/3.3%
14	辉瑞（PFIZER）	美国	制药和生物技术	73.77 亿欧元/501.13 亿欧元/14.7%
15	福特汽车（FORD MOTOR）	美国	汽车和零部件	69.25 亿欧元/1440.09 亿欧元/4.8%

续 表

排名	公司	总部所在地	行业	研发投入/净销售额/研发占比
16	默沙东（MERCK US）	美国	制药和生物技术	64.83 亿欧元/377.64 亿欧元/17.2%
17	甲骨文（ORACLE）	美国	软件和计算机服务	58.43 亿欧元/357.92 亿欧元/16.3%
18	思科（CISCO SYSTEMS）	美国	科技：硬件和设备	57.48 亿欧元/455.41 亿欧元/12.6%
19	FACEBOOK	美国	软件和计算机服务	56.15 亿欧元/262.20 亿欧元/21.4%
20	博世（ROBERT BOSCH）	德国	汽车和零部件	55.87 亿欧元/731.29 亿欧元/7.6%
21	本田汽车（HONDA MOTOR）	日本	汽车和零部件	53.60 亿欧元/1137.05 亿欧元/4.7%
22	阿斯利康（ASTRAZENECA）	英国	制药和生物技术	53.58 亿欧元/218.26 亿欧元/24.6%
23	宝马（BMW）	德国	汽车和零部件	51.64 亿欧元/941.63 亿欧元/5.5%
24	赛诺菲（SANOFI）	法国	制药和生物技术	51.56 亿欧元/365.29 亿欧元/14.1%
25	西门子（SIEMENS）	德国	电子和电气设备	50.56 亿欧元/796.44 亿欧元/6.3%
26	IBM	美国	软件和计算机服务	49.39 亿欧元/758.17 亿欧元/6.5%
27	诺基亚（NOKIA）	芬兰	科技：硬件和设备	49.04 亿欧元/236.14 亿欧元/20.8%
28	高通（QUALCOMM）	美国	科技：硬件和设备	48.87 亿欧元/223.45 亿欧元/21.9%
29	拜耳（BAYER）	德国	制药和生物技术	47.74 亿欧元/475.37 亿欧元/10.0%
30	百时美施贵宝（BRISTOL-MYERS SQUIBB）	美国	制药和生物技术	45.95 亿欧元/184.30 亿欧元/24.9%
31	通用电气（GENERAL ELECTRIC）	美国	工业	45.37 亿欧元/1173.44 亿欧元/3.9%
32	吉利德科学（GILEAD SCIENCES）	美国	制药和生物技术	44.27 亿欧元/288.30 亿欧元/15.4%
33	新基制药（CELGENE）	美国	制药和生物技术	42.41 亿欧元/106.53 亿欧元/39.8%
34	菲亚特克莱斯勒（FIAT CHRYSLER AUTOMOBILES）	荷兰	汽车和零部件	42.19 亿欧元/1110.18 亿欧元/3.8%
35	礼来（ELI LILLY）	美国	制药和生物技术	41.84 亿欧元/201.33 亿欧元/20.8%
36	波音（BOEING）	美国	航天和防务	40.95 亿欧元/897.17 亿欧元/4.6%
37	日产汽车（NISSAN MOTOR）	日本	汽车和零部件	39.83 亿欧元/951.93 亿欧元/4.2%

排名	公司	总部所在地	行业	研发投入/净销售额/研发占比
38	葛兰素史克（GLAXO-SMITHKLINE）	英国	制药和生物技术	39.53亿欧元/325.48亿欧元/12.1%
39	艾伯维（ABBVIE）	美国	制药和生物技术	39.03亿欧元/243.22亿欧元/16.0%
40	松下（PANASONIC）	日本	消费品	38.52亿欧元/596.47亿欧元/6.5%
41	索尼（SONY）	日本	消费品	36.34亿欧元/617.55亿欧元/5.9%
42	安进（AMGEN）	美国	制药和生物技术	36.14亿欧元/218.11亿欧元/16.6%
43	电装（DENSO）	日本	汽车和零部件	33.24亿欧元/367.71亿欧元/9.0%
44	爱立信（ERICSSON）	瑞典	科技：硬件和设备	32.95亿欧元/233.04亿欧元/14.1%
45	空客（AIRBUS）	荷兰	航天和防务	32.81亿欧元/665.81亿欧元/4.9%
46	勃林格殷格翰（BOEHRINGER SOHN）	德国	制药和生物技术	31.12亿欧元/147.98亿欧元/21.0%
47	思爱普（SAP）	德国	软件和计算机服务	30.37亿欧元/220.62亿欧元/13.8%
48	大陆（CONTINENTAL）	德国	汽车和零部件	29.17亿欧元/405.50亿欧元/7.2%
49	武田（TAKEDA PHARMA-CEUTICAL）	日本	制药和生物技术	27.27亿欧元/135.80亿欧元/20.1%
50	LG电子（LG ELECTRON-ICS）	韩国	消费品	27.25亿欧元/434.92亿欧元/6.3%
51	戴尔（DELL TECHNOLO-GIES）	美国	科技：硬件和设备	26.92亿欧元/584.78亿欧元/4.6%
52	雷诺（RENAULT）	法国	汽车和零部件	26.90亿欧元/512.43亿欧元/5.2%
53	艾尔建（ALLERGAN）	爱尔兰	制药和生物技术	26.76亿欧元/138.23亿欧元/19.4%
54	日立（HITACHI）	日本	电子和电气设备	26.31亿欧元/744.18亿欧元/3.5%
55	博通（BROADCOM）	新加坡	科技：硬件和设备	25.37亿欧元/125.61亿欧元/20.2%
56	佳能（CANON）	日本	科技：硬件和设备	24.56亿欧元/276.28亿欧元/8.9%
57	东芝（TOSHIBA）	日本	工业	24.00亿欧元/395.62亿欧元/6.1%
58	阿里巴巴（ALIBABA GROUP HOLDING）	中国	零售	23.29亿欧元/216.05亿欧元/10.8%
59	西部数据（WESTERN DIG-ITAL）	美国	科技：硬件和设备	23.16亿欧元/181.13亿欧元/12.8%
60	标致雪铁龙（PEUGEOT，PSA）	法国	汽车和零部件	22.69亿欧元/540.30亿欧元/4.2%

续 表

排名	公司	总部所在地	行业	研发投入/净销售额/研发占比
61	联合技术（UNITED TECHN-OLOGIES）	美国	航天和防务	22.17 亿欧元/543.06 亿欧元/4.1%
62	慧与（HEWLETT PACKARD ENTERPRISE）	美国	科技硬件和设备	21.80 亿欧元/475.51 亿欧元/4.6%
63	台积电（TAIWAN SEMI-CONDUCTOR）	中国台湾	科技：硬件和设备	20.92 亿欧元/278.45 亿欧元/7.5%
64	美敦力（MEDTRONIC PUB-LIC LIMITED）	爱尔兰	医疗设备和服务	20.80 亿欧元/281.85 亿欧元/7.4%
65	霍尼韦尔（HONEYWELL）	美国	工业	20.33 亿欧元/372.85 亿欧元/5.5%
66	飞利浦（PHILIPS）	荷兰	工业	20.08 亿欧元/262.27 亿欧元/7.7%
67	诺和诺德（NOVO NOR-DISK）	丹麦	制药和生物技术	19.96 亿欧元/150.36 亿欧元/13.3%
68	默克（MERCK DE）	德国	制药和生物技术	19.72 亿欧元/150.24 亿欧元/13.1%
69	采埃孚（ZF）	德国	汽车和零部件	18.93 亿欧元/351.66 亿欧元/5.4%
70	中兴（ZTE）	中国	科技：硬件和设备	18.61 亿欧元/138.19 亿欧元/13.5%
71	雀巢（NESTLE）	瑞士	食品生产	18.60 亿欧元/833.93 亿欧元/2.2%
72	卡特彼勒（CATERPILLAR）	美国	工业工程	18.51 亿欧元/365.59 亿欧元/5.1%
73	沃尔沃（VOLVO）	瑞典	工业工程	18.39 亿欧元/316.06 亿欧元/5.8%
74	百健（BIOGEN）	美国	制药和生物技术	18.35 亿欧元/108.61 亿欧元/16.9%
75	巴斯夫（BASF）	德国	化学品	18.34 亿欧元/575.50 亿欧元/3.2%
76	宝洁（PROCTER & GAM-BLE）	美国	家居产品	17.78 亿欧元/617.19 亿欧元/2.9%
77	现代汽车（HYUNDAI MO-TOR）	韩国	汽车和零部件	17.63 亿欧元/735.64 亿欧元/2.4%
78	意大利电信（TELECOM I-TALIA）	意大利	固定电信	17.48 亿欧元/190.25 亿欧元/9.2%
79	第一三共（DAIICHI SANKYO）	日本	制药和生物技术	17.41 亿欧元/77.58 亿欧元/22.4%

排名	公司	总部所在地	行业	研发投入/净销售额/研发占比
80	桑坦德银行（BANCO SANTANDER）	西班牙	银行	17.26 亿欧元/461.92 亿欧元/3.7%
81	日本电报电话公司（NTT）	日本	固定电信	17.19 亿欧元/925.21 亿欧元/1.9%
82	安斯泰来（ASTELLAS PHARMA）	日本	制药和生物技术	16.91 亿欧元/106.54 亿欧元/15.9%
83	SK 海力士（SK HYNIX）	韩国	科技：硬件和设备	16.47 亿欧元/135.09 亿欧元/12.2%
84	联发科（MEDIATEK）	中国台湾	科技：硬件和设备	16.36 亿欧元/80.92 亿欧元/20.2%
85	腾讯（TENCENT）	中国	软件和计算机服务	16.17 亿欧元/207.40 亿欧元/7.8%
86	梯瓦制药（TEVA PHARMACEUTICAL INDUSTRIES）	以色列	制药	16.01 亿欧元/207.79 亿欧元/7.7%
87	美国电话电报公司（AT&T）	美国	固定电信	15.64 亿欧元/1553.78 亿欧元/1.0%
88	杜邦（DUPONT）	美国	化学品	15.57 亿欧元/233.32 亿欧元/6.7%
89	美光（MICRON TECHNOLOGY）	美国	科技：硬件和设备	15.34 亿欧元/117.63 亿欧元/13.0%
90	中国石油（PETROCHINA）	中国	石油和天然气生产	15.33 亿欧元/2207.14 亿欧元/0.7%
91	塔塔汽车（TATA MOTORS）	印度	汽车和零部件	15.28 亿欧元/371.95 亿欧元/4.1%
92	陶氏化学（DOW CHEMICAL）	美国	化学品	15.01 亿欧元/456.87 亿欧元/3.3%
93	三菱电机（MITSUBISHI ELECTRIC）	日本	电子和电气设备	15.02 亿欧元/344.27 亿欧元/4.4%
94	鸿海精密（HON HAI PRECISION INDUSTRY）	中国台湾	电子设备	15.02 亿欧元/1280.33 亿欧元/1.2%
95	德意志银行（DEUTSCHE BANK）	德国	银行	14.99 亿欧元/297.72 亿欧元/5.0%
96	应用材料（APPLIED MATERIALS）	美国	科技：硬件和设备	14.59 亿欧元/102.69 亿欧元/14.2%

续表

排名	公司	总部所在地	行业	研发投入/净销售额/研发占比
97	中国建筑（CHINA STATE CONSTRUCTION ENGINEERING）	中国	建设和材料	14.46 亿欧元/1280.38 亿欧元/1.1%
98	恩智浦半导体（NXP SEMICONDUCTORS）	荷兰	科技：硬件和设备	14.41 亿欧元/90.11 亿欧元/16.0%
99	孟山都（MONSANTO）	美国	化学品	14.34 亿欧元/128.09 亿欧元/11.2%
100	中国铁路总公司（CHINA RAILWAY）	中国	建设和材料	14.22 亿欧元/863.88 亿欧元/1.6%

资料来源：欧盟委员会（EU R&D Scorebboard），2017-12-15，14：56 TechWeb.

参考文献

（1）康荣平，柯银斌. 华人跨国公司成长论. 北京：国防大学出版社，2001.

（2）康荣平等. 中国企业的跨国经营. 北京：经济科学出版社，1996.

（3）2017 全球企业研发投入排行榜. 2017-12-15. 14：56 TechWeb.

（4）钱德勒著，张逸人译. 规模与范围：工业资本主义的原动力. 北京：华夏出版社，2006.

（5）钱德勒. 塑造工业时代——现代化学工业和制药工业的非凡历程. 北京：华夏出版社，2006.

（6）王新奎. 日本的综合商社. 郑州：河南人民出版社，1987.

（7）伊普. 全球战略. 北京：中国人民大学出版社，2005.

（8）克里斯·祖克，詹姆斯·艾伦著，罗宁，宋亨君译. 回归核心（第二版）. 北京：中信出版社，2004.

（9）陈勇. FDI 路径下的国际产业转移与中国的产业承接. 大连：东北财经大学出版社，2007.

（10）克莱顿·M. 克里斯坦森，迈克尔·E. 雷纳著，容冰译. 困境与出路：企业如何制定破坏性增长战略. 北京中信出版社，2004.

（11）康荣平. 大型跨国公司战略新趋势. 北京：经济科学出版社，2001.

（12）迈克尔·波特著，陈小悦译. 竞争优势. 北京：华夏出版社，1997.

（13）汪建成，毛蕴诗，邱楠. 由 OEM 到 ODM 再到 OBM 的自主创新与国际化路径. 管理世界，2008（6）.

（14）毛蕴诗，戴勇. OEM、ODM 到 OBM：新兴经济的企业自主创新路径研究. 商业研究，2006（2）.

（15）徐明天. 富士康的国际化思维. 北大商业评论，2007（8）.

（16）徐明天. 郭台铭与富士康. 北京：中信出版社，2007.

（17）郎咸平. 产业链阴谋 I. 北京：东方出版社，2008.

（18）康荣平. 企业专业化成长——利基战略. 经济管理，2003（1）.

（19）柯银斌. 中小企业，你找到"利基"了吗. 北大商业评论，2004（8）.

（20）许惠龙. 利基战略——德国中小企业成功之道. 北大商业评论，2004（8）.

（21）康荣平，柯银斌，许惠龙. 冠军之道：利基战略设计与实施. 北京：中国对外翻译出版公司，2006.

（22）胡泳. 海尔的高度：中国领袖企业海尔的最新变革实践. 杭州：浙江人民出版社，2008.

（23）曾鸣，彼得 J. 威廉姆斯. 龙行天下：中国制造未来十年新格局. 北京：机械工业出版社，2008.

（24）陈勇. FDI 路径下的国际产业转移与中国的产业承接. 大连：东北财经大学出版社，2007.

（25）康荣平，柯银斌. 跃进、渐进、并进——中国企业跨国经营 30 年. 北大商业评论，2008（9）.

（26）柯银斌，康荣平. 战略为本，成在能力：中国化工集团跨国并购之道. 北大商业评论，2008（5）.

（27）康荣平，柯银斌. 抢先战略：后发先至的秘密. 北大商业评论，2008（2）.

（28）宋新宇. 宋博士论战略：下一代技术. 北京易中创业科技有限公司研究报告，2004.

（29）FORBES 资本家，1995（9）.

（30）天下，1996（6），（8）.

（31）四季报，1996 夏季号.

（32）吴建国，冀勇庆. 华为的世界. 北京：中信出版社，2006.

（33）海伦·德雷斯凯. 国际管理（第 8 版）. 北京：中国人民大学出版社，2015.

（34）穆胜. 释放潜能. 北京：人民邮电出版社，2018.

（35）BCG，阿里研究院. 平台化组织：组织变革前沿的"前言"，2016（9）.

（36）约翰·B. 库伦著，赵树峰译. 跨国管理：战略要径. 北京：机械工业出版社，2007.

（37）包铭心等. 国际管理：教程与案例. 北京：机械工业出版社，1999.

（38）三菱综合研究所. 日本企业のグローバル战略. 东京：钻石社，1995.

（39）孙国辉，郭骁. 跨国经营战略. 北京：化学工业出版社，2013，p225.

（40）朱明侠，李维华. 特许经营在中国. 北京：机械工业出版社，2004.

（41）［美］Engineering News-Record. http://www.enr.com/.

（42）鲁桐等. 中国企业海外市场进入模式研究. 北京：经济管理出版社，2007.

（43）日本大藏省. 财政金融统计月报，各年.

（44）W. Beckmann. 欧洲内部贸易的距离和形式. 经济和统计评论. 1956（28）.

（45）乔·安德森. 走出神话. 北京：中信出版社，2006.

（46）中国商务部. 2004 年度中国对外直接投资统计公报，2005.

（47）李文光等. 日本的跨国企业. 北京：中国经济出版社，1993.

（48）联合国跨国公司中心. 再论世界发展中的跨国公司. 北京：商务印书馆，1982 年译版.

（49）小岛清. 对外贸易论. 天津：南开大学出版社，1987 年译版.

（50）钱德勒. 企业规模经济与范围经济. 北京：中国社会科学出版社，1999 年译版.

（51）关口末夫等. 日本の直接投资. 东京：日本经济新闻社，1974.

（52）程苓峰. 中国企业不会重蹈日企的收购失败史. 中国企业家，2005（6）.

（53）科特勒. 中国企业"走出去"的 24 个战略. 成功行销，2003（11）.

（54）孙薇. 跨国公司实施研发战略联盟的策略研究. 大连海事大学硕士学位论文，2005（3）.

（55）迈克尔·Y. 吉野，U. 斯里尼瓦萨·朗甘著，雷涯邻等译. 战略联盟：企业通向全球化的捷径. 北京：商务印书馆，2007.

（56）徐雨森. 企业研发联盟三维协同机制研究. 大连理工大学博士学位论文，2006（5），p3-4.

（57）陈耀. 跨国技术与研发战略联盟动因分析. 学海，2002（1），p114-117.

（58）邱立成. 跨国公司研究与开发的国际化. 北京：经济科学出版社，2001，p86.

（59）吴兰. 跨国公司研发产学战略联盟伙伴选择影响因素研究. 河海大学硕士学

位论文，2007（5）.

（60）孙薇. 跨国公司实施研发战略联盟的策略研究. 大连海事大学硕士学位论文，2005（3）.

（61）董芹芹. 企业研发联盟技术学习的理论与实证研究. 武汉理工大学博士学位论文，2009（4）.

（62）柯银斌，康荣平. 跨国并购交易的"海尔方式". 第一财经日报，2012-4-6.

（63）柯银斌，乔柯："一带一路"与共同现代化. 一带一路百人论坛研究报告，2017-3-28.

（64）授权发布：推动共建丝绸之路经济带和 21 世纪海上丝绸之路的愿景与行动，http://news.xinhuanet.com/world/2015-03/28/c_ 1114793986.htm.

（65）标准联通"一带一路"行动计划（2015—2017），http://www.xinhuanet.com/politics/2015−10/23/c_ 128348462.htm.

（66）柯银斌. 中国企业参加"一带一路"与"走出去"有何区别？丝路瞭望，2018（1）.

（67）曲星. 公共外交的经典含义与中国特色［J］. 国际问题研究，2010（6）：5.

（68）国务院关于印发深化标准化工作改革方案的通知. http://www.gov.cn/zhengce/content/2015-03/26/content_ 9557.htm.

（69）蔡曙涛. 企业的非市场环境与非市场战略. 北京：北京大学出版社，2013.

（70）迪特·恩斯特著，张磊，于洋等译. 自主创新与全球化：中国标准化战略所面临的挑战. 北京：对外经济贸易大学出版社，2012.

（71）国家信息中心."一带一路"大数据报告 2017.

（72）新加坡财政部长王瑞杰. 苏州工业园区经验可应用在"一带一路"沿线国家基建. http://sg.mofcom.gov.cn/article/zhengt/201711/20171102676364.shtml.

（73）新加坡驻华大使. 打造四平台支持"一带一路"发展，2018-03-13，中国一带一路网公众号.

（74）赢联盟几内亚开发铝土矿历程纪实. http://www.sohu.com/a/142634294_ 716522,2017-05-22 17:44.

（75）中国港湾. http://www.chec.bj.cn/.

（76）国机集团. http://www.sinomach.com.cn/.

（77）当代世界研究中心. 一带一路热点问答. 北京：学习出版社，2015（10）.

（78）赵启正. 公共外交与跨文化交流. 北京：中国人民大学出版社，2011.

（79）王义桅. "一带一路"建设的民心相通之道. http://opinion.people.com.cn/n1/2016/0805/c1003-28613917.html.2016-8-20.

（80）以"五通"打造利益共同体责任共同体命运共同体. http://news.xinhuanet.com/2015-03/29/c_ 1114795525.htm.2016-8-20.

（81）韩方明. 城市外交：中国实践与外国经验. 北京：新华出版社，2014.

（82）陈炜. 中国跨国公司公共外交. 广州：广州出版社，2017.

（83）赵世人. 企业公共外交指南. 北京：外语教学与研究出版社，2015.

（84）赵启正. 跨国经营公共外交十讲. 北京：新世界出版社，2014.

（85）柯银斌. SK 集团"三维"公共外交. 中欧商业评论，2012（4）.

（86）UNCTAD，World Investment Report，2017，p172.

（87）Amsden A. H. Asia's Next Giant：How Korea Competes in the World Economy. Technology Review，1989，92（4）.

（88）Hobday M. The Electronics Industries of Pacific Asia：Exploiting International Production Networks for Economic Development. Working Paper，2000.

（89）Kotler P. Marketing Management，4th Edition，Prentice-Hall，Inc，1980.

（90）Porter M. Competitive Strategy，The Free Pr，1980.

（91）Drucker P. Innovation and Entrepreneurship，Harper&Row Pub，1986.

（92）Johanson J，J. E. Vahlnc. The Internationalization Process of the Firm-A Model of Knowledge Development and Increasing Market Commitment，Journal of International Business Studies，1977，8（2），p23-32.

（93）Cavusgil S. T. On the Internationalization Process of the Firms. European Research，1980（8），p273-281.

（94）G. D. Newbould etal. Going International. Associated Business Pr，1978.

（95）License. Industry Annual Report，2005. http://licensemag.com/licensemag/.

（96）M. Fujita. The Transnational Activities Small and Medium-sized Enterprises. Kluwer Academic Publishers，1998.

（97）Alfred D，Chandler Jr. The Evolution of Modern Global Competition，1986.

（98）Micheal G. Harvey，Robert F. Lusch. A Systematic Assessment of Potential International Strategic Alliance Partners，International Business Review，1995，4（2），p95-212.

后 记

为适应推动形成全面开放新格局，特别是"一带一路"建设的新要求，商务部委托中国服务外包研究中心对2009年版"跨国经营管理人才培训教材系列丛书"（共7本）进行修订增补。2018年新修订增补后的"跨国经营管理人才培训教材系列丛书"共10本，其中，《中国对外投资合作法规和政策汇编》《中外对外投资合作政策比较》《中外企业国际化战略与管理比较》《中外跨国公司融资理念与方式比较》《中外企业跨国并购与整合比较》《中外企业跨国经营风险管理比较》《中外企业跨文化管理与企业社会责任比较》是对2009年版教材的修订，《中外境外经贸合作园区建设比较》《中外基础设施国际合作模式比较》《中外企业跨国经营案例比较》是新增补的教材。2009年版原创团队对此书的贡献，是我们此次修订的基础，让我们有机会站在巨人的肩膀上担当新使命。

在本套教材编写过程中，我们得到中国驻越南大使馆经商参处、中国驻柬埔寨大使馆经商参处、中国驻白俄罗斯大使馆经商参处、中国驻匈牙利大使馆经商参处、中国国际投资促进中心（欧洲）的大力支持，上海市、广东省、深圳市等地方商务主管部门也提供了帮助。中国进出口银行、中国建筑工程总公司、中国长江三峡集团、中国交建集团、TCL集团、华为技术公司、腾讯公司、中兴通讯股份、富士康科技集团、中国人民保险集团股份有限公司、中国电力技术装备有限公司、中国建设银行、中拉合作基金、深圳市大疆创新科技公司、中白工业园区开发公司、白俄罗斯中资企业商会、北京住总集团白俄罗斯建设公司、华为（白俄罗斯）公司、中欧商贸物流园、宝思德化学公司、中国银行（匈牙利）公司、威斯卡特工业（匈牙利）公司、波鸿集团、华为匈牙利公司、海康威视（匈牙利）公司、彩讯（匈牙利）公司、上海建工集团、中启海外集团、中国中免集团、中国路桥有限公司、东南亚电信、华为柬埔寨公司、中铁六局越南高速公路项目部、农业银行越南分行、越南光伏公司、博爱医疗公司、中国越南（深圳—海防）经济贸易合作区等单位接受了我们的调研访谈。一些中外跨国经营企业的做法，被我们作为典型案例进行剖析，供读者借鉴。在此一并表示由衷的感谢！

本套教材的主创团队群英荟萃，既有我国对外投资合作研究领域的权威专家，也有一批年轻有为的学者。除署名作者外，胡锁锦、杨修敏、李岸、周新建、果凯、苏予、曹文、陈明霞、王沛、朱斌、张亮、杨森、郭智广、梁桂宁、杜奇睿、程晓青、王潜、冯鹏程、施浪、张东芳、刘小溪、袁悦、杨楚笛、吴昀珂、赵泽宇、沈梦溪、李小永、辛灵、何明明、李良雄、张航、李思静、张晨烨、曹佩华、汪莹、曹勤雯、薛晨、徐丽丽（排名不分先后）等同志也以不同方式参与了我们的编写工作。由于对外投资合作事业规模迅速扩大，市场分布广泛，企业主体众多，业务模式多样，加之我们的能力欠缺，本套教材依然无法囊括读者期待看到的所有内容，留待今后修订增补。

最后，特别感谢中国商务出版社的郭周明社长和全体参与此套教材修订增补的团队，他们在较短的时间内高质量地完成了教材的编辑修订工作，为教材顺利出版做出了极大努力。在此表示由衷的感谢！

编著者

2018 年 10 月 15 日